JN100946

〔最新版〕本当にわかる為替相場

UNDERSTANDING THE FX MARKET

マーケット参加者の心理学から
経済指標の読み方、最新の予測ツールまで

ソニーフィナンシャルグループ株式会社
執行役員 兼 金融市場調査部長 チーフアナリスト
尾河眞樹
MAKI OGAWA

日本実業出版社

◉まえがき

2022年は、長らく外為市場に向き合っている筆者にとっても、正に「記憶に残る1年」となりました。ドル円相場は10月に151円95銭と、32年ぶりの円安・ドル高水準を付け、これに先立ち9月には、政府・日銀が24年ぶりとなる円買い介入に踏み切りました。忘れもしませんが、日本実業出版社より久々に連絡をいただき、「2度目の改訂をしませんか?」と提案いただいたのが2022年の1月。この時点では、ドル円はまだ114円台でしたから、その後の大相場を考えると、あの時点で改定を考えていた編集部の相場観は、本当に鋭かったと思います。

同年は、ほかにも歴史的な出来事が目立ちました。新型コロナの影響が世界各地で残るなか、2月のロシアによるウクライナ侵攻は、原油や天然ガスといった資源価格の急騰を招きました。米国は40年ぶりの物価上昇に苦しみ、ユーロ圏でもインフレ率が過去最高となるなど世界的にインフレが加速。欧米の中央銀行は、正に歴史的といえるハイペースな利上げに追い込まれました。また、地球温暖化により世界各地が記録的な自然災害に見舞われました。とくに欧州では熱波により山火事が多発したほか、ドイツのライン川の水位低下で、物流に影響を及ぼす事態となりました。そして、これらの出来事すべてが、世界各国の為替レートに影響を及ぼしたのです。実際に、世界の政治経済と金融市場はすべてがつながっているのだということを、改めて思い知らされた1年となりました。「歴史は繰り返す」と言いますが、こうした歴史的な事象による為替相場への影響は、今後の為替相場を予測するうえでも必ず参考になるはずです。

今回の改訂は、執筆する傍から相場の大きな波が訪れ、その都度、情報の追加や内容の修正を繰り返すことになったため、正直なところ苦労しました。また、前回の改訂版同様、今回も為替相場を見るうえで必要となる基礎的な知識や、相場観を磨くうえで軸となる考え方など、普遍的な部分は据え置いていますが、2017年の改訂から5年経つうちに、世界の経済構造や市場環境も大きく変化しており、さまざまな情報のアップデートが必要になりました。そうこうしているうちに、結局、今回の「最新版」は、初版の248ページ、改訂版の280ページを大幅に上回る、320ページにも及び、またもや編集部の頭を悩ませることになってしまいました。今回はページ数の大幅増量に加え、物価高騰の折ということもあり、さすがに価格の据え置きはできなかったそうで、やむなく本体価格を100円だけ値上げしています。とはいえ、価格改定を最小限に抑えるべく諸々検討いただいた日本実業出版社には、心から感謝しています。

ところで、2022年の大相場を経て、ひとつ嬉しいことがありました。筆者は某通信社の運営するホームページ上に、月1回コラムを寄稿しているのですが、担当の編集者から2022年末にいただいたご挨拶のメールに、次のように書かれていました。

「相場が大荒れとなった1年でしたが、相場の読みの鋭さに敬服するばかりです。理論に加えて、ご経験に基づく実践的な勘があるのでしょうか」

まさに、アナリスト冥利に尽きる一言で、ご興味を持ってコラムを読んでいただいている読者に対し、少しでもお役に立てたのではないか、と実感できた瞬間でした。

本書で解説しているとおり、為替相場はさまざまな要因で動きます。為替相場を分析するにあたっては、経済理論や統計などの基礎的な知識が必要です。しかし、相場が必ず理論どおりに動いてくれればよいのですが、実際にはなかなかそうはいかないのがむずかしいところです。たとえば、先にも述べたロシアのウクライナ侵攻ですが、事前予測では、理論的に考えればまず起きないだろうといわれていました。しかし、実際には起きてしまい、世界経済や金融市場に極めて大きな影響を及ぼしました。政治も経済も金融市場も、結局は人間が動かしているのであって、時にロジックでは説明できないことが起こり得るのです。また、もうひとつ相場のむずかしいところは、本書でも解説していますが、既に起こった事実ではなく、市場参加者の「期待」で大きく動くところです。このため、「市場参加者の多くは、今後何に注目するだろうか」、「今後、相場のどういった点に市場参加者の期待が高まりそうか」というように、人々の心理を読み解く力も必要になってきます。これこそ、マーケットの非常に人間味のある、面白いところでもあるのです。

本書では、為替市場について知識を深めたいというビジネスパーソンにはもちろんのこと、企業で実際に為替取引を行なっている方や個人投資家に至るまで、為替相場に向き合い、予測するすべての方に参考にしていただける内容となっています。したがって、為替市場に関する教科書的な情報だけでなく、筆者が実際にディーリングルームで売買していたときの経験や、かつて大きなポジションを抱えて相場が予想と逆に動いたときの、背筋も凍るような経験から学んだことなど、相場を見極めるコツもできるだけ多く盛り込むように工夫しました。本書をお読みいただくことで、先述した「基礎知識」や「ロジック」に加えて必要となる「嗅覚」や「勘」の部分も感じ取っていただくことにより、初心者から経験者に至るまで、読者の皆さまが「相場観」を磨く際の一助となれば幸いです。

ディーリングルームでまだ新人のころ、先輩ディーラーに「相場観はどうやって磨くのですか？」と尋ねたことがあります。当時はまだ、ＦＸ市場も発展途上にあり、為替相場のロジックから嗅覚まで、個人投資家にもわかりやすいように網羅的にまとめた書籍はほとんどありませんでした。先輩はまだヒヨッコの私に「経験が大事」と仰っていましたが、その後、外資系金融機関の為替ディーラーから事業法人の財務部門での為替ヘッジ業務、為替アナリストと、筆者自身が外国為替を軸にさまざまな業務に携わる機会をいただき経験を積んだことで、実際に見えてきたことがあります。それを何とか書籍にまとめたいと、思い切って本書を最初に出版したのが２０１２年５月。それからあっという間の11年でした。いまや、個人投資家でもスマホさえあれば、現状のスポットレートを確認でき、瞬時に売買することもでき、金融市場の情報も簡単に得られるわけで、新人時代からいまに至るまでの、すさまじいＩＴイノベーションの波と、外為市場の民主化には目を見張るばかりです。YouTubeでも、頻繁に相場の解説が行なわれるなど、動画でもわかりやすい情報発信が行なわれており、いちいちディーリングルームに電話してレートを確認したり、ポケットロイターなどの携帯用情報端末を持ち歩いたりしていた世代からすると、正に隔世の感があります。

ただ、インターネット上に情報が溢れる世の中だからこそ、情報の取捨選択はむしろむずかしくなっているように見えます。1日平均7・5兆ドル（約1000兆円）もの取引が行なわれている外為市場という大海に小さなヨットで漕ぎ出したら、大きな波に飲み込まれぬよう、風向きや風速、天候や波の状態など、羅針盤を片手に確認すべき基礎的かつ重要な情報があるはずです。大海で方向感を見失ったとき、為替相場は止まって待っていてはくれませんので、その時点から溢れる情報を取捨選択していては間に合わないと思います。そうした点からも、為替市場にかかわる多くの方々に本書をデスクの傍らに置いていただき、何か迷ったときにふと目を通して、「あ、そうだったな」と立ち返っていただくような、そんな羅針盤のような書籍として活用いただければ、こんなに嬉しいことはありません。

最後になりましたが、コロンビア大学教授（兼）政策研究大学院大学客員教授の伊藤隆敏先生には、至らない点が多々あるにもかかわらず、本書に対するご推薦を賜りましたことに、心より感謝申し上げます。また、日本実業出版社編集部の竹内健二様、本書を出版するにあたりサポートいただいたすべての方々に、この場をお借りして厚く御礼申し上げます。

2023年4月

尾河　眞樹

CHAPTER 3

国によって異なる外国為替市場の特徴

CHAPTER 4

相場予測の立て方

CHAPTER 5

経済統計はここをメインにチェック

CHAPTER 6

「要人発言」の重要性

CONTENTS

CHAPTER 7

通貨によって動き方にはクセがある

CHAPTER 8

世界の通貨への興味を広げよう

CHAPTER 9

為替相場に必要なテクニカル分析

CHAPTER 10

為替相場予測ツールの最新トレンド

装丁・DTP／村上顕一

CHAPTER 1

そもそも
為替レートとは?

LECTURE 1-1

為替レートは相対的なもの

円だけを追いかけているとわからないことがある

日本の報道は、ほとんど円が中心

私たちは日本で暮らし、生活しています。そのため、たとえば私たちが海外旅行をする場合、あるいはビジネス上で海外と取引がある場合、当然、日本の通貨である円の価値がどうなるかが最大の関心事です。したがって、テレビや新聞などで、為替レートの変動が報道されるときは、「円高」「円安」というように、円を中心に語られます。「円高」と言われれば、外貨に対して円の価値が強くなっていることですし、「円安」なら、外貨に対して円が弱い状況であることが、すぐにイメージできるからです。ただ、外貨で運用する場合、円だけを中心にして為替レートを見てしまうと、そこから得られる情報がやや偏ってしまうので注意が必要です。

たとえば、2022年は年初来約38円50銭もの円安・ドル高が進み、10月21日には一時、1ドル＝152円に迫る勢いとなりました。折しも、高水準の原油価格や円安などを背景に、日本でも物価が上昇。生活必需品などの相次ぐ値上げは家計にとって厳しく、いわゆる「円安脅威論」がメディアで多く取り上げられるようになり、とくに同年９月に政府・日銀が、約24年ぶりとなる円買い介入に踏み切ると、ワイドショーでも「円安特集」の企画が組まれるなど、国民の間でも円安への関心が高まっていました。こうしたなか、新聞やネットニュースでは「円急落、一時１５２円に迫る円安水準」「加速する円安、いつまで続く？」といった見出しが躍り、円安が大々的に報道されていたのです。

　為替介入については後ほど詳しく説明するとして、ここで２０２２年のドル円相場を振り返ってみましょう。

　主要国通貨に対する円の年初来の騰落率を見ると、ドル円が１５１円95銭のピークを付けた10月21日時点で、円はすべての通貨に対して下落しており、「円全面安」であったことがわかります（**図表１－１**）。その意味で、先述した

図表 1-1 ＞円は各国通貨に対して安くなり、ドルは各国通貨に対して高くなった
―― 2022年初から10月21日までの各国通貨に対する円とドルとユーロの騰落率

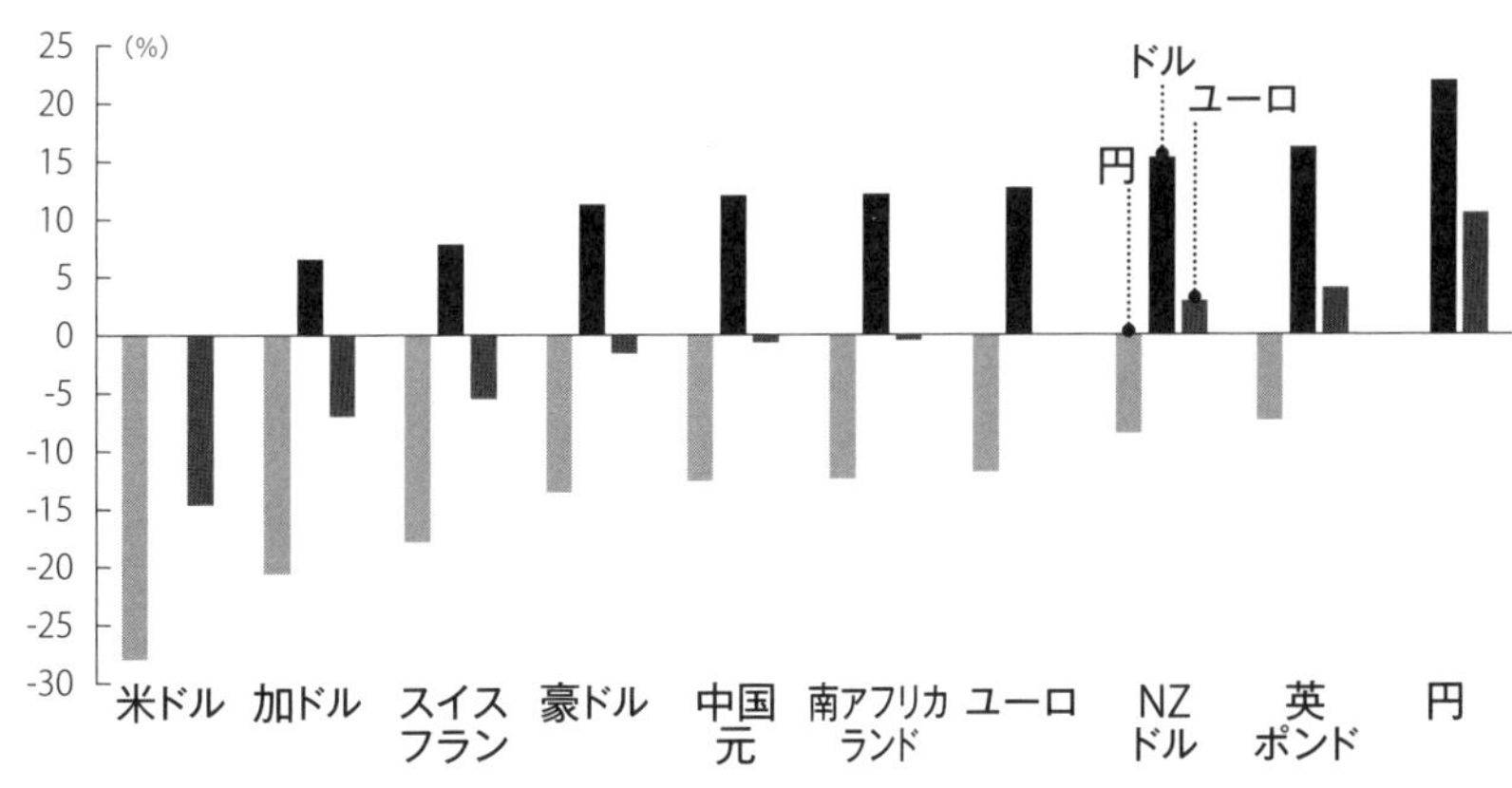

出所：Bloomberg、SFGI

「円安」という報道は正しいです。一方、同じくドルの年初来騰落率を見てみると、ドルはすべての主要通貨に対して上昇していました。したがって、この年は「円が最弱だった」だけでなく、「ドルが最強だった」ことが、約38円50銭ものドル高・円安につながったことがわかります。

これまでにないインフレ（物価上昇）に見舞われている諸外国で利上げが続いたのに対し、日銀が緩和政策を維持したことは、もちろん円安要因だったといえます。ただ、日銀は政策を「維持」していたのであって、金融政策については少なくとも12月まではとくに目新しいニュースはありませんでした。

むしろ注目すべきは米国の動きで、米国経済が過熱状態にあり、市場参加者が想定していた以上の極端なインフレに見舞われたこと、これによって、米連邦準備理事会（ＦＲＢ）が予想以上の大幅な利上げを繰り返したことなどが、ドル全面高の背景でした。こういうときには、日本の材料ももちろん重要ではあるものの、むしろ米国の金融政策や、その判断材料となる米経済指標に目を向ける必要があります。

通貨によって異なる値動き

先ほどと同じ期間（２０２２年初から10月21日まで）でユーロの騰落率を見てみましょう（前ページ**図表１－１**参照）。ユーロは、相対する通貨によって上昇も下落もあり、強弱まちまちです。強い円安圧力と、欧州中銀（ＥＣＢ）による11年ぶりとなる利上げによって、ユーロは対円では上昇しました。しかし、

ＦＲＢによる急ピッチな利上げに加え、ウクライナ危機を巡って欧州では天然ガスの需給がひっ迫。インフレと利上げによる景気減速懸念などもユーロの重しとなり、対ドルでは大幅に下落したのです。このように、通貨によって値動きが大きく異なる点は、為替相場を見るうえで重要なポイントです。

　ちなみに、先ほど、２０２２年は、円全面安と、ドル全面高が同時に起きていた、という話をしましたが、実はこれは結構珍しい現象なのです。**図表１－２**は、国際決済銀行（ＢＩＳ）が公表している、「名目実効為替レート」のドルと円を重ねたグラフです。名目実効為替レートとは、ドルに対する円、ユーロに対するドル、など、１つの通貨に対する価値を示すレートではなく、複数の通貨に対する価値を示すものです。たとえば、ＢＩＳのドルの名目実効為替レートは、60カ国・地域の通貨に対するドルの為替レートを指数化し、相手国の貿易額に応じて

図表1-2 ＞ 2022年はドルと円が完全に逆向きとなった
――ドルと円の名目実効為替レート

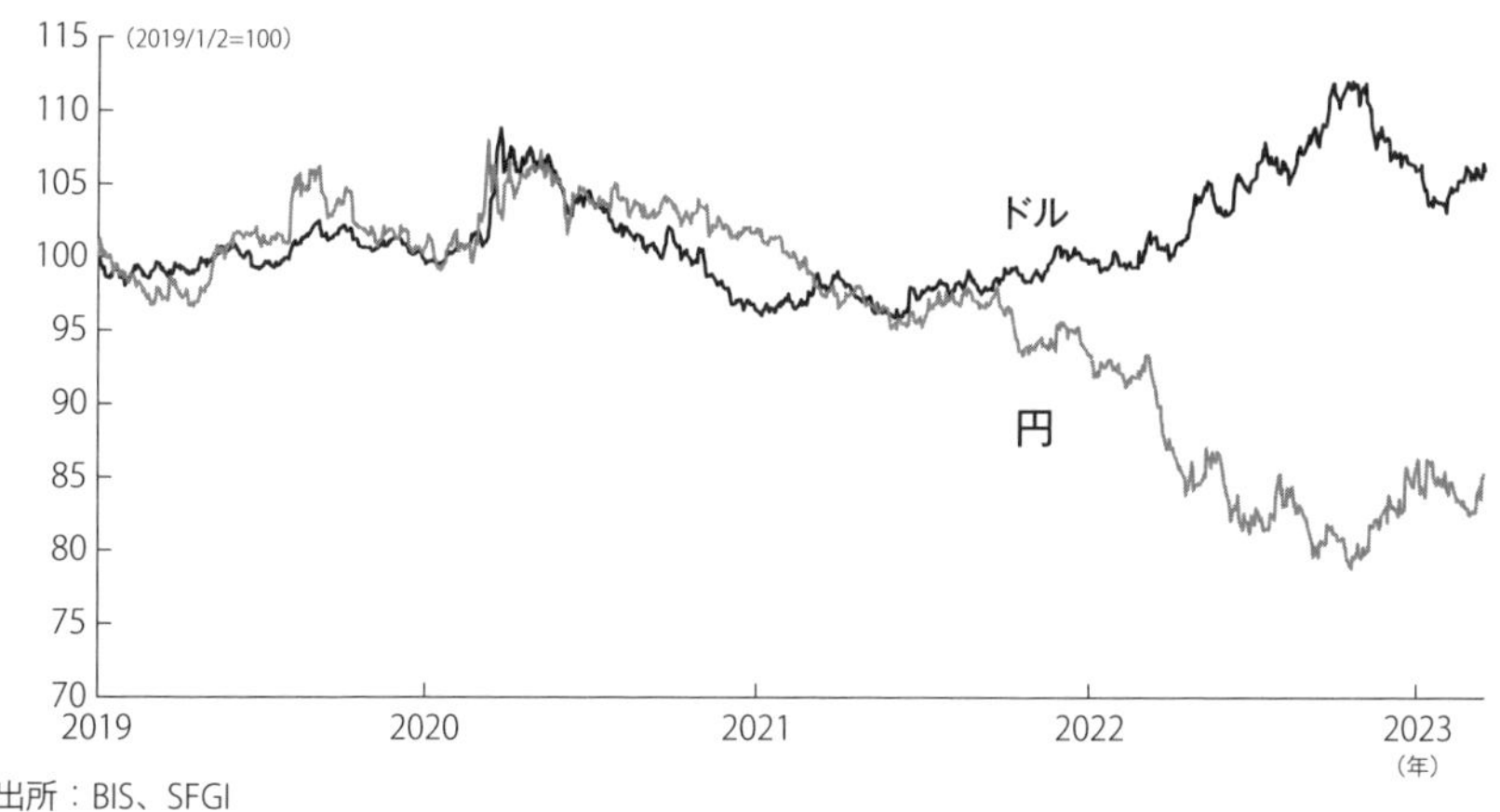

出所：BIS、SFGI

指数を加重平均して算出しています。いわば、通貨の総合的な価値を示す指数です。60カ国というとかなり幅が広く、多くの新興国通貨も対象に入っています。したがって、ドルや円のような、先進国通貨で流動性も高く、国の信頼性も高く、新興国に比べて金利の低い通貨は、これら多くの通貨に対して、おおむね似たような動きとなります。しかし、2022年2月を境に、ドルと円は完全に反対の方向を向き始めました。このときに起こったのが、ロシアによるウクライナ侵攻です。

新型コロナウィルスのパンデミックによってサプライチェーンが混乱し、回復もままならないうちに欧米中心に経済活動が再開、需給ひっ迫ですでにインフレ圧力がかかっていたところへ、ウクライナ危機で原油価格が急騰し、さらにインフレが加速しました。FRBの利上げペースが速まるなか、米金利上昇に伴ってドルが上昇する一方で、日本では日銀の緩和的な政策が変わらないなか、円金利は低迷。これに加えて貿易収支・経常収支が悪化したことも円安圧力につながり、ドル高と円安のトレンドが同時に続いたのです。

このように、通貨の強弱を把握することは、為替相場の変動要因を分析するうえでも非常に重要であり、そのためには、ドル円だけでなく、あらゆる通貨の値動きをチェックすることが必要なのです。通貨ごとの特徴などについては、後ほど、CHAPTER 7で詳しく解説していきたいと思います。

そもそも外国為替とは、英語で「Foreign Exchange」と言うように、1つの通貨を別の通貨に「Exchange＝交換」することであり、その交換レートが為替レートです。したがって、為替レートは2つの通貨の相対的な価値を示していますから、株式などの「資産価格」とは意味が違います。株価であれば、ある銘柄の価格（レート）が大きくなれば「上昇」、小さくなれば「下落」です。しかし、為替レートの場合、ドル円レートの数字が大きくなっているのは、ドルが円に対して上昇しているということであって、その反対に円はドルに対して下落していることを示しているのです。

朝、新聞を見たときに、「1日で約8円もの円高が進行」という1行を目にしたときには、どの通貨に対して円高が進んだのかを考えてみることをお勧めします。もしこれが対ドルでの円上昇を意味するのであれば、「ドル円で約8円もの円高」あるいは、「8円ものドル安・円高」、「ドル円が約8円も下落」などという表現が正解です。

基礎となる3つの通貨ペア

マーケット用語で「ドル円」「ユーロ円」といった2つの通貨の組み合わせのことを「通貨ペア」と呼びますが、先述したように、通貨ごとの強弱を知るためには、1つの通貨ペアを見るだけではなく、複数の通貨ペアの動きを比較してみてください。そうすると、いま最も買われている通貨や、いま最も売られている通貨がより鮮明にわかるようになるはずです。

「そうはいってもそんなにたくさん見られないよ！」という方のために、いま為替相場全体の値動きを牽引しているのはどの通貨かを最も簡単に知る方法をお伝えします。それは、「ドル円」と「ユーロ円」と、「ユーロドル」（ユーロの対ドル・レート）の3つの通貨ペアだけを、同時にチェックすることです。

たとえば、ある1週間で、ドル円が1ドル＝120円から130円に変動した場合、1ドルの価値が対円で上昇しているので、ドル高・円安です。

それと同時にユーロ円の動きをチェックしたら、あまり変動しておらず、1ユーロ＝132円付近で膠着していたとします。これだと、ドル高・円安であることだけははっきりしていても、何となく為替相場の全体像は見えません。そこでユーロドルを見ることにします。

同じ期間で見たとき、ユーロドルが1ユーロ＝1・1ドルから1・01ドルに下落していたとします。これは、1ユーロの価値が対ドルで下落しているので、ユーロ安・ドル高です。

つまり、この場合の3つの通貨ペアの関係を整理すると、次のようになります。

ドル円＝ドル高・円安
ユーロ円＝横ばい
ユーロドル＝ユーロ安・ドル高

このように見ると、この期間に起こったことは、ドル高相場であったということがわかります。3つの通貨ペアが、「ドル高」「円安」「ユーロ安」「ドル高」となるときの相互の動きは**図表1－3**のようになります。これを見ると、たとえば「ドル高」の場合には、ドル円、ユーロドルは動くものの、ドルとは関係がないユーロ円は動かないことがわかります。

これらはやや極端な例ですが、対円だけでなく、対ドル相場も合わせて見ることによって、通貨の強弱の全体像がより鮮明に見えるようになります。また、なぜこの3通貨ペアが重要かといえば、世界的なマーケットの基準では、ドルが基軸通貨であり、ユーロは第二の取引量を誇る主要通貨、円も

図表1-3 ＞ 3つの通貨ペアを見ると動きの意味がわかる
──ドル円、ユーロ円、ユーロドルの関係

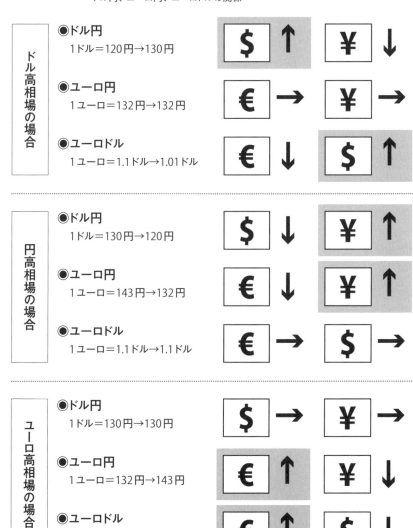

ドル高相場の場合

◉ドル円
1ドル＝120円→130円
$ ↑　¥ ↓

◉ユーロ円
1ユーロ＝132円→132円
€ →　¥ →

◉ユーロドル
1ユーロ＝1.1ドル→1.01ドル
€ ↓　$ ↑

円高相場の場合

◉ドル円
1ドル＝130円→120円
$ ↓　¥ ↑

◉ユーロ円
1ユーロ＝143円→132円
€ ↓　¥ ↑

◉ユーロドル
1ユーロ＝1.1ドル→1.1ドル

ユーロ高相場の場合

◉ドル円
1ドル＝130円→130円
$ →　¥ →

◉ユーロ円
1ユーロ＝132円→143円
€ ↑　

◉ユーロドル
1ユーロ＝1.01ドル→1.1ドル

3番目に取引量が多い通貨ということもあって、ドルやユーロや円が、時として為替市場全体の動きを牽引し、大きな相場のトレンド（傾向）を形成することがあるからです。

このため、最低でもこの3通貨ペアは常に値動きを比較して、「いまの相場のトレンドを形成しているのは、ドル高なのか、円安なのか」といった具合に、相場の全体像を把握していれば、次に売買のアクションを起こす際にはどのニュースに注目すべきか、どういった情報を判断材料にすべきかが見えてくるはずです。

LECTURE 1-2

為替レートが決まるしくみ

世界中で大量の取引が行なわれている

ビッドとオファーってなに？

さて、ここからは為替レートそのものについて、もう少し詳しく見ていきましょう。為替レートについて説明するうえで、ビッド（Bid）とオファー（Offer）の存在を無視するわけにいきませんので、まずはそこから解説していきます。

テレビニュースで為替相場について報道されるとき、「円相場は現在1ドル＝135円10銭から135円15銭で取引されています」などと表現されます。

あるいは、日本経済新聞のマーケット総合面にある「外為市場」の記載を見ると、円相場の前日の終値が、「135円10銭－135円15銭」などと書かれています。

なぜ、必ず2つのレートが存在するのでしょうか？

実は、これがビッド（買い値）とオファー（売り値）なのです。誰にとっての買い値であり、売り値なのかというと、レートを提示している人たち（＝銀行）にとっての買い値や売り値になります。

たとえば個人が銀行に行って、外国為替取引を行なう際にも２つのレートが提示されています。個人が円を売ってドルを買う場合はＴＴＳ（Telegraphic Transfer Selling Rate＝銀行が顧客にドルを売るレート）を使いますし、ドルを売って円を買う場合はＴＴＢ（Telegraphic Transfer Buying Rate＝銀行が顧客からドルを買うレート）を使います。この、銀行が顧客からドルを買うBuying Rateのことを、銀行間市場（インターバンク市場）ではビッドといい、銀行がドルを売るSelling Rateのことをオファーと呼びます。

このケースでいうとビッドが１３５円10銭、オファーが１３５円15銭ですから、「１３５円10銭から15銭のあいだで取引されている」というのではなく、「ビッドが１３５円10銭、オファーが１３５円15銭」と表現したほうが、より正確です。

ビッドとオファーはどうやって決まるのか

一般的に銀行のディーリングルームで使用されている電子ブローキング（取引仲介）には、ドル円のレートが**図表１－４**のように表示されています。

①**ＵＳＤ／ＪＰＹ**：ドル円の通貨コード（ＳＷＩＦＴコード）

②**ビッド**（Bid）：買い値。１ドル＝１３５円の「５円」の部分、つまり小数点より上を「大台」と呼ぶ。インターバンク市場では１銭刻みで取引が行なわれており、大台よりも、小数点以下の部分が

目立つように表示されている。

③オファー（Offer）：売り値。このビッドとオファーを総称して「プライス」と呼ぶ。ちなみに取引が成立していなければ、プライスは見えているが、あくまで「気配値」である。気配値とは、ビッドとオファー、つまり買い方と売り方が希望する値段（オーダー・注文・指値）のこと。プライスを読むときは、時間がかかるので大台は省いて、小数点以下の部分だけ伝えるのが一般的。読み方も日本は独特で、この場合「イチゼロ・イチゴー」ではなく、「イチマル・イチゴー」と読む。ちなみにこの「イチマル・イチゴー」は、現状で最も高いビッドと最も低いオファーなので、「ベストプライス」と呼ばれる。

④オーダー状況：システムの設定次第ではあるが、ベストビッド（この場合は135円10銭）がどのくらいあるか、注文の数量がわかるようになっている。この場合の5とは500万ドル

図表1-4 ＞ 「大台」は小さく、メインは小数点以下
——「電子ブローキング」での為替レートの表示のされ方

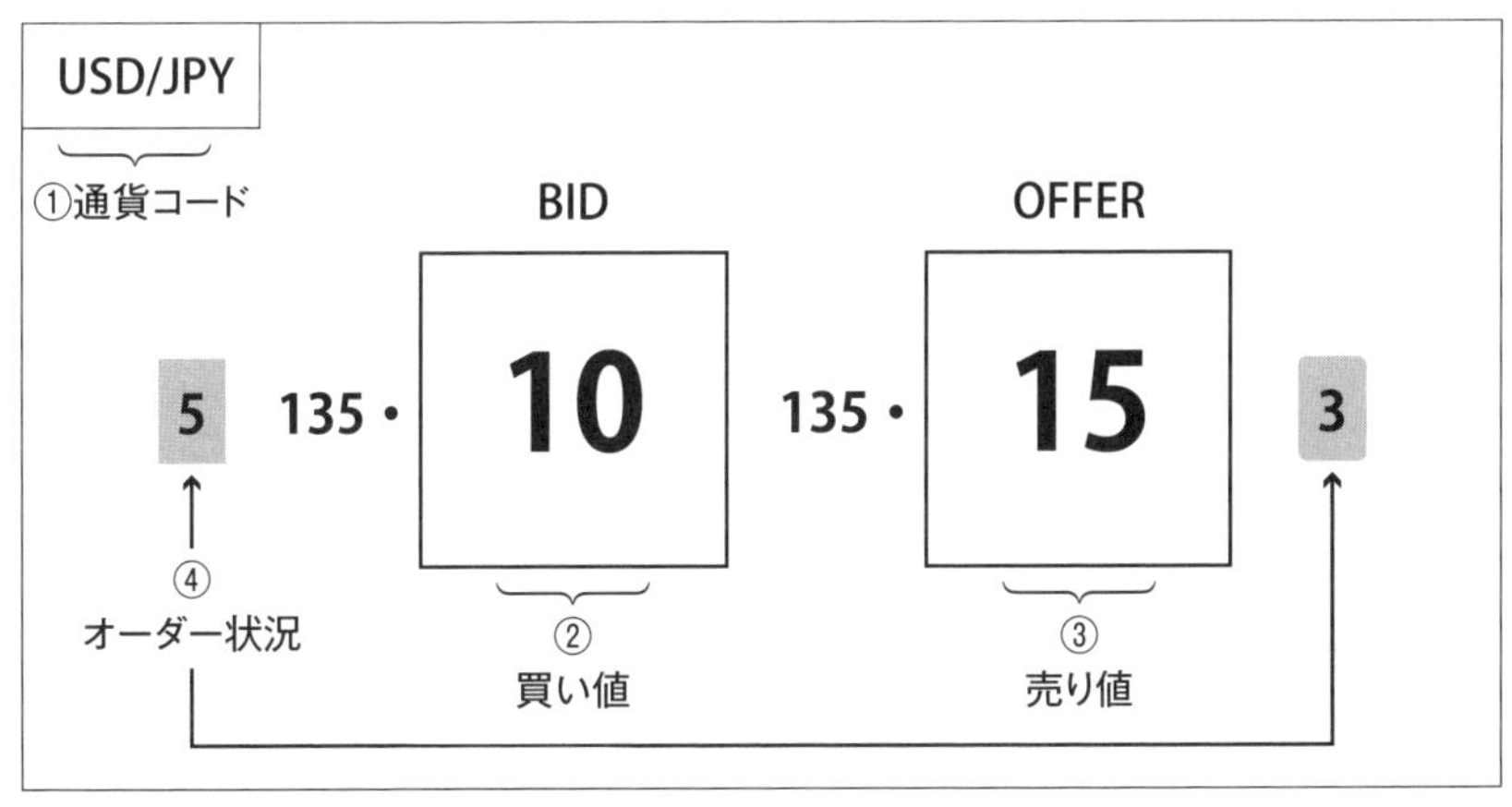

を指す。インターバンクでは基本の取引単位が100万ドル（＝1本と呼ぶ）以上なので、この場合は「ドル円のベストビッドが5本ある」状態。

以上の前提を踏まえたうえで、実際の取引がどのように行なわれていくのか見ていきましょう。

このインターバンク取引で、あなたがA銀行だと仮定します。

あなたはドルを5本（500万ドル）、買いたいと思っています。買う方法はいくつかありますが、大きく分けると、①ビッドを指すか、②オファーをヒットする（見えているビッドやオファーを売買することを叩く、あるいはヒットするという）か、のいずれかになります。

①のビッドを指すとは、指値注文のことで、B銀行がビッドを置いている135円10銭と同じレートに追加で5本ビッドを置き、どこかの銀行がその値でドルを売ってくるまで辛抱強く待つ方法です。あるいは、135円10銭よりも少しだけ妥協し、もう少し内側（インサイド、つまりオファー側）に、より高い値のビッドを指します。たとえば「135円12銭に5本」置くのです。

そうすると、売り手にしてみれば、より高いドルを売りたいわけですから、先ほどの135円10銭よりも、135円12銭のほうがベターなので、「それなら売ります」と、A銀行のビッドをヒットしてくるかもしれません。

A銀行がベストビッドを引き上げたことで、画面は**図表1－5Ⓐ**のように変わります。

もし、他の銀行がこのベストビッドでドルを売ってきた場合は、135円12銭が消えて、元の画面に戻ります。

しかし、いつまで待っても、誰も135円12銭をヒットしてこないというケースも考えられます。

図表1-5 〉 注文に応じて「ベストの値段」が変化していく
—— 為替レートが決まっていくしくみ

A
USD/JPY
BID
OFFER
5
135・
12
135・
15
3
135.12で5本買いたいという
注文が入った
B
USD/JPY
BID
OFFER
2
135・
12
135・
16
2
3本を
キャンセル
135.15から3本買われたので
次の売り指し値に変わった
C
USD/JPY
BID
OFFER
5
135・
10
135・
17
5
135.12の2本がキャンセルされたので
次の買い指し値に変わった
135.16が2本買われたので
次の売り指し値に変わった
D
USD/JPY
BID
OFFER
5
135・
12
135・
17
5
135.10の買い指し値が
135.12に引き上げられた

そこでやむを得ず、あなたのほうからオファーをヒットすることにしました。ただ、オファーはいまのところ、ご覧のように３本しかありません。

それでもA銀行は１３５円12銭に指値していたビッドを３本キャンセルし、１３５円15銭でドルをとりあえず３本だけ買いました。そうすると画面は前ページ**図表１－５Ⓑ**のように切り替わりました。

結局、待っていてもやはり１３５円12銭では買えなさそうなので、A銀行は１３５円12銭の残りのビッドを２本キャンセルし、１３５円16銭のオファーも買うことにしました。

この時点で、画面は前ページ**図表１－５Ⓒ**のように切り替わりました。すると、これを見ていたB銀行は、これまで１３５円10銭にずっとビッドしていたのですが、オファーが段々遠ざかるので、このままドルが上昇してしまうのではないかと心配になり、ビッドを置く水準を引き上げることにしました（前ページ**図表１－５Ⓓ**）。

この一連の動きを通じて、ドル円のプライスは、ビッドとオファーともに2銭、上昇しました。このような取引が、インターバンク市場では盛んに行なわれており、いま見てきたような取引によって為替レートが動いていくのです。

世界で起きていることが為替レートに凝縮されている

大事なことは、「買いたい人の最も高いビッド（ベストビッド）と、売りたい人の最も低いオファー（ベストオファー）が、いまこの瞬間の為替レート（プライス）だ」ということです。しかも、そのビッドとオファーは世界中から集まってきます。

インターバンク市場というのは、どこかに為替の取引所があるわけではなく、世界中の銀行がネットや電話でつながって、先ほどのような電子ブローキング・システムや短資会社（＝銀行間取引市場において、主として1年未満の短期的な資金の貸借やその媒介、各種短期金融商品の売買などを行なう会社）を通じて、あるいは銀行同士が直接、為替取引をしているというものです。世界中のディーラーが1つのビッドとオファーを見つめ、その為替レートを取引しているのです。

後ほど説明しますが、為替レートはあらゆる要因で動きます。経済だけでなく、2016年の英国民投票で欧州連合（EU）離脱が決まった、いわゆるBrexitショックや、同年の米大統領選におけるトランプ候補の勝利、2022年の英トラス首相による大規模減税計画に伴うポンドの暴落など、政治的な出来事も為替レートを動かす要因です。また、海外の企業買収で日本企業がドルを買うとなれば、それも為替レートに影響を与えます。アメリカで起きたニュースで即座にドル円が変動するなど、突発的な材料が為替相場を動かしたりもします。

要は、「世界中でいま起きていることが、為替レートのビッドとオファーに凝縮されている」といっても過言ではないのです。そういう意味でも、為替レートの動きに興味を持ち、それを通じて世界を見つめれば、ニュースの見方や捉え方が変わり、取引したい通貨の情報にも敏感になるため、目の前の世界がどんどん広がっていくのです。

LECTURE 1-3

ディーリングルームではなにが起きているの？

言葉は短く、声は大きく、素早く対応

銀行のディーリングルームの日常

ここまでインターバンク市場でどのように為替レートが決まっていくのかを見てきました。これはいわばプロの世界。あらゆる為替取引のベースとなるのが、このインターバンク市場です。

しかし、為替取引をしているのは銀行だけではありません。輸出企業や輸入企業といった事業法人や個人投資家も、市場参加者として為替取引を行なっており、相場形成に影響を及ぼしています。

為替のディーリングルームには、前述したような取引を日々行なっているインターバンクディーラー、いわゆるスポットディーラーがいます。彼らの仕事は、①顧客にプライスを提示（クォート）する、②リスクをとって為替相場の変動で儲ける、がメインです。

一方、対顧客の取引を担当しているのが、カスタマーディーラーと呼ばれる為替の営業マンです。

いま、輸出企業Cが「ドルを売って円を買いたい」と言ってきたとしましょう。そのときのやり取

りは、およそ次のようになります。

C社から電話がかかってくると、カスタマーディーラーの担当者Dが電話を取る。

C社：「ドル円10本プライス（＝1000万ドルのドル円のプライスを提示してください）！」

D：スポットディーラーEに向かって「ドル円10本！」

E：「イチマル・イチゴー！（＝ビッドなら135円10銭、オファーなら135円15銭です）」

D：顧客C社に対して「イチマル、イチゴー！」

C社：「ユアーズ！（Yours＝では135円10銭でドルを売ります！）」

D：Eに向かって「ユアーズ！」と伝え、その後C社に対して「それでは、135円10銭でドル円を10本お売りいただきました。ありがとうございました」

これで、スポットの為替取引は終わりです。スポットとは、2営業日後に決済、つまり通貨の交換が行なわれる最も一般的な取引ですが、必要であれば「足決め」といって、決済の日にちを2カ月後や3カ月後に先延ばしする取引を別途行なうケースもあります。

相場は瞬時に変動しますから、できるだけ言葉は短縮し、必要最低限の言葉だけで、取引が行なわれています。

為替ディーラーが電話をかけるときには、「こんにちは」「お元気ですか？」などの挨拶もなく、いきなり用件から話し始める人が多いため、「感じが悪い」という印象を相手に与えがちですが、これは職業病のようなものです。

「ドル円1000万ドル分のプライスを提示していただきたいのですが……」と言っているあいだにも数銭、相場の変動が激しいときは数十銭の幅でレートが動くこともありますから、「ドル円10本」とか「ドル円、テン（ten）」だけで伝えるのです。

また、これらの取引をディーリングルームで伝えるときは、声が大きくないといけません。ハッキリ伝えないと、金額やレートを聞き間違えたり、売りと買いを間違えたりして、大きな損失につながる危険性があるからです。

これは業界の大先輩から聞いた話ですが、外国為替市場が日本で始まったばかりの頃は、いまのように電子ブローキング・システムはなく、電話取引がメインで、ディーラーが「売ったー！」「買ったー！」と売り買いを伝えていました。

しかし、段々相場が白熱してくるとディーリングルーム中が騒然となって、「たー！」の部分しか聞こえない状態になったそうです。これだと注文ミスにつながり、非常に危険であるということで、グローバルスタンダードのYours！（＝売ります）、Mine！（＝買います）が導入されたのだそうです。

いま思えば笑い話のようですが、Done！（ダン＝取引成立）の一言で、数億から数百億円の取引が成立してしまうのですから、実は怖い話です。ちなみに、最近のインターバンク市場では、電子ブローキング・システムが取引の大半を占めていますので、ヴォイス・ブローキング（人間がマイクとスピーカーを通じて取引の仲介を行なう）が主だった昔のディーリングルームに比べて大分賑やかさはなくなりました。

また、いまは顧客の取引も先述したような電話での取引は減少傾向にあるようです。マルチバンクプラットフォームという為替取引システムが発達し、これを導入した顧客側（たとえば先ほどのC社）は、画面上で複数の参加銀行が提示した価格を比較して、そのなかのベストプライスで取引できるようになりました。銀行側も自動でカバー取引を行なうなど、ディーリングルームもシステム化が進んでいます。以前は怒号が飛び交うなか、声や雰囲気で何が起きているかわかることも多かったのですが、静かなディーリングルームと聞くと、何となく少し寂しい気がしてしまいます。

インターバンクレートと対顧客レート

話が逸れましたが、先ほどC社が銀行に売ったドルはどうなったでしょうか？

銀行はC社から1ドル＝１３５円10銭で１０００万ドルを買いましたが、これはカスタマーディーラーDがドルを買った状態にあるということです。ドルを買った状態のことをドル・ロングといいます。このドルはDにとって持つ必要がないポジションですから、Dは即座にインターバンク市場で、これを売らなければなりません。

あれこれ考えているあいだにも、ドル円が１３５円ちょうどを割り込み、Dが実際にドルを売ることができたレートが１３４円90銭だったとしましょう。この20銭の１０００万ドル分、すなわち２００万円分、Dは損失を抱えたことになるのです。

したがって、Dは、顧客Cとの直通電話（ダイレクト・ライン）が点灯した瞬間、もし仮に顧客Cがドルを売ってきそうだと瞬時に感じ取った場合、あるいは、相場がこのままドル安・円高に向かうと予想した場合は、顧客にレートを提示する際、少しドル安・円高方向に寄せます。たとえば、インターバンクレートが１３５円10銭－15銭だった場合、顧客に提示するレートは１３５円08銭－13銭などとするのです。

逆に、ドル安が加速しそうだということで、もともとドル円をショート（売り越し）にしていたならば、顧客からドルを買うことになっても、慌ててドルを売る必要はありません。

こうしてカスタマーディーラーは、さまざまなリスクをとりながら、対顧客との取引に対応しているのです。対個人になると、これに手数料が乗ってきますので、さらにレートは変わります。冒頭にご紹介した対顧客電信相場（TTB、TTS）は、そもそもスポットレートにドル円であれば1円の手数料が乗っています。また、海外旅行に行く際に銀行に行ってドルの現金を買おうとしたら、レートがあまりにもスポットレートと違うので驚くことがあるかと思いますが、これは、紙幣の輸送コストなどがさらに上乗せされているからです。

このように為替レートには、インターバンク市場のスポットレート、対顧客レート、対個人のレート、現金取引のレートなど、さまざまな種類がありますが、ベースになるのはあくまでも、インターバンク市場のスポットレートなのです。

COLUMN

川の流れとお金の流れ

CHAPTER 1の冒頭で、2022年のドル円相場について、「米金利が上昇したので米ドルが買われた」と説明しました。では、そもそもなぜ金利が上昇すると通貨が買われるのでしょうか。

私が新卒で為替のディーリングルームに配属されたばかりの頃、先輩ディーラーが非常にわかりやすいフレーズで説明してくれたのをいまでも覚えています。曰く、

「川は低いほうへ流れるが、お金は高いほうへ流れる」

というのです。

川は傾斜の高いところから低いほうへ向かって流れるのが常ですが、お金は金利の低いほうから高いほうに向かいやすい。少しでも金利の高いほう、少しでもリターンの高いほうにマネーが向かうことを、新人の私に覚えやすく端的に説明してくれたのでした。

2022年のドル円相場が正に象徴的でしたが、ただ、金利の高い通貨が常に買われ続けるわけではありませんから注意が必要です。

日本と米国を比較したときに、米国のほうが物価は高く、金利も基本的にはドルのほうが円よりも高いです。だからといって、米ドルが円に対して常に上昇し続けるか、といえば、もちろんそうではありません。理由としては、第一に、先述したとおり、為替は金利差だけでなく、あらゆる要因で動くことが挙げられます。2022年は日米の金利差に注目が集まりましたが、政治要因や経済構造の変化などを背景に、相場のトレンドが変わることもあります。第二に、市場は「期待」で動くことが挙げられるでしょう。たとえば、2022年は、FRB（米連邦準備理事会）の利上げは当初の市場予想を上回るペー

スで行なわれました。「ひょっとすると、米ドルの金利はもっと上がるんじゃないか……?」と、市場参加者の期待が膨らんで、それが市場に織り込まれる際にドルが大きく上昇したのです。もし利上げペースが最初から市場の期待どおりであれば、それが為替レートに織り込まれた後は、ドルの上昇も限られたように思います。こういう状態をよく「織り込み済み」と言います。第三に、金利差ですが、「実質金利」が為替レートに大きな影響を及ぼす傾向があることが挙げられます。

後ほど詳しく説明しますが、「金利」には、「名目金利」と「実質金利」があります。名目金利とは、市場で取引される金利です。たとえば、わたしたちが銀行にお金を預ける際の「預金金利」や、住宅ローンを借りる際の「住宅ローン金利」も「名目金利」です。ただ、たとえ預金金利が年利で10%だったとしても、それを上回るペース、たとえば年間20%で物価が上昇したとすると、インフレを加味した実質ベースでは、金利はマイナス10%ということになります。つまり、銀行に1万円預けると1年後は1万1000円になりますが、1年前に1万円で買えていたものが、1万2000円払わないと買えなくなってしまっているのです。これが「実質金利」の考え方で、金利が高いからといって、必ずしもお金の価値が高いとはいえません。

外貨投資をする際に個人投資家が陥りやすい失敗として、高金利のメリットのみに目が行ってしまい、名目金利の高い新興国通貨や、利回りの高い新興国通貨の債券を買うケースがあります。もちろん、リスクを理解したうえで、あくまで分散投資の一部ということであれば良いのですが、これらの国のインフレがどうなっているかを気にしておく必要があると思います。

インフレが高く実質金利が低い国の通貨は、同国の経済が成長しているときや、世界経済が好調なときは、高金利を求めて世界からマネーが集まりやすいので、堅調に推移します。しかし、ひとたび世界経済が悪化したり、同国の財政に不安を来すなど問題が発生したりしたときには、極めて脆弱で大きく売り込まれるケースがある点に注意が必要です。せっかく10%もの利息が得られても、為替レートが30%下落したら損してしまいますから、「実質金利」の考え方は、押さえておきたいポイントです。

CHAPTER 2

為替レートを動かしている人たち

LECTURE 2-1

実需と投機はどう違うのか

投機筋にも大切な役割がある

経済取引の裏付けがあるものが実需取引

CHAPTER 1でご説明した為替取引では、「輸出企業C」がドル売り円買いをしていました。輸出企業は一般的には外貨の売り手です。なぜドルを売るのかといえば、米国に輸出した売上代金が、ドルで入ってくるからです。日本企業ですから、日本で製品をつくり、日本の従業員に給与を支払うためには、このドルを円に交換する必要があります。

このように、貿易など経済取引の裏付けのあるものを、実需取引といいます。また、生命保険会社などの機関投資家が外国債券を買うための外貨買いや、海外企業の買収（M&A）のための外貨買いなども、経済取引の裏付けがある為替取引ですから、「実需取引」に該当します。つまりは、何らかの外貨が絡む経済取引のために、必要に迫られて行なう為替取引はすべて、「実需取引」と呼ばれます。

これの反対をいくのが「投機」目的の為替取引です。つまり、米ドルが円に対して値上がりすると思うから米ドルを買う、あるいは、ユーロが先行きドルに対して値下がりすると思うので、ユーロを対ドルで売っておく、という行為です。実需と最も大きく異なる点としては、スタート地点がゼロであること。要するに、実需のようにすでにベースとなる経済取引があるのではなく、為替の相場変動から得られる「為替差益」を狙って、リスクをとって外貨を売り買いするという点です。したがって、実需と投機では、為替市場に与えるインパクトも異なります。

実需取引は「売り切り」や「買い切り」といって、基本的にはビジネスに沿った一方向の取引をします。輸出企業であれば、米国の顧客から入金されたドルを円に交換したら、取引はそれで終わりです。また、Ｍ＆Ａの為替取引の特徴としては、たとえばある日本の企業Ａが米国の企業Ｂを買収する際、Ａは買収資金を期日までにＢに振り込まなければなりませんから、為替レートのトレンドや相場観にはあまりこだわらずドル買い・円売りを実施するケースが多く見られます。しかも、契約が成立した際の為替レートからあまり乖離しない水準で米ドルに替えたいので、契約が成立すると、比較的速やかにまとまった米ドル買いが発生します。日本の大手企業が数千億円で海外企業を買収するといった大型のＭ＆Ａのニュースが報道された際に、為替レートが円安に反応するのはこのためで、為替市場では「取引が確定したからには、すぐに大口の米ドル買いが市場に持ち込まれるのではないか」という観測が広がりやすいのです。

一方、投機的な為替取引の場合には、その取引で為替差益を得なければ意味がありませんから、できるだけ安い水準で米ドルを買い、できるだけ高い水準で米ドルを売るという、「Buy low, Sell high」の原則に従って取引をするため、相場の波は非常に重要です。テクニカル上で重要なサポートラインを割り込んだときに一気に投機的な売りが殺到したり、あるいはこれまでの安値圏に近づくと、その付近で投機筋の買い注文が集まったりするなど、短期的な相場の波にインパクトをもたらす傾向があります。

また、実需取引が「売り切り」「買い切り」であるのに対して、投機的な取引は、ひとたびどこかの水準でドルを買う、あるいは売るという行為をした後は、かならずどこかで、利益確定、あるいは損失確定の反対取引が発生するという点は、極めて重要な相違点といえます。

貿易に基づいた為替取引の手法

さて、それでは、輸出・輸入など貿易関連の為替取引をもう少し詳しく見ていきましょう。輸出企業は、「来月は米ドルでこれだけ売上が出るだろう」と予想していても、ドル安・円高が進むとドルの価値が目減りしてしまい、実際に円に替えるタイミングでは、受け取る円価が少なくなってしまうという、為替の変動リスクにさらされています。

一方で、石油会社のような輸入企業であれば、原油をドル建てで買い付け、輸入するため、円をドルに交換し、そのドルで支払い代金を決済します。したがって輸入企業の場合は、輸出企業とは逆に、ドル高・円安が進んでしまうと、支払うドルを買うための円価が、もともと見積もっていたよりも大きくなってしまうという形で、為替の変動リスクにさらされているのです。２０２２年のような急激な円安は、輸入企業にとっては本当に厳しいと思います。

したがって、こうした貿易取引においては、あらかじめ売上や仕入れの予想を立て、ビジネスサイクルに合わせて、事前に外国為替取引を行なうのが一般的です。

たとえば、ある輸出企業が3カ月後に○×億円のドル建ての売上が立つと見込んでいれば、それに対して、前もってドル売り円買いをしておくのです。これを先物予約といい、2営業日後に決済（通貨の交換）が行なわれる「スポット取引」に対して、3営業日以降いつでも決済日を設定することが可能です。

そして、この先物予約を行なうことによって、将来の為替リスクを限定することを、リスクヘッジ、あるいは為替ヘッジと呼びます。

２０２２年9月に発表された国際決済銀行（ＢＩＳ）のレポート（注1）によると、世界の1日の為替取引量（平均）は、７・５兆ドル、約１０００兆円に上り、3年前の２０１９年9月に公表された同レポートの６・５兆ドルから大きく増加しています。一方、このうち「非金融法人（たとえば、輸出企業や輸入企業、商社などの事業法人）と通貨当局、個人（外為証拠金取引以外）」などによる為替取引の合計は、２０２２年のレポートでは全体のたった6％となっていて、２０１０年版の13・４％から大幅に減少しています。ここからさらに通貨当局や一部の個人投資家の取引を除くと、貿易取引のシェアは1日の為替取引量のごくわずかにとどまることがわかります。実は遡ると１９９８年の17・４％から２０２２年の6％まで、この「非金融法人」の取引は約11・４％ポイントも減少していますが、これは貿易取引が減少したことによる面が大きいとみています。

日本の製造業は、度重なる急激な為替変動や、長期にわたる円高による業績への悪影響を受けて、こうした為替変動による損益へのインパクトを最小限にとどめようと、先物予約などによる「為替ヘッジ」だけでなく、財務戦略上のリスクヘッジを行なってきました。

たとえば、米ドル建てのコストで製造して、米ドル建てで販売すれば為替変動の影響を限定できることから、製造の拠点を海外に移す、あるいは日本で製造するにしても、製造の原料となる資材の輸入を米ドル建てに変える、などがそれにあたります。また、バランスシート上、米ドル建ての債権（米ドル建ての売り掛け債権）と相殺するために、資金の借り入れを米ドル建てで行なうなども挙げられます。こうした努力によって、日本の製造業において1円の為替変動による営業利益へのインパクトは著しく減少しました（**図表2－1**）。反対に、2022年に大幅な円安にもかかわらず、あまりそのメリットを感じられなかったのはこのためです。

なぜ、取引量のシェアは小さいにもかかわらず、日本の輸出企業の動向は、市場で注目を集めるのでしょうか。それは、BISのレポートが示す取引シェアは、全体の取引量を1日平均に均したものであって、実際に毎日輸出企業が

図表2-1 ＞ 製造業の為替変動による影響は大きく減少
── 1円の円安による年間営業利益の押し上げ効果（為替感応度）

（億円）

	2004		2022	
	対ドル	対ユーロ	対ドル	対ユーロ
トヨタ	350	50	450	60
ホンダ	200	30	120	15
日産	132	-	100弱	非開示
キヤノン	60	45	40	30
パナソニック	46	13	8	9
ソニー	60	65	10	70

出所：JIJI Financial Solutions、日本経済新聞（企業決算）、SFGI

ドルを売っているかといえば、そうではないからです。オプション取引（権利の売買）が満期を迎えた際に発生する外貨売り・円買い、あるいは年度末の実需による外貨売り・円買いなど、決算期に合わせて要所要所でまとまった取引が発生するため、その1回の取引が為替市場に与えるインパクトはそれなりに大きいのです。

ちなみに、輸出企業は基本的に「外貨売り・円買い」を行なうとお伝えしましたが、例外もあります。先ほど、為替ヘッジを行なうときは、あらかじめ、たとえば3カ月先の外貨建て売上の「見込み」に対してヘッジをかけていく、つまり、先物予約で米ドル売り・円買いを行なうとお伝えしました。しかし、たとえば10万ドルのエクスポージャー（為替変動のリスクにさらされている資金）に対して3カ月前に先物予約で10万ドルのヘッジをかけたところで、これはあくまで売上の「見込み」であって、実績が固まったら思ったより売上が伸びず、為替ヘッジは5万ドルでよかった、という可能性もあり得るのです。この場合は、オーバー・ヘッジ（ヘッジ超過）になってしまいますから、売り過ぎた外貨は買い戻す必要があります。反対に、予想していたよりも多く製品が売れていたとします。そうすると、より多くのドルが入金されることになり、これまで行なってきたドル売り・円買いの為替ヘッジでは不足します。これをアンダー・ヘッジといいます。この場合は、売上金額が確定する月末に、追加でドル売り・円買いを行ないます。したがって、期末やとくに年度末などはこうした為替ヘッジの調整などにより、為替市場ではあらゆる売買が行なわれるため、これらが相場に大きな影響を与えることもあるのです。

このように、輸出企業のむずかしさは、為替レートの変動リスクにさらされているだけでなく、エクスポージャー、売上月の当月になって売上金額の実績が確定するまでは、金額が変わってしまうということなのです。

このため、コスト（手数料）を払っても、為替オプションを利用するケースも多いです。オプションは、権利の売買であるために、たとえば「3カ月後に1000万米ドルを1ドル120円で売る権利」というオプションを買います。仮に3カ月後に1ドル90円になった場合には、この権利を行使しますが、権利行使の際、売上が800万米ドルしかなかったことがわかれば、800万米ドル分だけ「行使」し、オーバー・ヘッジの200万米ドルについては、オプションの権利を「非行使」、要するにキャンセルすればよいのです。

実需の為替市場へのインパクトは以前よりも小さくなった

しかし、以前に比べて、実需の取引がマーケットに及ぼす影響は、小さくなってきました。なぜなら、ヘッジの手法が変わってきたからです。

輸出企業であれば、できるだけドル高・円安の水準で、ドルの売り予約を入れたいと思いますし、輸入企業であればその逆を考えます。そのため、以前は実需とはいえ、相場動向を読みながら為替ヘッジを行なっていました。

こうした手法を、リーズ&ラグズ（leads and lags）と呼びます。要するに、輸出企業Cが、「そろそろドル高はピークで、これから下落するだろう」と思えば、あらかじめまとまった金額でドル売り・円買いをしておきます。つまり、3月の売上分だけをヘッジするのではなく、4月と5月の分もドルを売っておくのです。このように、先行（Lead）してドルを売っておくことを「リーズ」といいます。逆に、このままドル円は上昇し続ける、と思えば、ヘッジするタイミングを遅らせて、ドルが上昇するタイミングを待ちます。これが、遅行ヘッジ「ラグズ」です。

しかし、こうした取引にはリスクが伴います。ドルが対円でさらに上昇すると考え、ドルを売らずに待つ、つまりラグズしていたところ、ドルが上昇するどころか、逆に急落したら、どうなるでしょうか。

そのままドルが反発せずに、結局大幅なドル安・円高水準でドル売り・円買いをすることになったとしたら、ヘッジのつもりが、企業に為替差損をもたらすリスクになります。

こうしたことから、製造業にとって為替リスクは副次的な問題であり、本質的なビジネスは製品を製造し、販売することであるとの考えが広がり、近頃は相場を予測しながら相場のトレンドについていくようなヘッジ手法を行なう企業は減っているようです。

代わりに、売上の見込みを1カ月間の営業日で平均し、毎日少しずつドルを売っていけば、必要以上に為替リスクをとっていることにはならない、といった考え方をする企業が増えてきました。このように、毎日同じ金額でドル売り・円買いを行なうと、1カ月間のドル円レートの平均値でドルを円に交換していることになります。

これではドルが上がっても下がってもコンスタントにドルを売っているわけですから、ヘッジする意味があるのか疑問に思う方もいらっしゃるかもしれませんが、企業にとっては、こうすることによって、先行きの円建ての売上見込みが立てられるのです。いま、3カ月後のドル建ての売上見込みに対して、それと同額のドル売り円買いの先物予約を行なっておけば、3カ月後に発生する外貨建て債権の円建ての金額がいまの段階からおおむねわかります。業績発表時に、ヘッジの損益によって、為替損益が大幅にぶれることなく、現時点で大体の円価がほぼ確定できているということは、企業の業績見込みを立てるうえで、最も重要だという考え方なのです。

この取引手法だと、毎日コンスタントに実需の取引が行なわれる代わりに、一気に実需の売り買いが市場に持ち込まれる機会が減るため、実需取引が為替相場に与えるインパクトは、かつてに比べると、かなり小さくなっていると思われます。

投機筋は悪者か?

「実需」と「投機」の違いについてはここまでにご説明したとおりですが、それでは、「投資」と「投機」の違いとは何なのでしょうか。

とくに何かルールや国際的な判断基準があるわけではないですが、「投資」とは、一般的に投資対象の成長を期待して資金を投じることを示します。したがって、まずは投資対象を「買う」のが基本です。一方、対象の上昇、下落にかかわらず、その時々の相場の変動による儲けの機会を捉えるのが「投機」です。このため、「売却」「空売り」など「売り」から入るケースも多くなります。

では、どういう人たちがこの「投機筋」に属するかといえば、自身の判断で取引を行なう、いわゆる「自己勘定取引」で、機会を捉えて利益を得ようと短期売買を繰り返す銀行のスポットディーラーも、ある意味投機に入るでしょうし、ヘッジファンドで短期的な運用を行なっているところも、投機に該当します。個人投資家は投資、投機ともに存在しており、たとえば外貨預金や外貨建て投資信託など、じっくりと値上がりや将来の企業の成長を期待して行なう長期運用であれば投資ですし、外国為替証拠金取引のように売りも買いも行なうような短期の値ザヤ稼ぎであれば、投機に該当します。

「外国為替市場」と言ったときに、狭義では冒頭に説明したインターバンク市場、すなわち銀行間市場のことを指しますが、広い意味では対顧客市場も含めたものになります。これらの市場参加者全体が、外国為替市場を形成しているのです（**図表2－2**）。

ところで皆さんは、「投資家」と「投機筋」について、どのようなイメージをお持ちでしょうか。

「投資家」は真面目で善良な市場参加者、「投機筋」は「売り」も儲けの機会と捉えることから、マーケットを荒らす悪者、というイメージ

図表2-2 〉 さまざまな市場参加者が為替レートを動かしている
── 外為市場の参加者たち

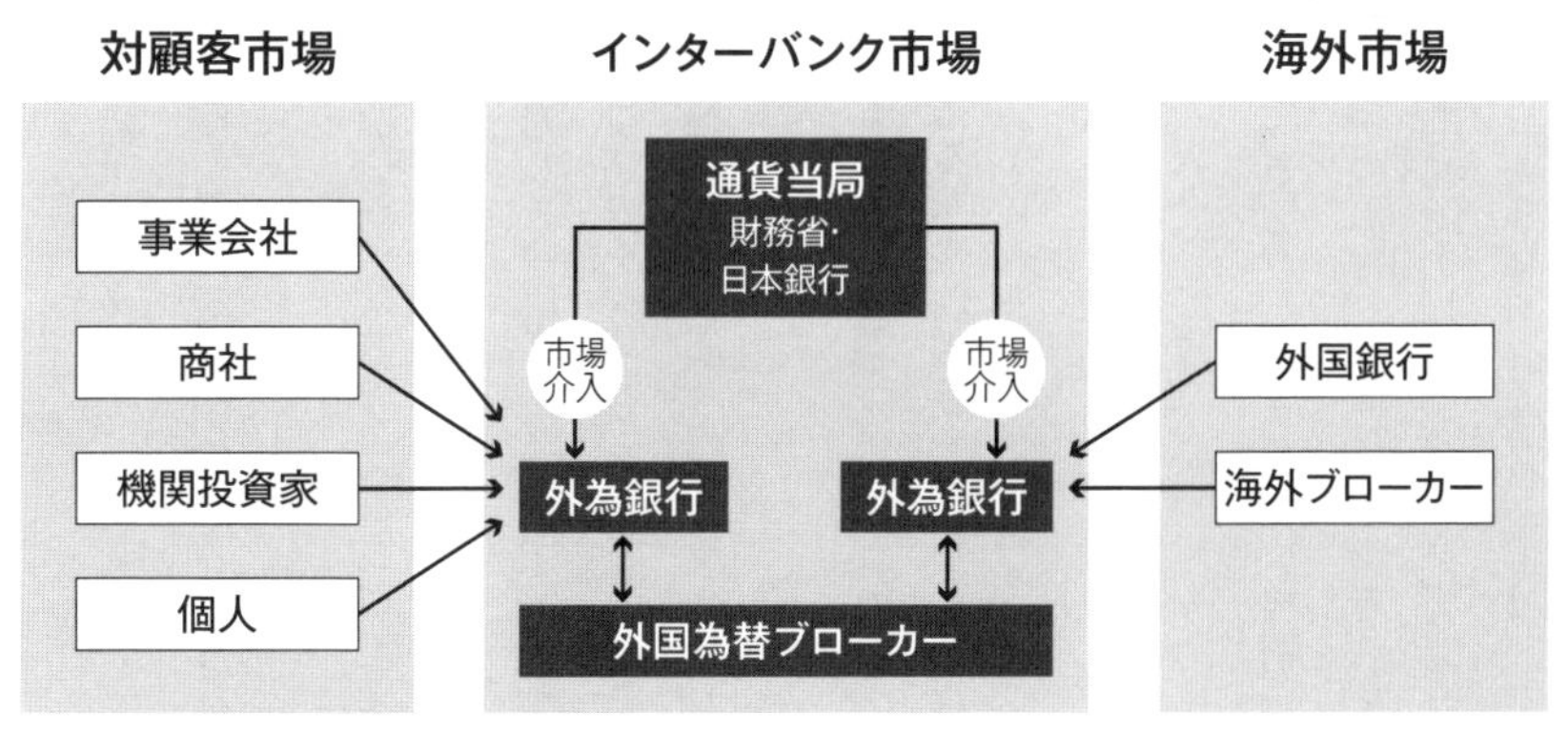

をお持ちの方も多いかもしれません。

そもそも投資の場合は「投資家」と呼ばれるのに対し、投機の場合は「投機家」ではなく「投機筋」と呼ぶのが一般的ですが、「筋」という言葉が付いただけで、何となく素性がはっきりしない、グレーな存在という匂いがします。

投機筋が仕掛けた為替取引では、1992年の「ポンド危機」を招いた、ヘッジファンドによるポンド売りが有名です。いまや著名投資家といわれるジョージ・ソロス氏が当時、英国の景気が悪化しているにもかかわらずポンドは過大評価されているとみて、ポンド売りを仕掛けたのです。これに対し、英国の中央銀行であるイングランド銀行は為替介入でポンドを買い支え、ソロス対イングランド銀行の激しい戦いが繰り広げられましたが、結局、イングランド銀行はポンドの下落を支えきれず、通貨ユーロの前身である欧州為替相場メカニズム（ERM）を脱退せざるを得なくなりました。

また、最近の例では2022年9月22日、政府・日銀が24年ぶりとなる円買い・ドル売り介入に踏み切りましたが、その後、鈴木俊一財務相が記者会見し、「投機による過度な変動が繰り返されることは決して見過ごすことができない」と述べました。

このように投機筋は、「相場の秩序を乱す悪者」あるいは「通貨当局を困らせるやっかいな存在」というレッテルを貼られやすいのです。

たしかに、投機筋の行動が行き過ぎれば、こうした批判を受けるのも仕方ありません。早朝の、市場参加者が少ない時間帯をわざと狙って、投機筋が大きな取引を仕掛ければ、当然、急激な相場変動をもたらしますし、投機筋がこぞって一方向の売り、もしくは買いに殺到すれば、ポンド危機の際に英国がERM脱退という決断を迫られたように、一国の政治、経済に大きなインパクトを及ぼすことさえあるのです。

投機筋も「重要」な市場参加者

しかし、その投機筋にも外国為替市場において重要な役割があります。それは、流動性（リクイディティー）の供給です。流動性とは、「資産をいかに容易に交換できるかを示す性質」と一般的に定義づけられていますが、要するに「量がたくさんあれば、取引しやすい」という意味です。

前述したとおり、投機筋の特徴は、短期の取引で売買益を稼ぐことにありますから、必ず「利益確定」をします。つまり「利食い」です。

投機筋が存在するからこそ、売りも買いも大量に市場に湧いて出てきますし、投機筋の活発な取引によって外国為替市場の取引量が増え、為替取引が円滑に行なわれる素地をつくってくれるのです。

もし、外国為替市場の取引参加者が、日本の輸出企業と輸入企業だけだったら、どうなるでしょうか。輸出企業によるドル売り・円買いの金額が、輸入企業によるドル買い・円売りの額を上回っている限り、常にドル売り・円買い圧力が強まり、ドルは円に対して、ひたすら下落し続けなければなりません。

しかし、実際にはそうならず、相場は行ったり来たり振幅を繰り返します。これは、まさに投機筋が流動性を供給しているからです。とくに最近では、外国為替証拠金取引の普及によって、日本人の個人投資家が外国為替市場にアクセスしやすくなったことが、相場に影響を与えるようになりました。

基本的に、為替好きな日本人の特徴に、「逆張り」というのがあり、ドル安・円高に振れたときに、むしろドル買い・円売りを仕込む好機であると捉える傾向があります。こうした彼らの投機的なドル買い・円売りが、ドル円の急落にある程度歯止めをかけているのではないか、ともいわれています。

LECTURE 2-2

巨額の資金を運用する機関投資家

しばしば話題となる市場の「クジラ」とは？

HFT（超高速取引）が及ぼす影響とは

BISレポートの2022年版では、1日の為替取引量のシェアが、次ページ図表2－3のようになっています。ここでいうマーケット・メーカーとは、主に大手の金融機関のことで、インターバンク市場を形成しているグループのことです。CHAPTER 1で述べた「ビッド」と「オファー」をマーケット提示している金融機関のことをマーケット・メーカーといいます。銀行を通じてしか取引ができない事業法人と異なり、直接インターバンク市場にアクセスし、積極的に相場を形成しているためにこのように呼ばれます。それ以外の市場参加者で注目度が高いのは、やはり「ヘッジファンド」でしょう。取引量は全体の7％と少な目に見えますが、スポット取引では約11％、オプション取引でも13％と、為替相場に直接インパクトを与え得る取引において、それなりのシェアを占めています。

ヘッジファンドとは、公募により資金を集める投資信託と違って、機関投資家や富裕層等から私募で集めた資金を、さまざまな手法で運用するファンドのことを指します。一般的に、たとえば割安の株式を買い、割高の株式を同時に売るという投資手法（ロングショート）によって、市場変動リスクを限定させる（ヘッジする）ことからヘッジファンドと呼ばれます。ただ、ヘッジファンドは、株価指数などのベンチマークを上回ったか、下回ったかという運用実績で評価するのではなく、実際に資金がどれだけ増えたか（絶対リターン）を目指していることから、比較的ハイリスク・ハイリターンの運用形態が多いとされています。

為替市場で活発に取引しているヘッジファンドには、主に以下の3種類が挙げられます。

①グローバルマクロファンド

「グローバルマクロ運用」といって、主にマクロ経済や金融政策などマクロ的な観点から世界の金融市場を分析し、その分析に基づいて運

図表2-3 ＞ 取引量は少な目だが影響力を持つヘッジファンド
―― 取引主体別、為替市場のシェア（2022年4月の1日あたり平均）

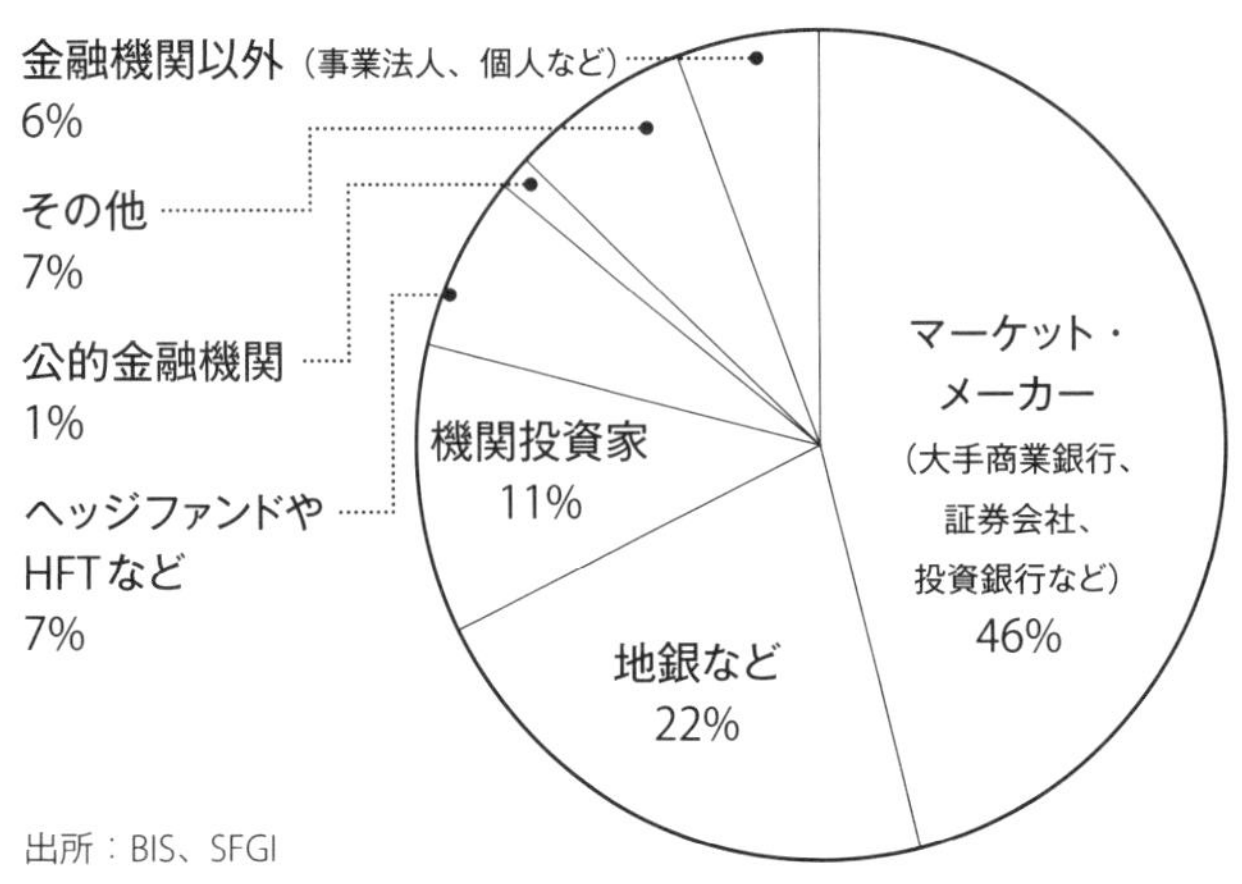

出所：BIS、SFGI

用する手法をとるファンドのことを指します。彼らは、独自の分析をベースに相場のシナリオ（市場予測）を作成し、これに従って投資するのが特徴で、先述したジョージ・ソロス氏による1992年のポンド危機などは代表的な例で、相場のシナリオが的中する場合、つまり、多くの市場参加者がそのシナリオに共感し同じ方向に賭けるようになれば、大きな相場のトレンドを形成することもあるのです。また、マクロ分析に基づいていることから、投資対象は外国為替や債券、株式インデックスへの投資が主体で、個別株などへの投資は少ないのが特徴です。

②CTA（Commodity Trading Advisor）

コモディティと聞くと、原油や金といった商品先物に投資するファンドと思いがちですが、実際には為替、金利、株式、商品の先物に幅広く分散投資しているケースが多くなっています。高度な統計学やモデルを用いて過去の価格を分析することにより、「価格は一度動きだすと一方向に動きやすい」などの、「癖」を見出すことで収益を上げているのが特徴です。したがって取引手法は、たとえば日本の外為証拠金取引の個人投資家などは「逆張り」、つまり下落したら買い、上昇したときには売るという手法が主流なのに対し、CTAは「順張り」、つまり「ドル高トレンド」など一方向のトレンドが明確になった際に、トレンドを追いかけてドル買いを積み増していくような取引手法が主流となっています。

③HFT（High Frequency Trading）

日本では「超高速取引」「超高速売買」などと呼ばれます。コンピュータ・システムが、プログラミングされた条件に基づいて為替や株価の動きを分析し、最適と判断した時期・価格・数量で自動的に売買注文を繰り返す取引をアルゴリズムといいますが、超高速処理のコンピュータでこのアルゴリズムを駆使し、高速・高頻度の自動売買を繰り返して収益を得ようとする取引手法およびファンドをHFTと呼びます。市場参加者の癖をプロファイリングし、電子取引システムや取引所要時間にかかるわずかな「時間差」を利用して、1000分の1秒単位かそれ以下のスピードで、この「時間差」よりも速く売買を行なうことで「裁定取引（アービトラージ）」を行なっているケースが多くなっています。

ちなみにHFTは、時折フラッシュクラッシュなどの急激な動きを助長するケースが見られるため、問題視されることもあります。フラッシュクラッシュとは、株価や為替レートが瞬間的に急落することですが、最近の例では、2019年1月3日に、ドル円がわずか5分程度で108円台から104円台まで急落したことがありました。「アップル・ショック」と呼ばれる米アップルによる売上予想の下方修正が主因だったとされていますが、本当の要因はわかっていません。市場では、「アップルの発表を受けてアルゴリズムが大量の売り注文を発注し、年初で薄商いだったことでストップロスオーダーを巻き込む形でドル円が急落したのではないか」と言われています。

機関投資家の動向は？

2022年4月、国内大手生保の2022年度の運用計画が出揃いました。これによると、米国の金利上昇と円安・ドル高トレンドにもかかわらず、外国債券の運用について、さほど積極的な姿勢は見られませんでした。むしろ、国内債券の運用を増加させる傾向が見られたのです。これは、生保の特殊な運用方針と為替ヘッジの仕組みによるもので、これについて少し説明したいと思います。

日本の生命保険会社は、バブル全盛期に世界中で積極投資を行ない、「ザ・セイホ」として名を馳せました。いまでも金融市場での存在感は大きく、しばしば注目を集めることがあります。生命保険協会のレポートによれば、2021年3月末時点で、生保42社の総資産は合計で約412兆円。このうち約8割が有価証券となっており、巨額の資金が証券や債券に投資されていることがわかります。とくに、生保の外債投資は為替相場に大きな影響を与えるという連想から、年2回発表される運用計画は、いまも市場関係者の注目を集めます。

こうした、生損保、年金などの、いわゆる「機関投資家」は、投機筋とは異なり、もっと長期的な視野で資金を運用しているところが特徴です。

生保は、保険契約者から預かる資金を運用することで得られる利回り（基礎利回り）が、保険契約者に約束している運用利回り（予定利率）を上回れば、「利差益」が発生します。しかし、日銀の「異次元緩和」によって日本の国債市場は激変し、長期金利は長らく低迷しました。このため、より利回りの高い外国債にも積極的に投資することで、収益性を維持してきました。

とはいえ、保険契約者に支払う長期・固定の円建ての負債に対応する運用資産は、やはり円建てが主軸で、安定収益が見込めなければなりません。このため生保による外債運用は、その大半が為替ヘッジ付きです。つまり、外貨建ての債券を保有するのと同時に、外貨を先物で売り持ちにして、為替変動のリスクをヘッジしているのです。これを「ヘッジ外債」と呼びます。

さらにリスクをとろうとすれば、信用リスク、いわゆる「クレジットリスク」をとって、海外の国債よりも利回りの高い海外の社債に投資し、それでも為替リスクはヘッジします。したがって、この段階では、いくら数兆円のマネーが海外に流れても、直接的な「外貨買い」とはならず、まだ、為替相場への影響は限定的です。為替リスクをヘッジせずに外国債券に投資することを「オープン外債」と呼びますが、為替変動のリスクは大きいため、生保がこれを運用の「主軸」とするケースは少ないといえるでしょう。

さて、先述したとおり、日本では長期にわたり緩和策が続いたことで、長期金利は長らく低迷していました。しかし、2022年には、3月以降FRBがインフレ抑制の目的で利上げを開始したことで、米長期金利が上昇し始めました。一方、日本では、日銀がイールドカーブ・コントロールといって、10年物国債の利回りをゼロ%付近に維持する政策を行なっていましたから、10年物国債の利回りはほとんど変わらなかったのですが、20年債、30年債、40年債といった超長期国債の利回りは、米国債利回りに連れて上昇し始めたのです。この結果、日本の超長期国債については、投資の魅力が増しました。生保の運用方針で、日本国債を積み増す傾向となったのは、このためだったようです。

でも、米国の長期金利が上昇していたにもかかわらず、外国債券の運用をさほど増やさなかったのはどうしてなのでしょうか?

生保のヘッジ外債とヘッジコストのしくみ

さて、ここでいったんヘッジ外債について、もう少し詳しく考えてみたいと思います。

為替リスクをヘッジする際には、「ヘッジコスト」がかかります。ヘッジコストとは、通貨間の金利差のことです。

たとえば、あなたが生保の運用担当者だとしましょう。3カ月の定期預金の利率が、ドルは3％、円は1％だったら、当然ドル預金のほうが魅力的です。でも、あなたはどうしてもこの3カ月間の為替変動リスクが心配だったので、取引先の銀行に電話をかけ、たとえば「3カ月後の月末に○○本のドル円を××円△△銭で売ります」といった具合に、ドル売り・円買いの先物予約を行ないました。

もしこの取引に一切コストがかからなかったとしたらどうでしょう。きっと、多くの日本人投資家が一斉にドルを買い、3カ月間の預金を組むのと同時に、先物予約でドル売り・円買いの為替ヘッジを行なうでしょう。そうすれば、為替の変動リスクはゼロのまま、円預金より2％も高い利率で運用できるのですから。

しかし、世の中にはそんなにうまい話はありません。この2％の金利差分は、為替ヘッジをする際のコストになります。ですから、あなたが先物予約をしたときには、その金利差に相当する分だけ、スポットレートよりもドル安・円高の水準で取引レートが決まります。つまり、為替の変動リスクをゼロにする代わりに、2％の金利差を放棄しなければならないのです。

これでは円で運用しているのとほとんど変わらないので、「ヘッジ外債運用なんて意味ないのでは？」と疑問に思う方もいるかもしれません。

しかし、たとえば生保が米10年国債で運用するときに、為替ヘッジをする場合は、いきなり10年先の先物予約を締結するわけではありません。というのも、10年国債を満期まで保有せずに途中で売却する可能性もありますし、日米の金利は常に変動しているからです。

たとえば3カ月の先物予約でドル売り・円買いの為替ヘッジを締結（これをヘッジをかけるといいます）したとすると、そのポジションは米10年債を保有している限り、ロール・オーバーといって、3カ月ごとにヘッジの満期がくるたびに、ヘッジの期間を延長していくのです。

「ヘッジ外債」か「オープン外債」か、あるいは「円債」かの判断は、あくまでその時々のヘッジコストや為替相場の影響を受けます。話をわかりやすくするために、数字はあくまで仮置きですが、仮に米10年国債の3カ月間の運用益が5％、同じ期間のドル円のヘッジコスト（＝日米の金利差）が2％、日本の10年国債の運用益が、3カ月間で1％だとします。単純に引き算をすると、5％－2％で、為替ヘッジ付きで米国債に投資した3カ月間の運用益は3％になり、同期間の運用益が1％の日本国債に投資するよりも、米国債のほうが有利になります。

しかし、たとえば米連邦準備理事会（FRB）が利上げを開始し、3カ月のドル円のヘッジコストが4・5％になったとしましょう。すると、為替ヘッジをつけた場合の米国債の3カ月間の運用益が0・5％まで低下するため、これであれば日本国債で運用したほうが良かったということになります。つまり、ヘッジコストをかけて為替ヘッジをするメリットがなくなってしまうのです。

また米国の金利上昇局面では、為替レートもドル高・円安に向かう可能性があり、このときは為替ヘッジを外し、為替リスクをとりつつ、米国債の5％の運用益を享受したほうが有利だと判断されます。

2022年3月、FRBは0・25％の利上げを決定しましたが、その後、米国のインフレはなかなか収まらず、5月には0・5％に利上げ幅を拡大しました。さらにFRBは、6月、7月、9月、11月と4会合連続で0・75％もの利上げに踏み切ったのです。

こうなると、日米の短期金利差が拡大するため、ヘッジコストは大きくなります。ただ、円安・ドル高トレンドがある程度明確になったタイミングで、機関投資家が戦略を変え、為替ヘッジをしないオープン外債の比率を高めている可能性もありそうです。こうなれば、いよいよ新たに外債を買う、あるいはすでに投資している外債の為替ヘッジをはずすために、外貨買いが本格化することになります。こうした環境になって初めて、生保など機関投資家の外貨買いが、為替相場に円安の影響をもたらすのです。

市場で話題となる「5頭のクジラ」の存在

「130円ちょうどの買いは、クジラっぽいですかねえ……」

市場関係者のあいだではしばしば、こんな会話が繰り広げられます。クジラという用語は、いまこそ新聞にも使われるなどポピュラーになりましたが、プロのトレーダーのあいだではだいぶ前から使われていました。

クジラとは、公的な金融機関や機関投資家のことで、主にはゆうちょ銀行（運用資産約230兆円）、かんぽ生命保険（運用資産約68兆円）、年金積立金管理運用独立行政法人（GPIF・運用資産約195兆円）、3共済（地方公務員共済組合連合会、国家公務員共済組合連合会、私学共済・運用資産は合わせて約20兆円）ですが、金融緩和策の一環として、簿価ベースで約36兆円ものETF買い入れを行なってきた日銀も含めて、金融市場への影響力の大きさから、「5頭のクジラ」などと呼ばれるようになりました。

とくにGPIFは2014年10月末の資産構成見直しで、保有する国内債の目標値（基本ポートフォリオ）を全体の60％から35％に下げた一方、国内、海外株式いずれも12％から25％に、外債は11％から15％へ引き上げるなど、積極的な運用方針に変わりました。その後も基本ポートフォリオの見直しは続き、いまは国内債券、国内株式、海外債券、海外株式、いずれも25％ずつという構成になっています。また、その資産規模の大きさなどから、市場参加者の注目度は高くなっています。

GPIFは、基本的には前述した基本ポートフォリオに沿って運用しますが、このため、たとえば日本株が下落すれば、元本が減少した分、日本株の運用比率が減ってしまいますから、それを戻すために日本株を買い増すことがあります。債券や外貨建て資産についても同じです。GPIFが公表している資産構成と、そこからの株式市場の下落幅などを計算し、「クジラはいま5兆円程度日本株を買う余力があるのではないか」など、市場ではさまざまな憶測や期待が飛び交うものです。

たしかに、基本的にはこうしたリバランスによる株価下支えの効果はあるかもしれません。ただ、相場変動が激しい場合を想定し、基本ポートフォリオには、「乖離許容幅」が設けられていて、たとえば国内株式であれば目標の±8％となっています。つまり国内株式の運用比率は17％から33％までが許容範囲となっていて、実際には相当幅があるため、リバランスによる「買い余力」をキッチリ予測するのはむずかしいのが実情です。

ただ、株価や為替が大幅に下落した場合には、5頭のクジラが何らかの形で相場を下支える可能性がある点は、意識しておくと良いかもしれません。

なお、GPIFも、いまは「ヘッジ外債」を行なっています。2019年、当時の高橋理事長が次のようなコメントを発表しました。

「GPIFは、2019年度計画を変更し、当面の対応として、為替ヘッジ付き外国債券について、乖離許容幅管理上、外国債券の資産構成割合から控除し、国内債券の資産構成割合に算入することとしました。通常、国内債券の価格は、他の資産の価格と逆の動きをするため、組み入れによってポートフォリオ全体のリスクを抑制する効果が期待できます。しかしながら、現在の市場環境下ではマイナス利回りとなる国内債券が増加していることから、国内債券と同様に他の資産の価格と逆の動きをする為替ヘッジ付き外国債券を、実質的に国内債券の代替として投資を行なってまいりました。こうした運用状況とともに、国内債券と為替ヘッジ付き外国債券のリスク・リターン特性が近いことを踏まえ、乖離許容幅管理における為替ヘッジ付き外国債券の取り扱いを見直すため、経営委員会での複数回の審議を経て年度計画の変更を昨日議決し、本日厚生労働大臣に届出を行ないました(後略)」

つまり、日本の国内債では利回りがマイナスになってしまうため、代わりにヘッジ付き外債を行なっていることがわかります。これを踏まえて2022年度第1四半期のポートフォリオを見てみると、運用資産195兆円のうち、国内債券が25・7%、国内株式が24・5%、外国債券が25・7%、外国株式が24・1%でした。脚注に「為替ヘッジ付き外国債券及び円建ての短期資産については国内債券に区分し、外貨建ての短期資産については外国債券に区分することとしています」とあるとおり、国内債券25・7%のうちのいくらかは、ヘッジ外債ということになります。

一段と増す個人投資家の存在感

日銀の『資金循環統計』によれば、2022年8月末公表時点で、日本の個人金融資産は総額2005兆円でした（注2）。その約半分、54・3％が現金や銀行預金で、債券や株式、投資信託への投資はご覧のようにごくわずかです（**図表2－4**）。

一方、米国の場合は総額が115・5兆ドルで、このうち最も大きな割合を占めるのは株式投資です（注2）。

このように欧米と比較してみると、日本人の運用がいかに保守的かわかります。

なお、日本の家計の金融資産のうち外貨建てのものは、3％程度しかありません。1996年から2001年にかけて行なわれた金融制度

図表2-4 ＞ 家計の資産構成（2022年3月末現在）
―― 金融資産合計に占める割合

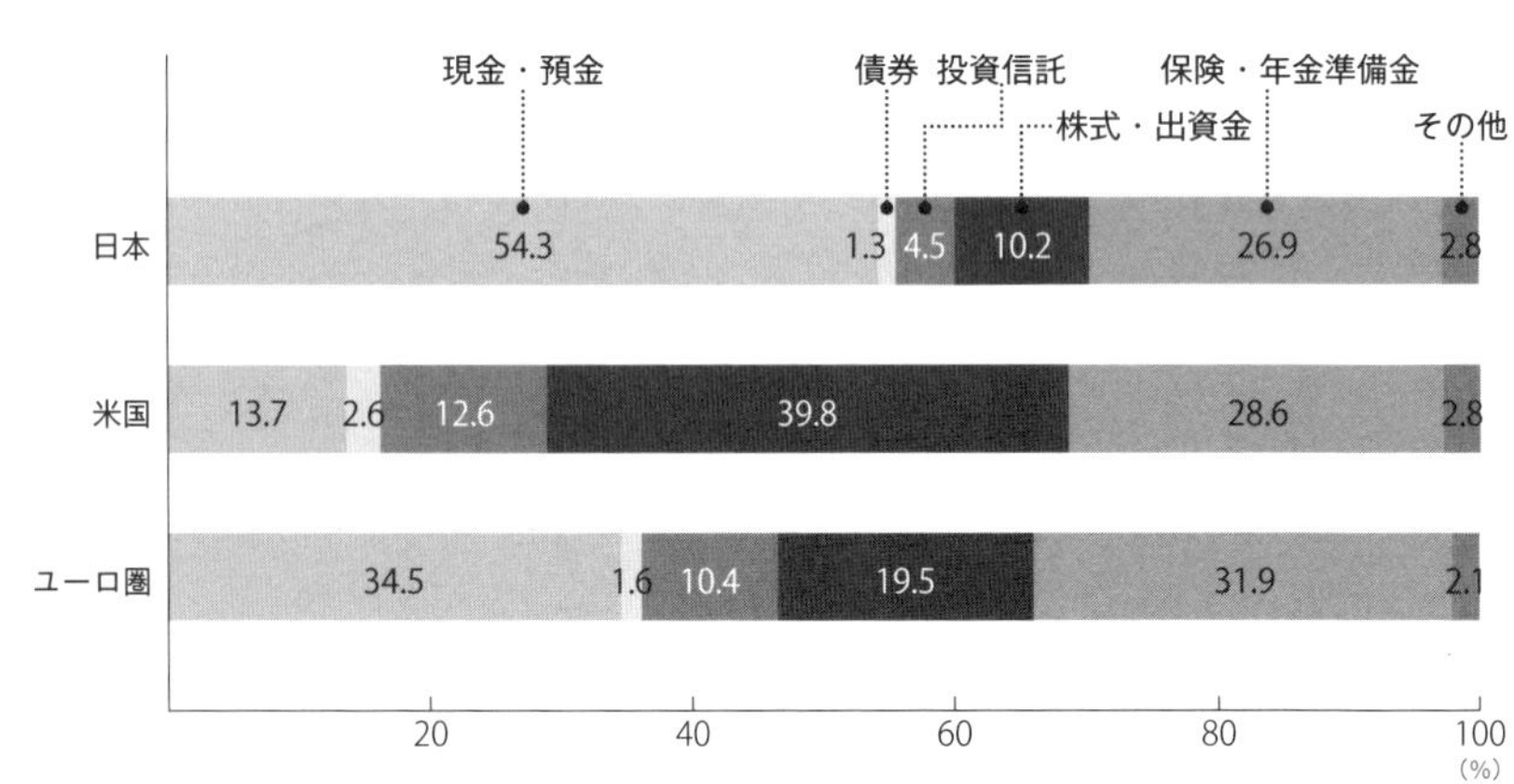

出所：日本銀行「資産循環の日米欧比較」

改革「金融ビッグバン」によって、1998年からはあらゆる銀行で一般個人向けの外貨預金が認められるようになったり、銀行の窓口で投資信託の販売が認められるようになったりするなどの規制緩和が行なわれました。これにより、外貨預金や対外証券投資は2002年ころにかけて急速に増加しましたが、その後はほぼ横ばいです。一方、投資信託を通じた海外投資は、運用の中身は外貨建てでも、買うときは円ベースで購入できるので、日本人には親しみやすいのか、リーマンショック後に一時減少したものの、その後は増え続けています。

日本がマイナス金利政策を導入し、円資産での運用がむずかしくなるなか、日本の個人投資家による外貨建て資産での運用の需要は、徐々に大きくなる可能性が高いとみています。

国際的にも有名な、日本の「ミセス・ワタナベ」

2011年9月27日の米紙ウォールストリート・ジャーナルには、「ミセス・ワタナベによる為替取引の力（The Forex Power of Mrs. Watanabe）」の見出しで、リーマンショックや東日本大震災による影響で、リスク回避が進むなか円高が進行したことに触れ、円買いの主役は金利差を狙って外貨投資を膨らませていた日本の個人投資家だったと分析しています。また、日本の個人投資家の取引は世界の円の取引ボリュームの15％に達しており、為替市場に与えるインパクトは大きいとしています。

同紙が何気なくタイトルに据えているのをみてもわかるように、「ミセス・ワタナベ」は日本の個人投資家を表す言葉として、国際的に通用しています。これだけ注目されるほど、日本の個人投資家の為替取引は急拡大してきたのです。

その大きな要因としては、外為証拠金取引の普及が挙げられるでしょう。外為証拠金取引では、証拠金を外為証拠金取引業者に預け（預託）、レバレッジというテコの原理で、預託金の何倍もの為替取引を行なうものです。日本では、金融ビッグバンの最中、１９９８年の「外国為替および外国貿易法」の改正によって、外国為替業務が自由化され、外為証拠金取引が始まりました。

その後、外為証拠金取引は瞬く間に普及しました。インターネットの普及で外為証拠金業者に口座を開設すれば、個人でも気軽に外為市場に参入できるようになったことが最大の要因ですが、個人的には、日本経済が為替相場の影響を受けやすい構造だったこともあり、日本人にとってはニュースなどでたびたび報道される外国為替相場がもともと身近で受け入れやすかったことが、外為証拠金取引急拡大の要因ではないかとみています。

ただ、あまりにも急速な市場の拡大によって、外為証拠金業者も急増したことから、２００５年にはすべての外為証拠金業者に対して金融先物取引業者としての登録が義務付けられました。また、その後１００倍を超えるような極端な高レバレッジ、ハイリスクな取引が目立つようになると、２０１０年にはレバレッジを最大50倍に規制、２０１１年には最大25倍と、段階的にレバレッジ規制が導入されたのです。

少し遡りますが、すでにご紹介したＢＩＳによる調査レポート「Triennial Central Bank Survey」の２０１３年版でも、外為証拠金取引と日本の個人投資家について触れています（注３）。

「１９９０年代、為替市場は大企業や金融機関に支配されており、個人投資家には高い取引コストがかかった。１件の取引が経済合理性からみて、小規模すぎたからである。しかし、２０００年代に入り、外為証拠金取引（ＦＸ）などのプラットフォームが構築され、個人の少額取引はシステム上でまとまり始め、大規模な取引へと変わっていった」と解説されています。

また、同レポートでは、日本の個人投資家の取引は非常にアクティブで、スポット取引（2営業日後に通貨の交換が行なわれる直物取引）が世界で最も大きいのは日本であると書かれています。日本のスポット取引が大きいのは、外為証拠金取引が主にスポット取引で行なわれるためで、いかに日本の個人投資家が、世界的にみても突出して外為証拠金取引を通じて外為市場に参入しているかが、おわかりいただけると思います。海外で「ミセス・ワタナベ」の動向が注目されるのもうなずけます。

さて、外為証拠金取引には2種類の形態があります。ひとつは、個別の外為証拠金取引業者と直接、相対（あいたい）で取引を行なう店頭取引で、もうひとつは東京金融取引所に上場されている取引所取引（くりっく３６５）です。これらは、ＦＸ業者内で売りと買いをネッティングなどした後、ＣＨＡＰＴＥＲ １でも説明したとおり、最終的には金融機関に対して「カバー取引」を行ないますから、インターバンク市場に影響を与えることになります。

一般社団法人金融先物取引業協会と、東京外国為替市場委員会との共同調査によれば（２０２１年10月29日公表）（注4）、２０２１年４月の東京外国為替市場のスポット取引が合計で３１７・６兆円。うち、「ＦＸ取引の外部流通量」つまり、ＦＸ業者によるカバー取引が、２４６・８兆円となっています。したがって、個人のＦＸ取引は、東京外国為替市場の取引量（スポット取引のみ）の77・7％を占めている計算になります。個人投資家の取引というと、法人の取引に比べて一つ一つは規模が小さいイメージはありますが、ＦＸ取引全体としては、もはや外為市場にとって大きな影響力を持つ存在に成長していることがわかります。

なお、日本の個人投資家のＦＸ取引の特徴は、上昇したら売り、下落したら買うという「逆張り」の傾向にあることです。これが、東京外国為替市場の一部安定材料につながっている可能性は高いといえるでしょう。また、投資する通貨は、もちろんドル円がメインではあるものの、南アフリカランドやトルコリラといった、為替変動リスクは高い一方で金利の高い通貨に投資する傾向も多くみられます。

・Ｐ41　注1：ＢＩＳ『Triennial Central Bank Survey of Foreign exchange and over - the - counter (OTC) derivatives markets in 2022』
・Ｐ62　注2：日本銀行調査統計局『資金循環の日米欧比較　２０２２年8月31日』
・Ｐ64　注3：ＢＩＳ『Triennial Central Bank Survey, Global Foreign Exchange Market Turnover in 2013』
・Ｐ65　注4：一般社団法人　金融先物取引業協会調査部『店頭外国為替証拠金取引の実態調査結果について』

COLUMN

円安の功罪

2022年は、年初来38円50銭もの円安が進行するなかで、いよいよ「日本売りだ」「通貨危機だ」と、あたかも日本のあらゆる資産がタタキ売られるかのような、不安を煽る論調が散見されるようになりました。しかし、ここは少し冷静になって考える必要があると思います。

円安・円高について、「どちらが日本にとってプラスか」という質問をよく受けますが、立場によって為替レートの変動から受ける影響は異なりますから、一括りにするのはむずかしいというのが正直な回答です。

たとえば、輸出企業の価格競争力が強まることから、円安は日本にとってプラスであるといわれます。しかし、その一方で、日本は原油や鉄鋼などの資源を輸入に頼らざるをえず、円安は輸入物価を押し上げることから日本にとってむしろマイナスであるという意見も聞かれます。とくに、今回のように円安のスピードが速すぎると、輸入物価の上昇をすぐに製品の価格に転嫁することはむずかしく、製造業にとっても一部マイナスの面もあるといえるでしょう。

まず、円安のメリットから説明しましょう。海外で1ドルで売っている日本製品の円換算売上が120円になるか95円になるかは、製造業の収益にとって重要であることは、イメージしやすいと思います。日本の製造業は、為替レートの影響を受けやすいことから、海外生産を増やすなどして、為替が業績に及ぼすインパクトを最小限にとどめるような工夫をしてきました。この結果、円高方向の耐性は強くなりましたが、反対に、2022年は大きく円安が進んだにもかかわらず、そのメリットを以前よりも受けにくくなっているという面があります。

もうひとつの円安メリットは、「インバウンド効果」です。円安によって、多くの外国人観光客が日本を訪れて消費すれば、日本経済にとってはプラスです。これについても、新型コロナ感染症の影響によって、ここ数年メリットは感じにくくなっていますが、入国制限の緩和によって、今後はメリットが感じられるようになるでしょう。

また、円安によって輸入代替が進む点も、国内経済にとってはメリットです。輸入物価が上昇すれば、安くて安心な国産の製品を購入しようというインセンティブが働きます。たとえば、フランスのワインは高すぎるので、国産のワインを買おうか……などとなるわけです。これは主には農業分野などにメリットがありそうです。

加えて、重要なメリットとしては、所得収支の改善が挙げられます。経常収支の構成要素である、「第一次所得収支」とは、海外への投資から得られる利息や配当金を指しますが、いまや日本の経常収支のほとんどを所得収支が占めている状態です。日本は「海外にモノを売って稼ぐよりも、海外への投資で稼いでいる国」ともいえるのです。こうしたなか、本章で説明した生保の運用や年金基金の運用などに関しても、円安のほうがプラスであることは明らかです。ただ、このメリットも、一部の機関投資家の運用担当者や、外貨建ての投資信託や外貨預金を保有している個人でないと、日々の生活においてはなかなか感じにくいといえるでしょう。

一方で、デメリットは、輸入物価の上昇が最も大きいといえます。輸入物価の上昇は、たとえばガソリン価格やエネルギー価格の上昇などを通じて、幅広く消費者物価に影響を及ぼすため、家計への直接的なインパクトが早期に出やすいところが特徴です。ただ、注意しなければならないのは、2022年前半の輸入物価上昇は、その半分以上が原油価格の上昇によるもので、ウクライナ危機の影響が大きかったという点です。その後円安がさらに進むなかで、為替の影響も次第に大きくなっていきましたが、物価上昇の要因が円安だけであるかのような報道には、若干違和感を覚えます。

日本では賃金が上昇しておらず、物価上昇によって実質ベースの賃金は下がってしまうので、家計にとって厳しくなるのは当然です。円安批判の声が大きくなるのはこのためです。2022年の大企業の夏のボーナスは増加率が過去最高だったと報じられていますが、ボーナスは一時的な対応であり、継続的な「ベースアップ」にはつながっていません。これには、日本が正社員の終身雇用に軸足を置いた硬直的な雇用環境となっていることなどが背景にあるといえるでしょう。

為替の経済への影響は、直接的な影響と間接的な影響があることも、大事な点です。直接的な影響とは、これまで見てきたとおり、輸出企業や輸入企業など、為替の変動が直接業績などに影響を及ぼすケースですが、たとえば円安によって企業業績が改善したり、株価が上昇し、インバウンド等も増えたりするなどすれば、景況感（マインド）が改善し、消費が増えるという間接的な効果もあります。身近な例でいうと、イタリアンレストランを経営している友人がヨーロッパからワインを幅広く輸入しているのですが、「円高のほうが良いですか？」と聞いてみたところ、「急激な円高には、良いワインが安く仕入れられる直接的なメリットがあるのも確かだけれど、株安や景気への不安から、お店の来客自体が減ってしまう間接的デメリットのほうが大きい」と言っていました。

思い出してみると、2021年初は1ドル＝102円台まで円高が進み、ドル円が近々100円を割るのではないかと、円高による景気への悪影響が不安視されていました。それからたったの約2年で、円安に対する懸念の声に変わったのは、日本がいかに為替の影響を受けやすい経済構造であるかということを如実に表していると思います。大事なのは、円安や円高の是非よりも、海外から日本への長期投資を促すような成長戦略や、国内経済を強くするための構造改革ではないかと個人的には考えています。

CHAPTER 3

国によって異なる外国為替市場の特徴

LECTURE 3-1

為替市場は24時間眠らない

世界中の国々で順に取引が行なわれている

説明がむずかしい「世界で1つのレート」

テレビをつけたら、知人のエコノミストの方が、あるワイドショー番組に出演していたのでうれしくなって見ていたところ、為替に話が及びました。そこで、司会者の方が「日本のポンドのレートと、イギリスのポンドのレートは違うんですか？」と質問しました。こうした素朴な質問ほど、実は答えるのはむずかしいもので、自分だったら一言でどう説明するんだろうかと一瞬考えましたが、その方は「為替レートは世界共通なので、同じです」とさらりと答えていらっしゃいました。テレビの「何秒」という短い枠のなかではこれがベストな答えだと思いますし、さすがだな、と感心しました。

この質問は、実は為替を語るうえで非常に重要で、深い内容なので、これから具体的にご説明します。

外国為替市場には東京証券取引所のような取引所はありません。世界中のインターバンクディーラーがネットや電話でつながっており、24時間いつでも取引ができるようになっているというのが、外国為替市場の実態です。対顧客市場も、銀行がレートを提示さえすれば、いつでも取引ができます。機関投資家や事業法人などの法人顧客に対しては、以前から夜中も銀行がレートを提示していましたが、最近では個人でも外国為替証拠金会社や銀行のウェブサイトなどを通じて、24時間好きなときに取引できるようになりました。

これは、外国為替証拠金会社や銀行が、対個人投資家にレートを提示しているから可能なのです。CHAPTER 1で触れたように、銀行は、顧客の取引をカバーする、つまり、顧客から買ったドルを市場で売るなどする際には、インターバンク市場で取引します。これに対して、外国為替証拠金会社は銀行ではないため、インターバンク市場に直接アクセスできません。そこで、個人の行なった売買のカバーディールは、対銀行で行ないます。そして、外国為替証拠金会社からのカバー注文を受けた銀行は、さらにインターバンク市場で、カバーディールを行ないます。つまり、顧客が行なった取引は、どのような経路をたどろうとも、最終的にはインターバンク市場につながっており、土日以外24時間いつでも取引が可能な状態にあります。

したがって、世界のどこで見ても、為替レートは1つしかありません。東京時間の夕方に、東京のディーリングルームで見るドル円のレートとまったく同じ瞬間、ロンドン時間の朝にロンドンのディーリングルームで見るドル円のレートは、基本的に同じですし、先ほど話題になったポンドについても同じです。東京市場のポンド円レートとロンドン市場のポンド円レートが違うということはありません。つまり、世界の市場参加者そのものが、外国為替市場であり、彼らのビッドとオファーが1つの外国為替レートを形成しているのです。

時間とともに取引の中心が順に移動していく

為替相場の1週間は、月曜日の早朝、夏時間であれば日本時間の午前4時頃にニュージーランドのウェリントン市場が開くところから始まります。

次に、日本時間の朝6時頃、オーストラリアのシドニー市場が開き、朝8時からは東京市場が始まり、それから2時間ほどすると、香港やシンガポール市場がスタートします。中東は日本時間の午後2時頃、欧州は午後3時に開き、ロンドンは午後4時、NY市場は夜9時頃から始まって、東京時間の朝6時に終わり、その頃には火曜日のウェリントンがすでに始まっている、といった流れになるのです。

これを表にしたのが**図表3－1**ですが、各国の開始時間や終了時間は、あくまでも目安です。というのも、外国為替市場の場合、何かの合図で一斉に始まったり、終わったりするわけではないからです。

東京外国為替市場は、1990年代には昼休みがあり、それを挟んで「前場」「後場」などといったものですが、それもいまでは廃止されました。それぞれの市場で、とくにオープン、クローズ、前場、後場といったキッチリとした区切りはなくなり、単純に各国の市場参加者が最も活発に取引している時間帯を、たとえば日本であれば「東京市場」とか「東京時間」と呼ぶのです。ですから、インターバンクディーラーが早く出社して、図表3－1の時間外に取引を行ないたければ、週末以外は取引を行なうことが可能です。

実際、週末にG20や首脳会談など、政治的に重要なイベントが行なわれることがよくありますが、これを受けて市場が急変する場合に備えて、ポジションを持っているインターバンクディーラーは、月曜の朝4時や5時に出社する場合もあるのです。

ところで、なぜ週末は取引ができないのか、と思われた方もいるでしょう。

為替レートが情報端末やインターネット上でチラチラ動いていく様子だけを見ていると、相場の変動ばかりが気になって忘れられがちなのですが、外国為替取引では実際にお金が動いています。つまり、インターバンク市場で週末、外国為替取引が行なわれない理由は、資金決済が不可能だからです。

外国為替取引は、たとえばドル売り円買いをしたら、実際にドルを送金して円が入金されなければなりません。この、通貨の交換が実際に

図表3-1 〉 それぞれの国がリレーしながら取引を続けている
── 各国の外国為替市場の目安（夏時間の場合）

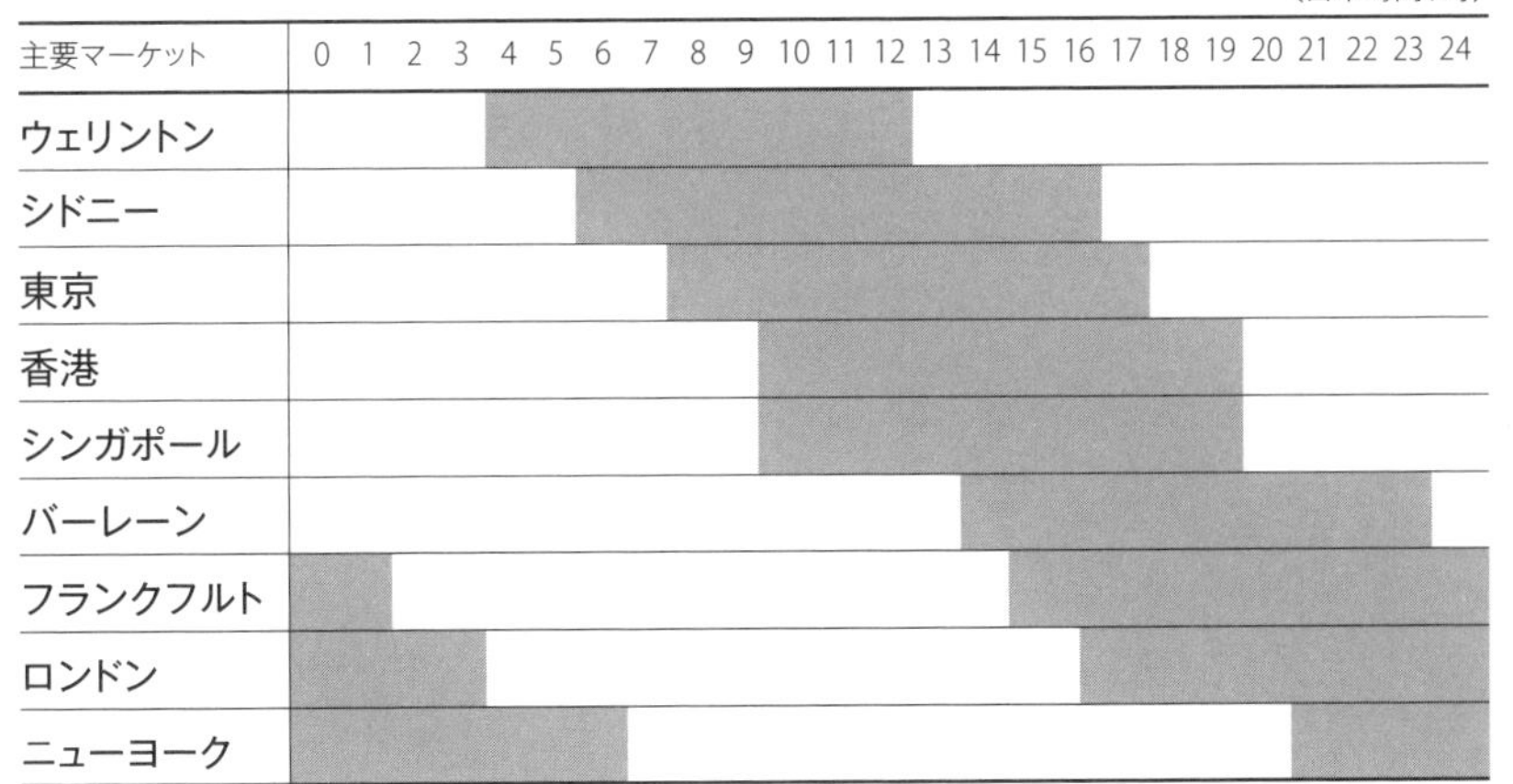

行なわれる日を「決済日」と呼んでいます。

決済日は、銀行が営業している各市場の営業日に設定されるため、仮にドル（米国）と円（日本）の休日が、祝日などで一致しない場合は、決済日も後に休日となるほうの国の営業日に合わせて後ろ倒しになります。スポット取引の決済日は2営業日後ですが、たとえば金曜日にドル円の取引を行なった場合、週末を挟むので翌火曜日が決済日となります。

しかし、仮に日本の月曜日が祭日だったら、その週の水曜日が決済日になるのです。決済日がなぜ2営業日後かといえば、2営業日あれば世界の時差を考慮しても、為替の取引の確認や事務作業など決済処理を行なうのに、十分な時間的余裕があると認識されているからです。そのため、ドル・カナダドルのスポット取引は、米国とカナダのあいだに時差がほとんどなく、距離的にも近いため、例外的に2営業日後ではなく翌営業日に設定されています。

これらの処理作業には、銀行にいるバックオフィスと呼ばれる決済業務を担当している人々の作業が重要になってきます。インターバンクディーラーがディールを行ない、ディールをシステムにインプットして、相手の銀行とコンファーム（確認）をして、決済処理を行なう、といった一連の作業を、銀行が営業していない週末に行なうことはできません。

インターバンク市場では、1件のディールが数億〜数百億円にも上るため、コンファームや決済事務に間違いがあったら大変なことになってしまいます。

このように、インターバンクディーラー1人だけでは、為替取引を行なうことは不可能なのです。プライスを提示する相手の銀行や、確認をする人、決済処理を行なう人など多くの人々がかかわって、1つの取引が成立しているのです。

LECTURE 3-2

オセアニア市場の特徴

流動性の乏しさで値動きが大きくなることも

魔の20分間

東日本大震災が起こった２０１１年３月11日の翌週、３月17日の早朝にドル円が突如急落しました。後にメディアなどではこのときの相場急変を、「魔の20分間」などと紹介しています。というのも、東京時間早朝の６時過ぎから、６時22分までのたった20分程度のあいだに、ドル円が１ドル＝79円台から76円台まで約３円も暴落したからです。

この値動きの背景については諸説ありますが、東京市場が開く前の流動性が乏しい時間帯を狙って、短期投機筋が外為証拠金取引のストップロスオーダーを付けにいったのではないか、という説が有力です。

先述したとおり、日本の個人投資家は「逆張り」といって、ドルが下がったところで円売り・ドル買いのポジションをつくるという取引手法を頻繁に用いる傾向があります。反対に、たとえば円高・

ドル安が進んだときに、「もっと円高・ドル安が進む」とみて円買い・ドル売りポジションをつくるのが「順張り」です。つまりそのときの相場の流れに逆らったポジションをつくるのが、日本人の個人投資家には好まれているようです。このときも円高傾向が進んでいたために、個人投資家は逆張りの戦略で、外国為替証拠金取引では円売り・ドル買いポジションが膨らんでいました。

そうしたなか、当時6時から7時頃は、会社によって時間帯は異なりますが、外国為替証拠金会社の多くが、システムメンテナンスの時間を設けていて、取引できない時間帯になっていました。3月17日早朝の急激な円高・ドル安は、流動性が低くなるこの時間帯を狙って、逆張りしている日本人投資家のストップロスオーダー、つまり円買い・ドル売りの損切り注文を投機筋が付けさせにいったのではないか、といわれています。この経験もあってか、いまはFX業者もシステムメンテナンスは極力週末に行なっているようですし、平日の場合は、マーケットが極端に薄い月曜日などは避けられているようです。

ところで、投機筋がなぜストップロスオーダーを付けさせようとするのかというと、仮に一瞬であったとしても、ストップロスオーダーが付いた方向に相場が向かいやすくなるからです。

「ここまできたら損切りするしかない」と心に決めて置くオーダー（注文）というのは、大体が重要なチャートポイントや大台など、ある一定の特徴を持った水準に集まります。したがって、その水準でストップロスオーダーが実行され始めると、ストップロスのドル売りであれば、顧客のストップロスオーダーを預かっているインターバンクディーラーは、カバーディールのためにドルを売り始めます。顧客からのドル売り注文を受けた銀行は、顧客とは逆にドル買いのポジションを持つことになるため、そのドル買いポジションをカバーする際に、ドルを売る必要があるのです。

そうすると、同じような水準に集まっている売りオーダーが一気に実行され、急激に売りが加速する傾向が顕著に見られます。投機筋は、ドルが十分に下がったところでドルを買い戻すため、事前にドル売りポジションをつくっておき、急落したところで利益確定のドル買いをするのです。

こうした取引自体の良し悪しはさておき、このようにウェリントンやシドニー市場はすでに市場が開いているといっても流動性が低いということもあって、しばしば予想できないような急激な変動が起こる点に注意が必要です。流動性が増えてくる時間帯は、やはり東京のインターバンクディーラーがオフィスに集まってくる、早くても日本時間の午前7時過ぎからです。

東京の未明に大きく相場が動く場合も

また、前述したとおり、G7やG20といった、週末に行なわれた政治イベントに最も影響されるのも、月曜日早朝の特徴です。

週末を挟んで、週の最初に外為取引が開始されるのが、月曜日のオセアニア市場の時間帯ですから、大幅なポジション調整、すなわちロスカットなどに伴う急激な動きには警戒が必要です。

個人投資家の場合、ニュースで機動的に損切りをするのが困難なので、こうした特殊な値動きに振り回されないようにしたほうが賢明です。週末に重要な政治イベントがあり、そのイベントの内容次第でどちらに相場が振れるか、まったく予測できない場合は、金曜日の時点でいったんポジションをスクエアに、つまり持っていたポジションを清算したほうが、安全です。

LECTURE 3-3

アジアの金融センターはシンガポール市場

金融立国を目指して活発な取引が行なわれている

日本は5位に転落

先述した国際決済銀行（BIS）のレポート、「Triennial Central Bank Survey」2022年版によれば、2022年4月現在、1日の外為取引高のうち、最も取引量が多いのが英国市場、（シェア38・1％）。2位が米国で19・4％、3位はシンガポールで9・4％、4位は香港で7・1％、日本は5位で4・4％でした（注5）。

2010年の調査までは日本が6・2％のシェアで3位でしたが、日本の取引量が減少した一方で、シンガポールでの取引量が伸び、そして香港にも抜かれ、ついにアジア市場トップの座から3位に転落してしまいました。この事実を目の当たりにすると、長年外為市場にかかわってきた身としては、寂しい思いがします。

人口や経済規模は日本より圧倒的に小さいのに、アジアの国際金融センターとしてここまでシンガポール市場が育ってきた要因はどこにあるのでしょうか？

答えは、国の政策にあります。シンガポールは国土も狭く産業も乏しいため、金融立国を目指してきました。そのため、国を挙げて海外からの投資を誘致しようと努力しているのです。

海外からの投資を誘致するに当たって、代表的ともいえる政策としては、法人税を低く抑えていることが挙げられます。シンガポールの法人税は２０００年には26％で、この時点でも十分低かったのですが、10年後の２０１０年には17％まで引き下げられました。いまも、17％の税率は変わっていません。そのうえ、国際的にビジネスを行なうグローバル企業が、シンガポールに地域の統括本部やグローバルの統括本部を置いた場合には、さらに軽減税率を適用しています。日本では法人税・事業税・住民税等法人が支払う税金の合計は30％前後になりますから、税制面ではシンガポールのほうが圧倒的に有利です。

また、シンガポールや香港には基本的にキャピタルゲイン課税がないことも魅力のひとつといえるでしょう（シンガポールは本業所得の場合は課税）。シンガポールに進出を検討している企業にとっては、将来仮に撤退した場合（子会社の売却など）のコストが抑えられるのは魅力ですし、投資家にとっても株や不動産の値上がり益に税金がかからないとなれば、メリットが大きいといえます。日本のキャピタルゲイン課税は20％と、アジアで比較した場合にはどうしても見劣りしてしまいます。

シンガポール政府は、こうした税制面での優遇によって多くの外資系企業を誘致し、証券取引所にも多くの外資系企業を上場させるなど、金融市場の国際化を積極的に行なってきました。中国やインド、アジア圏の経済成長が目覚ましい昨今では、シンガポールの地理的優位性も手伝って、国外の企業グループでシンガポールにアジアの拠点を置くところが増えています。

香港市場も拠点のひとつ

香港市場は、シンガポールよりも早くから国際金融市場として発展してきました。金融センターの国際競争力を測る指標のひとつとして注目されるものに、国際金融センター指数（ＧＦＣＩ：Global Financial Centres Index）があります。英国のシンクタンク「Z/Yenグループ」などが、毎年3月と9月に公表しており、オンラインアンケートによる2万９０００を超える金融センターからの評価と、世界銀行やＯＥＣＤなどの国際機関、英経済誌エコノミストのシンクタンクであるエコノミスト・インテリジェンス・ユニット（ＥＩＵ）が持つ１００項目を超える競争力指数を合わせて、ランキングしています。評価項目のなかには、人材や平均賃金、ビジネス環境、政府の政策の有効性、教育など、あらゆる項目が入っています。

２０２２年9月版のランキングを見てみると、ニューヨークとロンドンは、世界の金融センターとしてトップの地位を維持しており、シンガポールと香港がこれに続き3位、４位と、アジアの金融センターとしてはトップにランキングされています（**図表３－２**）（注６）。

この表を見ると、東京は前回調査の9位から、なんと16位に転落しており、アジアで見ても、シンガポールや香港市場のみならず、上海市場や北京、ソウルなどの後塵を拝しています。同レポートでは順位転落の理由を、「おそらく新型コロナからの消費回復が相対的に遅いことを反映している」などと説明していますが、ゼロコロナ政策などで景気が著しく悪化したのは中国ですし、前回の9位も決して高水準とはいえません。他のアジア市場が発展し続けるなかで、日本も東京市場の活性化に向けて、さらに進化し続ける必要があります。

ちなみに、香港は証券業や保険業が盛んですが、外国為替取引については、香港ドル自体が、米ドルに連動する「ペッグ制度」をとっていることもあり、さほど取引が活発とはいえません。

通貨当局の存在感が強い

また、シンガポールや香港などアジアの金融センターでは、通貨当局が為替市場に登場するケースが、日銀よりも頻繁に見られるのも特徴のひとつです。

たとえばＭＡＳ（シンガポール通貨庁＝Monetary Authority of Singapore）は、シンガポールドルが複数の通貨によって構成された通貨バスケットに

図表3-2 ＞ 国際金融センター指数（GFCI・2022年9月版）
—— 東京市場は世界で16位、アジアで7位

ランク	金融センター	レーティング	前回（3月）ランキングからの変化
1	ニューヨーク	760	0
2	ロンドン	731	0
3	シンガポール	726	3
4	香港	725	-1
5	サンフランシスコ	724	2
6	上海	723	-2
7	ロサンゼルス	722	-2
8	北京	721	0
9	深セン	720	1
10	パリ	719	1
11	ソウル	718	1
12	シカゴ	717	1
13	シドニー	716	10
14	ボストン	715	0
15	ワシントンDC	714	0
16	東京	713	-7
17	ドバイ	712	0
18	フランクフルト	711	-2
19	アムステルダム	710	0
20	ジュネーブ	709	5

出所：Z/Yenグループ

対して、一定のレンジ内（バンド）に収まるようにコントロールしています。ちなみに通貨バスケット制とは、特定通貨に対する相場変動リスクを抑えるため、複数通貨でバスケット（通貨の束）をつくり、これに対して連動させることで為替相場の値動きを安定させるためのものです。また、MASは金融政策も、金利の上げ下げや、通貨供給量ではなく、通貨バスケットのバンドの傾き、中央値、幅を操作することによって行なっています。

たとえば、MASは、2021年10月に、インフレに対応するため、それまでの金融緩和から金融引き締めへと方針転換、2022年1月、2022年4月、2022年7月、2022年10月と、5回連続で金融引き締めを発表しました。その方法は諸外国のような「利上げ」ではなく、いずれも通貨バスケットのバンドの中央値を引き上げることで対応しました。

このように、MASにとっては「通貨政策」が「金融政策」であるところが特徴です。したがって、比較的頻繁に市場介入を行なっていますが、バスケットに対する介入であることから、取引通貨はシンガポールドル対米ドルだけではありません。さらに、MAS自体が投機筋のような取引を行なうこともあります。とくに1980～1990年代はこうした投機的な取引が活発で、市場でもMASは非常に注目されていました。

また、HKMA（香港金融管理局＝Hong Kong Monetary Authority）も、香港ドルを米ドルに対して、一定のレンジ内（1ドル＝7・75～7・85HKD）に収めるドルペッグ政策をとっています。香港の金融市場はこれまで度々海外の投機筋に狙われてきましたが、為替レートと金融システムの安定を維持するため、HKMAもしばしば市場介入を行なうのです。

とくに2022年は、米利上げによる米ドル高に加え、人民元相場も対米ドルで下落するなか、香港ドルも対米ドルで下落圧力が強まり、とくに5月以降はレンジの上限である1米ドル＝7・85香港ドル付近に相場が張り付く状態が続きました。香港ドルをレンジ内に維持するために、通貨当局が香港ドル買い介入をしたためか、外貨準備高が大幅に減少し、いずれは米ドルに連動するドルペッグ制度を解消せざるを得なくなるのではないか、などの観測も浮上しました。

香港ドルについては中国本土が目ざましい経済発展を遂げてからというもの、その経済的関連性の深さにより、米ドルではなくいずれは人民元とペッグするのではないかとの観測が高まりやすい傾向にあります。ただ、人民元と米ドルの最も大きな違いは、米ドルは自由に交換可能なハードカレンシーであるのに対して、人民元は完全に交換可能ではなく、依然資本の移動に規制がかかったソフトカレンシーであることです。米ドル同様、自由に交換可能な香港ドルがもしも人民元にペッグしたら、人民元に何か材料があるたびに、香港ドルが投機の対象になる可能性が高く、現段階では香港経済、ひいては中国経済にとってもあまりメリットがあるとはいえないと思います。

ところで、基本的に日本の祝日で東京市場が休場の場合は、市場参加者が少ないため、為替市場でもとくに円相場などは値動きが乏しくなりがちです。

ただ、こうしたときでも、シンガポールや香港といったアジアの金融センターが開いていれば、前述したような通貨当局の取引が行なわれたり、あるいは何か突発的なニュースが金融市場に影響を及ぼしたりした場合、為替相場も変動する可能性が十分あります。したがって、もし為替のポジションを持っている場合には、日本が祝日のときでも警戒が必要です。

LECTURE 3-4

「ロンドン市場が世界の中心」に変化はあるのか?

NY市場でも大きく動く為替相場

東京時間、NY時間の両方と重なるロンドン市場

私は1997年から1999年まで、ロンドンのディーリングルームで仕事をしていたのですが、ロンドンの朝が早かったことを思い出します。東京市場が開いているため、それに合わせてロンドンのディーラーたちは朝早く出勤するのです。遅くとも朝6時頃には皆オフィスに着いて、情報交換しながら東京時間のニュースをアップデートし、取引を開始していました。そのため、東京とロンドンの時間が重なる東京時間の午後3時~5時頃は、いちばん市場参加者が多く、取引が活発に行なわれる時間帯ともいえます。

したがって大口の取引が持ち込まれたりすることで、相場が大きく動くこともありますし、欧州の経済指標や要人の発言などの影響を受けることもあります。また、東京市場の相場動向やオーダー状況などから、東京の市場参加者のポジションがどちらに傾いているかも想像できるので、ロンドン時

間の早朝は、投機筋が短期で儲けようとひと暴れすることも、たまにあります。こうして、さまざまな思惑や需給が絡み合い、突如大きな相場変動となる可能性もあるため、ロンドン時間の早朝は要注意ゾーンなのです。

その後、東京時間の午後5時~6時を過ぎると、東京のインターバンクディーラーが管理していた顧客の注文はロンドンのインターバンクディーラーに渡り、ロンドンで管理されます。日本の法人顧客が夜中に取引をしたい場合には、東京のディーリングルームにいるナイトデスクに連絡をして、そのナイトデスクがロンドンのディーラーにつないでプライスをとる、というのが一般的なやり方です。ただ、顧客によっては直接ロンドンのディーリングルームに連絡する場合もあります。

ロンドン時間にしばしば注目されるのが、「ロンドン・フィックス」と呼ばれるロンドン時間午後4時のフィキシングタイムです。

フィキシングタイムとは東京の仲値と同じようなもので、ロンドン市場で当日の対顧客取引の基準となる交換レートが決まる時間のことを指します。このフィキシングレートは、投資信託の設定レートとして利用されることも多く、取引日がもともと決まっているので、カバーディールは為替の水準にかかわらず必ず発生します。時折「ロンドン・フィックスでドルを３００本買いたい」といった注文を受けることがありますが、こうした大口の取引が一気に行なわれることから、ロンドン・フィックス前後でも相場が大きく変動するケースがあるので注意が必要です。

前述したとおり、英国（ロンドン）市場は世界の為替取引の38・１％のシェアを誇り、店頭デリバティブ（金融派生商品）の取引でも45・５％のシェアを持つ世界の金融センターです。ただ、前回、２０１９年のＢＩＳのレポートでは、ロンドン市場のシェアは43・２％だったのが、急速に縮小しているのが気になるところです。英国のEU離脱（Brexit）によって、その牙城がさらに崩れる可能性があるのかどうか、今後の動向に世界の注目が集まっています。

2016年、国民投票によってBrexitが決定し、英国は2020年2月1日午前0時（ベルギー時間）から、正式にEUの加盟国ではなくなりました。その後、移行期間を経て、英国のEU離脱は2020年12月31日に完了しています。

金融コンサルティング会社ニュー・フィナンシャルが2021年4月に公表した調査レポートによると、英国の金融機関のうち、EUに事業の一部や人員を移転、あるいは新拠点を設立した企業は441社にも上っています（注7）。また、在英の大手銀行や投資銀行などが、英国に保有する総資産の10％弱に相当する約9000億ポンドの資産をEUに移転済み、もしくは移転させている最中と推計しています。これは、これらの金融機関がBrexitによって、「パスポート」を失ったことが背景にあるようです。

この「パスポート」とは、「単一（シングル）パスポート」と呼ばれる制度のことで、英国に拠点を置く金融機関は、この制度の下で、これまで制限を受けることなく欧州経済領域（EEA）内の他のいずれの国でも自由に営業することができました。しかし、Brexitによって英国はこのパスポートを失ったため、EU域内の顧客にサービスを提供することが、原則的にはできなくなってしまったのです。これに対応するため、英国政府は2021年3月、金融サービス規制協力に関する覚書を締結し、EUと金融分野で協力しつつ、EUでの金融サービスを確保できる道を模索しています。しかし、英国に追随して離脱を望む国が今後出ないようにするためには、EUも英国に対して簡単に門戸を開くことはできないのが実情です。

もともと英国を拠点とする金融機関は、ロンドンのみならずＥＵにも拠点がありますから、一部機能を移管してもさほどインパクトはないとの見方もあります。先述したレポートによれば、ロンドンからの移転先として最も人気があったのは、アイルランドのダブリンで１３５社。次がフランスのパリで１０２社でした。当初、最も有力視されていたドイツのフランクフルトは意外に少なく、ルクセンブルクの95社に次いで、63社と第4位でした。仮に今後こうした移転が進み、ロンドンの金融センター「シティ」の機能が縮小することになれば、英国は経済のメインドライバーである「金融業」の多くを失い、景気への悪影響も避けられないでしょう。

２０１６年にBrexitを選択してからというもの、英国は問題山積状態が続いています。たとえば、直近では２０２２年にボリス・ジョンソン首相がスキャンダルを理由に辞任に追い込まれ、後任のエリザベス・トラス首相は、就任からたった1カ月半という、英国史上最短の任期で辞任しました。さらに後任には保守党党首に選出されたスナク氏が就任しましたが、物価の高騰と景気悪化、政治のごたごたが続くなかで、そもそも保守党自体の支持率が２０２２年10月末現在で21％と、野党労働党の支持率56％を大きく下回っており、厳しい船出となっています。

ＮＹ時間は、経済指標の「サプライズ」による相場の変動に注意

米国の重要な経済指標は、大体ＮＹ市場の早朝に発表されます。夏時間だと東京時間の夜9時半、冬時間は東京時間の10時半に発表されるので、この時間帯は相場が大きく動く可能性が高まります。

米国の経済規模は世界第1位であり、米ドルは世界的に最も流動性が高い基軸通貨であることに変わりはありません。したがって、世界中の市場参加者が米ドルを絡めた為替取引を行なっており、米国の経済指標やイベントなどに注目が集まります。

とくにインターバンクディーラーは、短期のポジションを持っているうえ、顧客が指標の結果を見て取引をすれば、その結果生じたポジションをまたマーケットでカバーしなければなりません。そのため、雇用統計など重要な経済指標が発表されるときは、皆固唾を呑んで結果を待っているのです。

相場が動くポイントは「サプライズ」です。経済指標は、各銀行や証券会社のエコノミストが、事前に予想を出しており、多くの予想が出たところで、その平均値が「市場のコンセンサス」になります。発表された数字が、この事前予想に沿った内容であれば、為替相場に影響はありませんが、予想と大きく異なる結果になると、市場にサプライズを与えるため為替相場もインパクトを受けます。経済指標のどういった点に注目すべきかについては、CHAPTER 5で説明します。

当局者の発言には要注意

当局者の発言については、CHAPTER 6で詳しく解説しますが、まずは米国市場で為替に影響があるのはどういった人々の発言かという点だけは、押さえておきたいところです。

まず、米国の金融政策が米ドル相場に大きな影響を及ぼすのはいうまでもありません。したがって米連邦準備理事会（FRB）議長の発言や、金融政策を決定する米連邦公開市場委員会（FOMC）のメンバーで、とくに投票権のある理事などの発言には注目が集まります。そこでもし、将来の金融政策変更を示唆するような発言があった場合には、米ドル相場はもちろんこれに反応します。

また、米大統領の経済政策なども、米国経済に大きく影響するわけですから、大統領の発言によって、為替相場が変動することがあります。演説が予定されている場合には、そのスケジュールもチェックしておく必要があるでしょう。

何といっても最も注目度が高いのは、米連邦公開市場委員会（ＦＯＭＣ）の金融政策発表と、ＦＯＭＣ後の米連邦準備理事会（ＦＲＢ）議長による記者会見です。

ＦＯＭＣ後のＦＲＢ議長による記者会見は、市場とのコミュニケーションを密にする目的で、２０１１年４月から開始されました。ＦＯＭＣは年８回開催されており、記者会見は当初、そのうち４回（3月、6月、9月、12月）のみにとどまっていましたが、２０１９年１月から年８回となりました。会見の頻度をあげることで、金融政策の意図を理解してもらうことが目的です。

ＦＯＭＣは、原則火曜日・水曜日の２日にわたり開催され、２日目の現地時間の午後に政策発表が行なわれます。金融政策の発表時間、つまり声明の発表は、米東部時間の午後２時（東京時間では、ＮＹの夏時間は午前3時、冬時間は4時）で、記者会見は、声明文公表の30分後に行なわれます。東京市場の為替ディーラーにとってみれば、日本の深夜～未明にかけて発表されるＦＯＭＣ声明や記者会見の内容をキャッチアップするのは大変ですが、非常に重要なイベントなので、こちらが合わせるしかありません。

インターバンクディーラーでなければ、情報端末に配信される声明や記者会見のヘッドラインを、ライブや録画で見つめる必要はないかもしれませんが、少し中長期で相場を見る個人投資家にとっても、ＦＯＭＣの結果を後からチェックするのは重要です。

最近ではＦＲＢのホームページで、ＦＲＢ議長の記者会見の様子をライブや録画で見ることができるようになりました。記者の質問やそれに回答する議長の表情までも、見ることができますから、とても参考になります（注8）。

・Ｐ80　注5：ＢＩＳ『Triennial Central Bank Survey of Foreign exchange and over - the - counter (OTC) derivatives marketers in 2022』
・Ｐ82　注6：Z/Yen Group Limited『The Global Financial Centres Index 32 September 2022』
・Ｐ88　注7：New Financial『Brexit & The City : The Impact So Far April 2021』
・Ｐ92　注8：https://www.federalreserve.gov/

COLUMN

市場参加者の注目の的、ＦＲＢ議長の記者会見

数ある動画配信のなかで、パウエルＦＲＢ議長の記者会見は、世界中の市場参加者から注目の的です。動画はライブでも、オンデマンドでもＦＲＢのホームページで視聴することができますが、毎回数万回のアクセスがあります。

インフレや相次ぐ利上げに対する国民の不安を和らげるためか、パウエル議長は最近では、会見の冒頭に国民に対するメッセージを一言述べるようになりました。次に声明文を読み上げ、その後注目のＱ＆Ａが続きます。このＱ＆Ａでは、記者の質問も非常に的を射たものが多いうえ、パウエル議長のほうも、どのような質問に対しても、毎回自身の言葉で丁寧に回答するのが特徴です。時には、現在行なっている金融政策に対する懸念が滲む質問があったり、記者側も理解するまで同じ主旨の質問を繰り返したりしますから、パウエル議長も内心イラっとしているのでは……と思うようなシーンもありますが、それでも常に冷静さを欠くことなく、丁寧に回答しています。

たとえば、２０２２年11月のＦＯＭＣ後の記者会見では、冒頭から、次回12月のＦＯＭＣで利上げ幅を縮めるかどうかに質問が集中しました。11月まで０・７５％もの大幅利上げが4会合連続で決定されたことに加え、パウエル議長自身がこれまでの会合で、強いインフレ警戒姿勢を示しつつも、「ある時点では利上げペースを緩めるのが適切になる」との見解を示してきたことが背景にあります。

とくに、ロイターのハワード・シュナイダー記者の質問は、次のとおりストレートでした。

「現状の考えとしては、12月のＦＯＭＣの利上げ幅は０・７５％ではないということですか?」

これに対し、パウエル議長は、

「現在のFRBの引き締め政策は、①利上げペース、②どの水準まで利上げするのか、③どの程度の期間引き締めた水準に留め置くかという3つの柱から成り立つ」と説明したうえで、①についてはこれまでのペースは適切だったこと、②は、インフレの状況を踏まえると、9月の会合で示した政策金利の到達点より高い水準まで利上げする可能性が高いこと、などを説明。金融環境がより引き締まってきていることを踏まえると、①の「利上げペース」はさほど重要ではなくなっており、次回か次々回のFOMCで利上げペースを減速させる可能性が高い、と述べました。そのうえで、

「いつ利上げペースを緩めるかは、②利上げの到達点（水準）と、③のどの程度引き締め的な政策金利を維持するか、の問題に比べると遥かに重要ではなくなっている。そのことを、改めて明確に伝えさせてほしい」

と述べました。FRB議長が「次回の会合で利上げをペースダウンします」と述べれば、その途端に市場参加者は、さらにその先の「利上げ停止」や「利下げ」まで織り込んで、米長期金利が低下したり、株価が上昇したりしてしまいます。これでは、金融引き締めの効果が薄れてしまいますから、パウエル議長は市場の先走った「金融引き締め終了」への期待を抑えつつ、そろそろ利上げ幅自体は縮小することを伝えたのでした。

ここまで丁寧に説明すれば、さすがに記者も納得ですし、具体的、かつ上手な説明だとつくづく感じました。

パウエル議長の記者会見に限らず、中央銀行総裁の記者会見は、記者の厳しい質問や、それに答える議長や総裁の表情までわかりますから、今後の金融政策を予想するうえで、なんらかのヒントが得られることもあります。ぜひ視聴することをお勧めします。

昔と異なり、通信環境が発達したことで、スマホさえあればさまざまな情報が取れるようになりました。

私が新人ディーラーの頃は、先輩ディーラーがポケットロイター（ロイターの携帯用端末）を持ち歩いてい

るのがプロらしくてカッコよく、憧れましたが、いまはあらゆるレポート類、SNSやブログ、YouTubeなどの動画配信に至るまで自身のスマホで情報を取ることができます。本当に便利になったものだと思いますが、ときどき個人投資家から、「情報はどうやって取ったら良いのか」と質問されることがあります。おそらく、ネット上に情報が溢れすぎていて、何を見るのが良いのか、かえってわかりにくいのかもしれません。

お勧めとしては、情報発信元が信頼できるかどうか、しっかり調査しているかどうかを見ていただいたうえで、気に入ったレポートや動画配信、番組などがあれば、かならず同じものを毎日、あるいは毎週、毎月同じタイミングで見ることです。金融市場を見るにあたっては、こうした「定点観測」がとても大事です。昨日と今日の違い、先週と今週の違いなど、同じ情報源で定点観測することによって、マーケットの「変化」に気付きやすいからです。あらゆる種類の情報源から幅広く薄く集めるのももちろん参考にはなりますが、調査の深さや情報の質にバラツキがあり過ぎると、マーケットの変化がわかりにくくなってしまう点もあると思います。

CHAPTER 4

相場予測の立て方

LECTURE 4-1

相場で大切なトレンドってなに？

「傾向」や「動向」を読みとることが投資の基本

トレンドには大きく分けて3つのパターンがある

「120円ちょうどはやたらと堅かったから、きっと何かいたんじゃないの？」

銀行ではインターバンクディーラー同士で、このような会話が繰り広げられます。「何かいる」とは、「大口のビッドがあったのではないか」という意味ですが、こういう話を聞くと、大方「クジラ」と呼ばれる郵貯や簡保、年金基金、あるいは、生保など機関投資家などによるまとまった買い注文が連想されます。

ここで大事なのは、インターバンクディーラーがその「何か」を感じ取っていることです。彼らが実際にまとまった金額を売ったにもかかわらず、ドル円が100円ちょうどから1銭も動かず、レートがぴくともしなかったことでわかることもあれば、値動き（プライスアクション）を見つめているだけでその「何か」を読み取れることもあります。

銀行のインターバンクディーラーは、まさに1銭刻みの勝負をしているので、実際に目に見えるあらゆる情報、すなわち顧客のオーダー状況や顧客の売買動向だけでなく、こうした「嗅覚」のようなものも重要になってきます。「輸出企業はこのあたりを売りそうだから買っても上がらないだろう」、あるいは「１２０円ちょうど以下にはストップロスオーダーが山ほどあるから、割れたら急落しそうだ」などと、市場の「雰囲気」をも捉えながら、目先の動きを予測します。インターバンクディーラーは、そうやって自分でリスクをとりながら、対顧客の取引にも対応しなければなりません。

一方、個人投資家は顧客に対してプライスを提供する必要はない代わりに、数十億、数百億単位の大口の取引を実行する機会もなければ、オーダー状況を睨みながら雰囲気を察知することもできません。ですから、そうした1銭刻みを狙った、ものの10秒といった瞬時の取引はインターバンクディーラーに任せ、個人投資家は「トレンド」をつかむことに力を注いだほうがいいでしょう。

トレンドとは、英語を直訳すれば「傾向」や「動向」ですが、マーケット用語としての意味もほとんど同じで、要するに「相場の方向性」のことを指します。そして相場には、「上昇トレンド」「下落トレンド」「横ばい」という3つのトレンドがあります。

現状の相場が、この3つのトレンドのうち、どれに当てはまるかを考えたら、次に具体的な取引手法を考えます。

たとえば、いまが「上昇トレンド」の最中で、このトレンドがまだ続くと思えば、その流れについて行く「順張り」が適しています。ちなみに順張りは「トレンドフォロー」という言い方もあります。

一方、いまが「上昇トレンド」でも、トレンドの終わりに近いとみれば、トレンドが転換する水準を待って売りから入る手法もあります。これが「逆張り」です。

そして、ある一定の幅（レンジ）で行ったり来たりを繰り返す、横ばい、つまりレンジ相場が続きそうであれば、逆張りが最も適しています。レンジの高値圏で売り（戻り売り＝Sell On Rally、セル・オン・ラリー）、安値圏で買う（押し目買い＝Buy On Dips、バイ・オン・ディップス）、を繰り返すのです。

ストップロスオーダーの置き方が重要

インターバンクディーラーと個人投資家は、情報量も売買の規模も違いますが、それでも、個人投資家にぜひとも参考にしていただきたいプロの手法があります。それは、ストップロスオーダーの置き方です。

まだ駆け出しの頃、ディーリングルームでアシスタントをしながら、小さなポジションをとらせてもらいました。小さなポジションといっても、１００万ドル相当ですから最初はとても緊張したものです。

このとき先輩から教わったのは「ストップロスの置き場がうまいディーラーが、いちばん儲かるディーラー」ということでした。

たしかにこの言葉どおり、ストップロスは非常に重要です。ストップロスとは、もし自分の相場観が外れたときに、どこで損失を確定するか、つまり損失額が膨らんだとき、どこで諦めるかを決めて、その水準に置く注文のことです。

うまいディーラーは、「ストップロスは近く、利益確定（利食い＝テイクプロフィット）は遠く」が基本ですが、慣れていないと、どうしても「ストップロスは遠く、テイクプロフィットは近く」になりがちです。

では、どうしてプロのディーラーは「ストップロスは近く、テイクプロフィットは遠く」ができるのでしょうか。

それは、相場のトレンドが読めており、自分がポジションをとろうとしている、まさにいまのスポットレートが、大きなトレンドのなかでどのあたりに位置しているかを、きちんとイメージできているからです。このディィールによって、最大いくらまでなら損しても良いのかという最大損失額をあらかじめ決めて、ストップロスオーダーを置ける水準からしか、ポジションをとらないのです。

たとえば、次のようなケースがあったとします。

現在のスポットレートが1ドル＝１４０円ちょうど付近。

これまで上昇トレンドが続いており、あと50銭〜1円程度は、ドルが上昇するだろうと予測している。

この勢いを見ていると、ドルを買いたい衝動に駆られる。

ただ、1円以上のドル高は望めず、いまが上昇トレンドのほぼ最終局面と見ている。

もしここでドルを買うのと同時に、ストップロスのドル売りオーダーを置くとすれば、１３８円台や１３７円台など、いまのスポットから2円以上離さないと、ストップロスオーダーが実行される可能性が高い。

ケース・バイ・ケースではありますが、熟練したディーラーなら、あえてここでドルを買うという行動には出ないと思います。

このとき、逆にいえばあと50銭から1円程度しかドルは上昇せず、トレンドの転換点が近い、と読んでいるわけですから、いくらドル高基調であっても、1ドル＝141円よりドル高の水準にドル買いのストップロスオーダーを置きつつ、140円から141円のゾーンは、ドルが上昇するたびに売り注文を繰り返す、つまりドルを売り上がっていくという判断になります。

もちろんこの読みが外れ、141円に置いたドル買いのストップロスが実行されることもありますが、ストップロスが近ければ、その分、傷も浅くて済みます。逆にうまくいって相場が反転し、下落トレンドに転じた場合、利食いまでの距離感は2円以上も離れた水準になるわけですから、利益を大きく取ることができるのです。このように、「利食いは最大限に取って、損失は最小限に留める」というのがディーラーの考え方です。

ですから、顧客にプライスを提示して、思わぬ水準でポジションをつくらされてしまうリスクと常に背中合わせのインターバンクディーラーは別として、ゼロからポジションをつくれるディーラーの場合、自分のリスク許容度に応じた水準からしか、リスクをとらないというのが鉄則です。

一方、あまり慣れていない投資家にありがちなミスは、「利食いは小さく、損失は大きく」というものです。目先ドルが上昇すると思い、1ドル＝140円ちょうどでドルを買ったとしましょう。ところが、すぐにトレンドが下落に転じ、ドルが下落し始めました。そこで、139円50銭で押し目買いをし、139円、138円50銭、138円ちょうどというように、押し目買いを繰り返します。その挙句、136円でドルを売り、拡大した損失を確定するか、外貨預金ならそのまま塩漬けにしてしまう、というパターンです。

もちろん押し目買いが悪いというわけではなく、功を奏するケースも多いのですが、ここでお伝えしたいのは、「トレンドのどこで相場に参加するか」が重要だということです。

初心者や個人投資家の場合、なぜ「利食いは小さく、損失は大きく」になってしまうのかというと、①相場のトレンドがつかめていないので、足元の値動きに目を奪われてしまい、結局は高値圏で買ったり、安値圏で売ったりしがちであること、②銀行のディーラーのように、最大損失額がとくに決まっておらず、ストップロスを置くことが義務付けられているわけではないので、最後に諦めて損切りをするまでに時間がかかってしまうこと、などが挙げられます。いったん損失を確定して仕切り直し、相場から離れていれば、それ以上、損は膨らみません。

早めに損失を確定しておけば、まだ余裕があるわけですから、タイミングを見計らってまた相場に参加することができます。しかし、確定した損失が大きくなればなるほど、やり直しもしにくくなるのが実情ですから、損失が大きくならないところにストップロスを置くことができるような取引をすることが大切なのです。

CHAPTER 1で、銀行のディーリングルームの対顧客取引の一例をご紹介しましたが、インターバンクディーラーの最もつらいところは、顧客からの売買注文を断れないことです。140円ちょうどで「Yours!（ドルを売りたい！）」と言われたときに、こんな高値圏でドルを買いたくないなあ……と思っても、「イヤです」とお断りすることはできないのです。それでも彼らがなぜ損せずにいられるかといえば、超短期の見通しだけでなく、中長期のトレンドも考えながらディールしているからです。

たとえば「このあたりがドルの天井だ」という相場観を持っていれば、あらかじめドル・ショート（ドルの売り持ち）ポジションにしておくか、あるいは顧客から買ったドルを即座に市場で売る際に、倍の金額を売ってドル・ショートポジションに転じ、ドルが下落したら買い戻すなどしているのです。もちろん、こうしたトレンドの読み、つまり相場観自体が外れてしまったら、インターバンクディーラーも損をしますが、1日に何回も行なう売買のなかには、勝つディールもあれば損するディールもあって、6勝4敗でも、6勝3敗1引分けでも、いずれにせよトータルで勝っていることが重要なのです。そのためにも、瞬時の売買の判断には、目先の予想だけでなく、中長期のトレンドのイメージを持っていることが重要です。

これは、個人投資家にとっても同じことがいえます。持っているポジションが評価損となっている状態を、ディーラー用語で「ポジションがアゲインスト（Against）になっている」という言い方をしますが、たとえばいまドルを買っている状態で、短期的にドル安でアゲインストになっていても、中長期的にドル高と見ていれば、いまはストップロスを置いたままで、じっと我慢するときかもしれません。あるいは、リスク許容度に応じて最終的に損切りする水準を決め、ある程度、買い下がっても良いかもしれません。あるいは、いったん短期で損切りして、またドル買いを仕込む水準を待ってから改めて仕切り直すというやり方もあるでしょう。個人投資家も目先の値動きに惑わされないためには、中長期の見通しを心に描いておくことが重要なのです。

LECTURE 4-2

時間軸のない予測はあり得ない

「いつまでにどうなるか」を読むことが大切

「相場の波」の捉え方

「トレンド」のことを「相場の方向性」と説明しましたが、相場は一直線に上昇し続けたり、下がり続けたりすることはありません。かならず上昇と下落の「波」を繰り返しながら、長期のトレンドが形成されていきます。したがって、相場見通しについて語る際、この「上昇」や「下落」の波のどの部分について話しているのかを明確にすることが極めて重要です。

たとえば、いまドル円が1ドル＝135円だったとしましょう。「ドル円は、1週間後に予定されている米大統領選を前に、不透明感から1週間程度は下落トレンドが続き、いったんは120円まで下落しそうだが、年間を通じてみれば、景気回復によって上昇トレンドだと見ており、年末には140円程度まで上昇していると予想している」、という相場観を持っているとします。このケースだと、もし我々アナリストが「今年のドル円の年末予想値はいくらですか?」と聞かれれば、シンプルに

「140円」と答えます。しかし、実際にいまドルを買うかといえば、いったん120円まで下落すると見ているなら、120円近くまで待ったほうが良いという判断になるわけです。

このように、実際にどこに売買注文を置くのか、ストップロスをどこに置くのかという戦略を組み立てるにあたっては、1週間のトレンドなのか、1年間のトレンドなのかという、予想の「時間軸」を明確にすることが、非常に重要です。また、取引の戦略上は、最終的に「上か下」のどちらの方向を予想しているかがカギとなりますから、予測を組み立てる場合は、最も長期の見通しから立てていき、段々と短い波を予測していくのが良いでしょう。

さて、これまで「長期」、「短期」という言葉を簡単に使ってきましたが、それぞれのトレンドの具体的な「期間」としては、私は大体次のようなイメージを持って話しています。

超長期（2年以上先）
長期（1～2年）
中期（半年～1年）
短期（1週間～半年）
超短期（日中～1週間）

景気循環などで長期といった場合には、5年～10年といった長いサイクルで見ていることが多いのですが、為替相場の予測の場合は、一般的に景気より短いサイクルで語られることが多いと思います。

それではここから具体的に、為替相場のトレンドを形成する主な要因についてみていきましょう。

時間軸別にみた相場変動の背景

◉超長期（2年以上先）

超長期のトレンドは、主に構造的な要因によって形成されます。構造要因のなかでもとくに考慮すべき重要なものに、次のようなものがあります。

①経常収支

一国の収入と支出を示しており、黒字であれば、貿易で輸出が輸入より多い（貿易収支黒字）か、あるいは海外への投資から得られる利子や配当金の受け取りが、支払いよりも多い（所得収支黒字）ことを示しています。経常黒字国は海外から稼いだ外貨を国内に戻す際に自国通貨買いが起こるため、基本的に通貨高圧力にさらされているのです。ただ、CHAPTER 2でみたとおり、為替市場全体の取引量に対して、貿易などの経常取引は相対的に少なく、「投資」や「投機」といった資本取引の規模が圧倒的に大きいことは、相場を予想するうえでは考慮すべき点です。資本取引の動きは金融政策に左右されやすいため、経常収支の増減よりも短期的に相場に影響を与える傾向がみられます。

②購買力平価

同じ物やサービスの価格は、世界中で同じ価格になるはずであるという「一物一価の法則」に基づいた考え方です。もし同じ物の価格が2国間で異なる場合は、人々は安い価格の国の物を買って、同じ物を価格が高い国で売ろうとするため、物価が安い国の通貨は買われやすく、為替レートは長期的には、2国間で同じ物の価格が同じになるようなレート（購買力平価）に収れんしていくという理論です。

ただ、購買力平価は超長期の相場のトレンド（方向性）を見極める参考にはなるものの、「購買力平価がいま1ドル＝○×円だから、いまのドル円レートは割高だ」などと、購買力平価があたかも正しい為替レートで、相場は必ずそこに向かって変動するという見方をすると、相場を見誤る可能性があるため注意が必要です。たとえば、２０２２年10月時点では、日米の消費者物価指数（ＣＰＩ）で算出したドル円の購買力平価は１０８円72銭でしたが、実際のドル円レートは１４８円でした。購買力平価からみれば、この水準は「かなり円が割安」ということになりますが、もし購買力平価を信じて「円は割安だ」と１２０円付近からずっとドル売り・円買いをし続けていたとしたら、大きな損失を出すことになり目も当てられません。また、そもそも購買力平価は、レートを算出する際、比較する2国間の物価に何を参照するか、たとえばＣＰＩで算出するか輸出物価を使うかなどによってもレートは大きく異なるうえ、基準年をどこに置くかでもレートは異なってきます。

③実質金利差

ＣＨＡＰＴＥＲ 1のコラムでも述べたとおり、一般的に金利が低い通貨から、高い通貨に投資マネーは向かうため、金利が高い通貨のほうが相対的に強くなる傾向がみられます。つまり政策金利や国債の利回りなどの「名目金利」が高い通貨が買われやすいのです。しかし、根本的な通貨の強弱という観点では、名目金利からインフレ（物価上昇率）を差し引いた「実質金利」が重要になってきます。

名目金利はインフレを加味しているので、実際にはA国とB国の3カ月ものの金利が5％で同じでも、もしA国のインフレ率が3％、B国が1％であれば、実質金利はAが2％、Bが4％で、Bのほうが高くなります。購買力平価でも述べたとおり、物価が高く、実質金利は低い国の通貨は長い目でみれば脆弱で、金融市場が荒れたときに値を崩す傾向がみられます。

④経済構造上の問題点など

近年では、2009年から市場を揺るがしたユーロ圏債務問題が、その例の代表的なものです。ユーロ圏は通貨や金融政策が1つでも、重要なおサイフ（財政）が国ごとにバラバラであるという構造問題があり、それが各国間の信用力や、経済力の格差を広げていきました。1つに収れん（Convergence）していたはずの各国の国債利回りが、信用力の格差が広がるとともに拡散（Divergence）してしまったことは、ユーロそのものに対する大きな不安となり、ユーロ相場はその後長期の下落トレンドを描くことになりました。

こうした構造問題はいまも一向に変わっておらず、たとえば2022年は欧州中銀（ECB）の利上げに伴い、域内で相対的に信用力の低いイタリア国債が売られ、ドイツとイタリアの国債利回りの格差が急拡大し、ユーロが売られる局面がありました。このように、ユーロ圏の構造問題は、いまもしばしばユーロ圏の不安材料となり、ユーロが下落する要因となっています。こうした根本的な問題は、為替の超長期のトレンドに影響を及ぼすのです。

◉長期（1～2年）

長期も構造的な要因がトレンドを形成しますが、景気循環など循環的に起こり得るものが、為替のトレンドを左右します。また、各国の金融政策による金利差の変化も、1~2年というスパンで為替相場に影響を与えます。たとえば、2022年は米連邦準備理事会（FRB）が、インフレを抑制するため、大幅な利上げを実施しました。インフレの兆候は前年の2021年からみられていたわけですが、FRBは当初「インフレは一時的」と見ていたため、利上げ実施が遅れてしまい、結果的に2022年には1回につき0・75％という大幅な利上げを4回も続けなければならなかったのです。市場は期待で動きますから、将来の利上げを織り込み始めた2021年からドル高トレンドは始まっており、結果的にドル円は2021年1月安値の102円台から2022年10月高値の152円付近まで、実に約50円にも及ぶ長期、かつ大幅な上昇トレンドを描いたのです。

◉中期（半年~1年）

景気のトレンドや、通貨間の金利差、金融政策に対する予想などが影響を与えます。先ほど、超長期の為替相場に影響を与えるものとして、「実質金利」を挙げましたが、これは「高インフレで実質金利が低い国の通貨は、長い目でみれば脆弱」という意味で、たとえば2021年に急落したトルコリラなどがこれに当たります。一方、通貨間の実質金利差は、中期トレンドに影響を及ぼします。たとえば、2022年は日米の10年物の実質金利差がドル円相場に大きく影響しました。つまり、10年債利回りから、市場の期待インフレ率（10年）を引いた実質金利の日米間の格差と、ドル円相場との相関性が非常に高かったのです。どのくらい相関性が高かったかというと、年初から11月までの相関係数（相関性の程度を示す係数）が0・95となっており、1・0は完全に連動、マイナス1・0が完全に逆であることを示しますから、「ほぼ連動している」と言っていい状況でした。インフレを抑制しようとFRBが利上げを進めるにしたがって米実質金利が上昇した一方で、日本は緩和的な金融政策を維持していましたから、実質金利は低いままで、日米の実質金利差が拡大したことがドル円の上昇につながったのです。なお、実質金利と為替の関係については、また後ほど詳しく説明したいと思います。

◉短期（1週間〜半年）

「市場のセンチメント」という言葉がよく使われますが、これは「市場の雰囲気」という意味です。こうしたセンチメントや需給、テクニカル要因などで短期的な相場は変動します。材料も、たとえば翌週に重要な首脳会談が予定されていて、「ここで議論がまとまり、状況が好転するのではないか」という思惑が働いた場合、1週間程度は上昇トレンドが続くこともあります。また、投機的なポジションの傾きにも影響されることがあります。投機的なポジションの傾きとは、なにかの材料を見越して投機筋が売り買いどちらかのポジションを多く積み上げていた場合、材料が出た後には積み上げたポジションを調整するための反対売買が起こることで、相場の動きに影響を与えることをいいます。

◉超短期（日中〜1週間）

先述したセンチメントに加え、市場参加者の思惑や、経済指標発表直後のサプライズによる値動き、ストップロスオーダーの実行などといった、目先の判断で超短期相場は動きます。

このように、時間軸をきちっと分けて考えると、背景にある相場の変動要因が、どの程度の期間、相場に影響を与えるのかということが見えてきますから、相場の見通しが立てやすくなります。

たとえば、構造問題を抱えたユーロは今後数年、下落トレンドが続くと予測していたとしましょう。とはいえ短期では、あまりにも多くの投機筋がユーロ安方向に賭けていたため、市場にはユーロの売りポジションが積み上がっていたとします。このような状態で、ユーロのショートカバーが始まったら、1週間程度、ユーロが上昇し続ける可能性もあります。その場合、短期的にはユーロを買いますが、短期投機筋のポジション調整によるユーロ上昇が一服したら、またユーロを売るというディール方針がベストといえるでしょう。

リスクオンやリスクオフが相場に与える影響に変化

「リスクオン」「リスクオフ」という言葉があります。

株価などが上昇し、市場心理（センチメント）が良好なとき、つまり投資家のリスク選好度が高まっているときが「リスクオン」の状態で、反対に、株価が下落し、市場のセンチメントが悪化しているときを「リスクオフ」と言います。とくに2008年のリーマンショック後によく使われるようになりましたが、FRBによる未曾有の量的緩和によって、株価が大幅に上昇する、あるいは、緩和からの「出口」が見えてきたら途端に株価が下落するなど、市場のセンチメント、要は雰囲気が急激に変化しやすいことから、このように「オン」「オフ」と、あたかもデジタルに切り替わるような言葉が多用されるようになったのだと思います。昔は「リスクオン」と言う代わりに「リスクアペタイトがある」、

「リスクオフ」と言う代わりに「リスク回避」、などと表現していました。

さて、このリスクオン・オフが為替相場にどう影響するかといえば、これまでは、リスクオンのときには円安傾向、リスクオフでは円高傾向というのが、公式のようになっていました。そのロジックには、日本の国際収支が影響しています。

為替市場の超長期相場に影響を与える構造要因として、先ほど国際収支のうちの「経常収支」をご説明しました。

これまで日本は貿易黒字国であり、海外に投資して得られる利息や配当金を示す「所得収支」も黒字のため、経常収支は黒字でした。つまり、海外で稼いだお金が日本に還流する金額が大きいため、基本的には円高圧力がかかりやすい構造となっています。ポイントは、この経常収支は、内外景気格差、輸出競争力、人口動態などの構造変化が要因となるため、長い期間をかけて変化する（ただし日本の場合、資源輸入国であるため、たとえば原油価格の短期的な乱高下による貿易収支への影響は大きい）傾向があることです。したがって、経常収支の変化が長期的な為替相場の決定要因となるのは、先述したとおりです。

これに対し、国際収支のうち、海外への直接投資や証券投資など、投資のマネーフローを示す「金融収支」（旧統計の投資収支）は、流出超になっています。つまり、日本は海外で稼いだ黒字を、海外に投資している構造になっているのです。したがって、金融収支は円安要因となりますが、経常収支の変化と比べて、金融収支（とくに証券投資）は、内外金利差や株価動向、リスク選好などの影響を受けやすいため、経常収支よりも短期的に為替相場に影響を与える傾向があります。

通常は、日本は経常黒字で常にこれが円高圧力となる一方、投資マネーが海外に向かっているので、これが円安圧力となり、相場は行ったり来たりするのです。しかし、「リスクオン」の環境であれば、海外への投資マネーも勢いづきますが、ひとたび「リスクオフ」になってしまうと、投資マネーが海外へ向かわなくなるため、もともと構造的に存在する経常黒字の円高圧力が勝ってしまうのです。「リスクオフ」の際に円高になるのはこのためです。

図表４－１は、日経平均株価と円の名目実効為替レート、つまり複数の通貨に対する円の価値を示しています。これを見ると、長期にわたり、日経平均株価と円相場は逆相関の関係にあることがわかります。日経平均株価が上昇しているような、投資家の元気がいいときほど円安となり、株価が下落していて投資家に元気がないときほど、円が上昇する傾向がみられます。

よくテレビのニュースで「リスク回避により安全資産である円が上昇し……」などと説明されますが、「リスク回避の円高」の実態は、円が最も安全資産とみて、外国人投資家が能動的に円を買うわけではありません。仮に一時的に

図表 4-1 ＞ 長期にわたってほぼ逆相関の関係にある
―― 日経平均株価と円の名目実効為替レート

出所：BIS、Bloomberg、SFGI

円を買ったとしても、それはいったん流動性の高い円（短期債など）に置いておく程度に過ぎないと思います。実際には主に日本人が海外投資を控える、あるいは日本人がこれまで投資してきた海外の資産を売って、円を買い戻すことなどによって起きるのです。

ただ、最近ではこの「リスクオフの円高」にもやや変化がみられます。ひとつには、日本の経常黒字額の急速な縮小があると思われます。２０２２年は、ウクライナ危機と、それに伴う西側諸国の対ロシア制裁などで、原油価格が高騰し、米利上げによる円安・ドル高による円建て輸入価格の上昇も伴って、日本の貿易収支は大幅な赤字に転じました。経常収支全体は所得収支の黒字によってどうにか黒字が維持されていますが、それでも経常黒字の大幅な縮小により、そもそもこれまでの構造的な円高圧力が弱まることにつながっています。通常ならリスクオフで対外投資が手控えられると、円高が進むところが実際には進んでおらず、「リスクオフの円高」というセオリーどおりにいかなくなっている要因のひとつといえるでしょう。

もうひとつ、「リスクオフの円高」にからめて、「円キャリー取引」についても解説したいと思います。「円キャリー取引」は、外貨と円の金利差を狙った取引のことで、広義には、円を売って外貨を買う投資をすべて「円キャリー取引」と呼ぶこともありますが、狭義には、低金利の円を借りてきてより金利の高い外貨に投資することを「円キャリー取引」と呼びます。つまり、外国人投資家が円資金を調達してこれを売って高金利通貨を買い、しばらくこの為替ポジションを維持しますが、リスクを回避するときは外貨を売って円を買い戻し、その円を返済するというものです。

ただ、２０２２年は、内外金利差が拡大したにもかかわらず、外国人投資家の円キャリー取引がさほど活発化した印象はありませんでした。おそらく、円キャリー取引の特徴として「リスクオン」で為替のボラティリティ、つまり為替レートの変動率が低いときに活発化しやすいことが背景にあったとみています。為替のボラティリティが高ければ、金利差による利益を追求するよりも、為替の変動による利益、つまり為替差益を狙ったほうが得だからです。２０２２年は、ＦＲＢがインフレを抑制するため、景気の過熱を抑える目的で利上げを繰り返したことで株価は一時大幅に下落。市場が「リスクオフ」に傾き、為替のボラティリティも上昇しました。つまり、米金利が上昇したからといって、円キャリー取引を活発に行なうような市場環境ではなかったといえるでしょう。

LECTURE 4-3

「相場が動かない」ことにも理由がある

「横ばい」もトレンドのひとつ

「横ばい」「レンジ相場」はなぜ起こる?

「上昇トレンド」「下落トレンド」については、おおむねイメージがつかめたと思いますが、「横ばい」はどういう状況なのかを、考えてみましょう。「横ばい」とは、相場に方向性がなく、ある一定の幅（レンジ）内で行ったり来たりを繰り返す相場のことです。そのため、「レンジ相場」とも呼ばれます。

２０１９年の12月、ドル円のインプライド・ボラティリティ（予想変動率）が４％割れとなり、史上最低水準を更新しました。ボラティリティが年率４％ということは、つまり、確率的にドル円の値動きが、足元の水準から上下４％のレンジに収まっている、もう少し詳しくいうと、価格の68・３％が、現在値±４％に分布しているということを表しています。インプライド・ボラティリティがそうなっているということは、要するに動きづらい展開が予想されている状況で、市場参加者は向こう1年、ドル円は上がっても下がっても大体4～5円幅程度と予想していることを示しているのです。実際、ドル円の2019年の値幅は非常に小さく、年間で7円90銭のレンジに留まりました。年間では変動相場制移行後の過去最少の値幅です。理由は、ドルと円それぞれの「名目実効為替レート」（17ページ**図表1－2**参照）を見ると明らかです。

2019年のドルと円の名目実効為替レート（BIS版）を見ると、ほぼ同じ値動きをしています。では、何に対して同じ値動きかというと、新興国通貨です。2018年は米中貿易摩擦が激化した年ですが、中国人民元を含む新興国通貨が大きく下落するなかで、ドルと円が買われました。2019年も問題は解消されず、新興国通貨は低迷したままで、ドルと円は似たような動きをしていました。米中貿易摩擦と世界的な景気減速によって、投資家のリスク選好度が低くなっていたことに加え、米中問題の今後の展開が注目されるなかで、様子見の展開となったことなどが背景として挙げられそうです。

ここで知っておきたいことは、先述した2018～2019年の例のように、相場が動かないときは、動かないなりの理由があるということです。動かない理由を理解しておけば、相場の拮抗に変化が生じるタイミングを予想することが、ある程度可能になります。

また、相場が動かないときは、「目新しい材料がなくて市場参加者の興味がない」という、いわゆる「材料難」ということもありますが、このように時として、「どちらの通貨も同じように動いている」場合もあることを、心の片隅に留めておきましょう。たとえば、先述したようなケースとは反対に、世界の株式市場が堅調で、為替を見ると新興国通貨がドルに対しても、円に対しても同じように上昇している場合、ドル円相場単体では、一時的にはあまり方向感がないレンジ相場で落ち着いている場合もあります。このとき、ドル円だけみて、「相場が動いていないから、これは材料難だ」と決め付けてしまうと、リスクオンの波に乗り遅れてしまうこともあるかもしれません。CHAPTER1で、少なくとも米ドルを挟んだ3通貨ペアを見るようにすべきとお伝えしたのは、このためです。

さて、先ほどボラティリティが極端に低迷した後は、突如何かの事象を受けて、急騰するケースが見られる、と述べました。その理由について簡単に説明したいと思います。ドル円のボラティリティが極端に低迷しているときは、とくに、相場の変動を求める投機筋にとっては、一言でいえば「儲からない相場」になってしまいます。したがって、ドル円の取引自体が減少し、流動性が低下します。また、投機筋もリスクをとらなくなる一方で、投資家や実需筋も、動かない相場が長く続くほど気が緩んでいる面もあるでしょう。何か突発的なニュースで突然投機筋が相場に参加し始めると、ストップロスオーダーが付き始め、投資家や実需筋も取引を開始するため、相場の急変をさらに後押ししてしまうのです。

ちなみに、相場が動く気配のことをマーケット用語で「動意」と呼び、動きがないことを「動意に乏しい」と言います。

LECTURE 4-4

為替相場にとって重要な経済のファンダメンタルズ

ただし、ファンダメンタルズだけで相場は予測できない

相場にはテーマがある

本章のレクチャー2でも説明しましたが、中長期では景気動向が為替相場に影響を及ぼします。景気循環や金利動向といったファンダメンタルズ（＝経済の基礎的条件）が上向いている国の通貨は買われやすいということです。

ただ、ファンダメンタルズだけを見ながら為替相場を分析しようとすると、読み誤ることがしばしばあります。たとえば経済格差だけで為替相場が動くなら、経済規模が日本より大きい米ドルが円に対してずっと上昇し続けなければなりませんし、成長率で計るなら、成長率が相対的に高いオーストラリアの豪ドルも上がり続けているはずです。ところが、相場は一方向に向かい続けるということはなくて、行ったり来たり振幅を繰り返すものです。

では、なぜファンダメンタルズどおりに相場は動いてくれないのでしょうか？

ひとつ押さえておきたい大切なことは、いくら「アルゴリズム」や「ＡＩ」などコンピュータの判断によるシステム取引がここ数年で急拡大してきたとはいっても、結局、相場を動かしているのはその大半が人間だということです。

外国為替市場のように、１日７・５兆ドルものマネーが取引されている大規模なマーケットだと、結局、「多くの人がそう思っている方向」に相場は動きます。そのときに重要になってくるのが「市場のテーマ」、つまり市場参加者の多くが注目していることは何か、ということです。

たとえば、「米国の利上げがいつか」ということが市場参加者の最大の関心事で、米ドルの動きが為替市場全体に影響を与えるような、いわゆる「ドル相場」だったとしましょう。このようなとき、ほとんどの人は米国の経済指標、とくに金融政策の判断に影響を及ぼす米国のインフレ率や、雇用統計などに注目します。いくら日本の実質ＧＤＰ成長率が、前期比年率で２・０％から２・２％に改善したとしても、この材料だけでドル円は動かないのです。

ほとんどの人が、米国の経済指標を見ながらドルを活発に取引しているときに、「いやいや、私はこの局面では日本の経済指標のほうが重要だと思う」などと頑なに思っても、そもそも市場のテーマを読み間違えているわけですから、その局面にフィットした相場観を持つことはできません。

やっかいなのは、この「市場のテーマ」は普遍的ではなく、コロコロ変わるということです。２０２２年12月から翌年１月は、日銀の金融政策や日銀総裁人事に対する市場参加者の関心が急速に高まるなか、まだＦＲＢは利上げしているにもかかわらず円高が進行したのは、まさに良い例です。したがって、「いま市場が注目していることは何か」を感じ取ることも重要ですが、今後、何が市場のテーマになるのか、ということを予想することも大事です。

期待が実現するまでの時間差に注意

もう一つ大事なポイントとして、「期待」と「実現」の時間的隔たり、つまりタイミングのズレを挙げたいと思います。

為替のみならず、金融市場は全般的に「期待」で動きます。株価であれば、「この企業の業績が良くなりそうだから」、為替であれば「この国の景気が良くなりそうだから」、あるいは「金利が上がりそうだから」といった、先行きに対する期待が、相場を動かすのです。

その期待が裏切られたときには、当然、相場は反対に動きますが、実際に「期待」が「実現」したとしても、すでに市場参加者の多くがその方向に備えているわけですから、それ以上、期待している方向に動かないケースも少なくありません。

反対に、同じ方向にポジションが積み上がっていれば、「Buy the rumor, Sell the fact（噂で買って、事実で売れ）」という相場の格言にもあるように、期待が実現したときには、利益確定によってむしろ逆方向に動くこともあります。

また、ある国が利上げサイクルに入っている場合、「金利先高観（金利が上昇していくという期待）」によって2～3カ月上昇トレンドが続いたとします。もっと金利差が広がるのではないか、という期待が続いているうちは、このトレンドが続きますが、そろそろ利上げが最終局面にきているという見方が広がると、実質的な金利差が広がっているにもかかわらず、いったん大きく相場が崩れることもあり

図表4-2 〉 為替相場への影響にはタイムラグがある
—— 米経常収支とドルの名目実効為替レート

米経常収支とドルインデックス

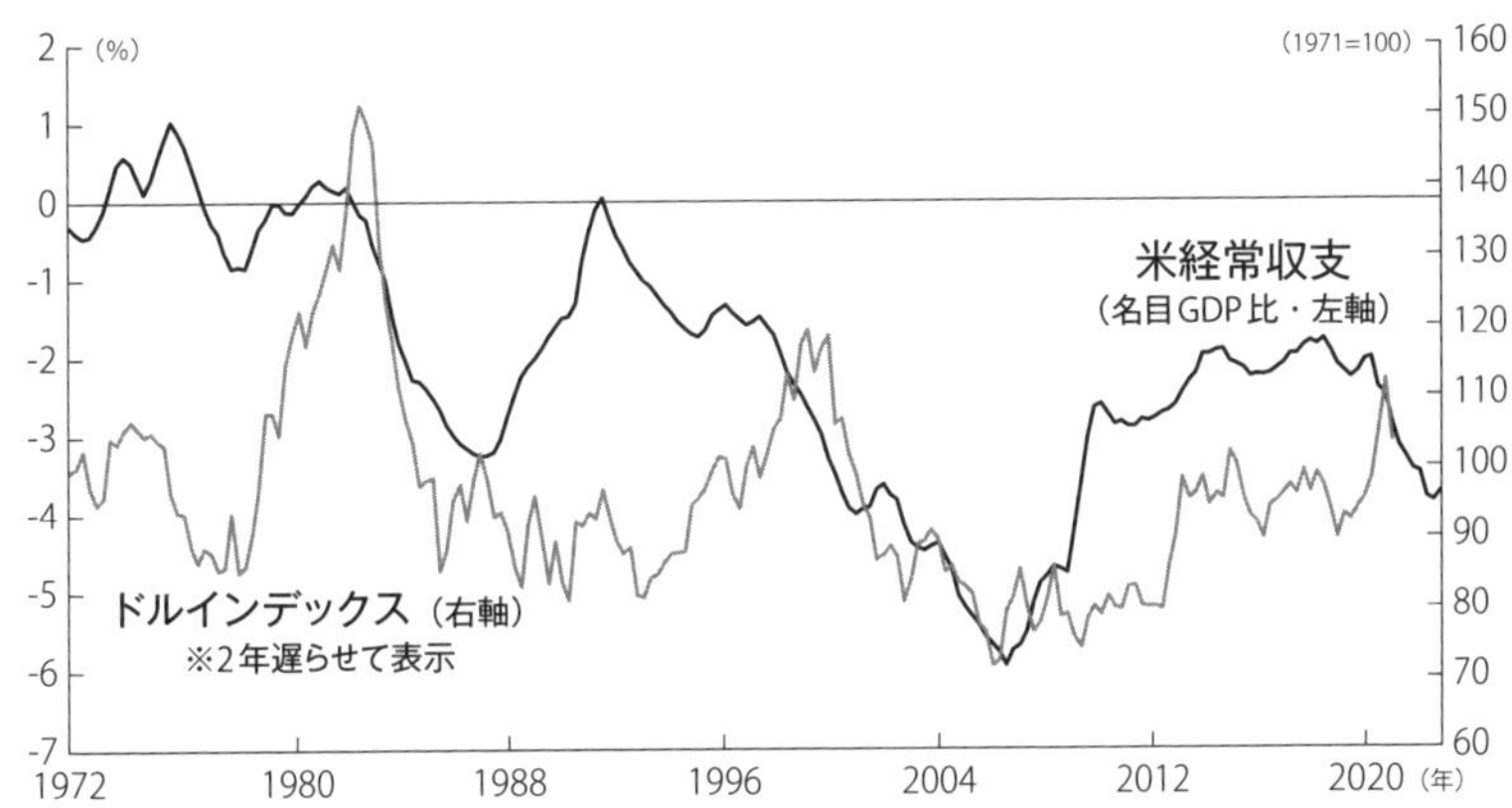

米経常収支と景気循環の関係

	Ⓐ	Ⓑ	©	Ⓓ	Ⓔ
景気	拡大	→	後退	→	拡大
輸入	増加		減少		増加
経常収支	→	赤字拡大	→	赤字縮小	→
FRB	利上げ		利下げ		利上げ
通貨	ドル高	ドル安	ドル安	ドル高	ドル高

出所：Bloomberg（グラフの数値）

ます。これを「利上げ打ち止め感が広がっている」などと表現します。

また、経常収支と為替相場の関係にも、非常に長いタイムラグがあります。

たとえば経常黒字は、入ってきた外貨を自国通貨に転じるので、自国通貨高の傾向につながり、一方で経常赤字は、自国通貨を売って海外の物を買うので、自国通貨安圧力となる、と教科書的には解説されます。

しかし、経常黒字が増えたからといって、たちどころに自国通貨高が進むとは限りません。たとえば米国の場合、これまでの経験則でいくと、経常収支とドルの関係は2年ほどのタイムラグをもって実現します。その関係を表すと前ページ**図表4-2**のようになります。

A：景気拡大の初期には内需が増加し、輸入が増えて経常赤字は拡大する。一方、FRBが利上げをしているのでドルは上昇傾向。

B：経常赤字はさらに拡大し、利上げサイクルは終了してドル安圧力がかかり始める。

C：景気減速・内需が減るので輸入が減少し、経常赤字は減少し始めるが、一方でFRBは利下げに踏み切るため、ドル安が進行する

D：赤字はさらに縮小し、利下げも最終局面となり、ドル高となり始める。

E：Aのサイクルに戻る。

つまり、Aは経常赤字が拡大しているにもかかわらずドル高となっており、Cに移行するまでのあ

いだに2年くらいのタイムラグがあるということなのです。

良い金利上昇と悪い金利上昇

これまでも述べてきたとおり、投資マネーは基本的には金利の高いほう、つまり利回りの高い通貨や商品に向かって流れるものです。

ただ、金利が上昇しているからといって、必ず通貨が上昇するとは限りません。

「良い金利上昇」、「悪い金利上昇」という言葉を聞いたことのある方もいらっしゃると思います。

「良い金利上昇」とは、その国の景気拡大期待が高く、金利先高観が高まっている状態です。こういうときは、その国の株や通貨に投資マネーが集まるので「通貨高」「株高」が進みます。株式など、リスクが高い資産に、債券などの安全資産から資金がシフトするので、「債券安」となり、金利には上昇圧力がかかります。

一方、悪い金利上昇の代表例は、国債の信用力が著しく低下している状況です。国家が破たんするかもしれない、というリスクが高まった場合は、当然その国が借金するために発行している国債が暴落し、金利は急騰します。国が破たんするリスクが高まっているときは、当然景気も悪化しているでしょうし、金融機関の経営も悪化しているはずですから、株安が進みます。また、その国に投資している投資家が皆、海外に逃げてしまうので、通貨も下落します。

このように、国外に資本が逃げ出してしまう状態のことを「キャピタルフライト」と呼びますが、そうなった場合には、「通貨安」「株安」「債券安」のトリプル安となり、いくら金利が上昇していても、通貨は売られてしまいます。

「相場は間違っていない」を受け入れよう

景気が良いのだから通貨も上がる、金利が高くなっているのだからこの通貨は買われる、といったファンダメンタルズに沿った固定観念にとらわれてしまうと、時として相場の全体像が見えにくくなってしまいます。

昔、大先輩の為替ディーラーの方が、「いくら経済を雄弁に語れても、儲からなければ意味がない」とおっしゃっていたのを思い出します。

為替市場は経済だけで動くわけではありません。儲けようと必死のディーラーたちがひしめき合って、色々と考えながらポジションを取っています。

したがって、需給の変化とともに相場が動意づくには、市場参加者、つまり「人間」の思惑や、市場の「センチメント（雰囲気）」も、重要な要素のひとつになってくるのです。相場の波をうまく乗り切るには、「経済指標が好転しているのに上がらないのはおかしい！」「マーケットが間違っている！」という考えは、捨てるべきです。もちろん、相場のトレンドを形成している市場参加者の多くが、実は景気の変化を読み違えたり、あるいは当局の政策意図を勘違いしたりすることもあります。

しかし、「間違っている」瞬間にも相場は動いているのであって、それも含めて相場であることを認識しておくべきだと思います。つまり、「マーケットが間違っていて自分が正しいので、相場はかならず戻るはず」という固定観念にとらわれすぎると、思わぬ値動きについて行けなくなり、損失が膨らむリスクがあるのです。その意味では、「マーケットが間違っている」のではなく、経済指標の好転を上回る為替の変動要因を読みきれなかった自分の相場観が間違っていた、というように受け止めるべきです。

「自分の相場観と合わない」「何かがおかしい」と思ったら、いったんすっぱり諦めて仕切り直したほうが賢明です。

私が考える「儲かるディーラー」の特徴を挙げると、

- **相場のトレンドをつかんでいる**
- **損失を最小限に抑えることができる**
- **相場観に時間軸を持っている**
- **相場のテーマを感じ取れる**
- **思惑やセンチメントの重要性を知っている**

ということになります。そして何よりも大事なのは、「自分の相場観に沿ったポジションを取っている」ということです。いくら予想が当たっていても、リスクをとってその方向のポジションを取っていなければ、リターンを得ることはできません。前述した大先輩の発言には、そうした意味も込められていると思います。

COLUMN

アナリストってどんな仕事？

「モーサテ」でおなじみの、テレビ東京の「Newsモーニングサテライト」という経済番組に、長らくコメンテーターとして出演させていただいています。同番組ではネット配信専門の番組も増えていますが、そのなかで「モーサテ・サタデー」という土曜日の番組にも時々呼んでいただいています。同番組の面白いところは、ネット配信なので視聴者からの質問を受けられる点です。「教えて尾河さん！」のコーナーで、ある日「アナリストってどうしたらなれるのですか？」という質問がありました。同番組でマーケット以外の質問は滅多にないので、少し驚きましたが、実はアナリストってどんな仕事なのか、というご質問をいただくことは、セミナー等でもたまにあるのです。

私たちの仕事は、金融市場を調査分析し、それに基づいて予測を立て、情報発信することです。同様の業務で、「エコノミスト」と「アナリスト」の違いは、皆さん何となくイメージができるようなのですが、これに「ストラテジスト」などが入ってくると、「一体どう違うのか」とやや混乱されるようですので、ここで一度整理したいと思います。

●エコノミスト：マクロ経済や政策の動向を調査分析し、今後の経済を予測する。

主に金融機関や、金融機関の子会社にあたるシンクタンク、あるいはＩＭＦや各国中央銀行などの公的機関に所属しており、予測を立てたうえで、政策提言や情報発信を行なっています。最近では、「マーケットエコノミスト」と呼ばれ、マクロ経済の予測をベースに金融市場の予測も行なっているエコノミストも増えています。

◉アナリスト：金融市場の動向を調査分析し、マクロ経済の予想も踏まえて今後の相場を予測する。

主に金融機関やシンクタンクなどに所属し、為替アナリスト、エクイティアナリスト（株式市場）、債券アナリスト（金利予測）、クレジットアナリスト（企業や企業が発行した社債の分析を行なう）など、専門領域や担当分野はさまざまです。

◉ストラテジスト：経済予測を踏まえて金融市場の動向を調査・分析し、具体的な投資戦略を作成し、アドバイスする。

FXストラテジスト、株式ストラテジスト、債券ストラテジストなど、主に金融機関に所属しています。

ところで、何度も「予測」という言葉を書きましたが、この「予測」という言葉がミソだと私は思っています。「予測」は、お天気のような「予報」とも違いますし、占いのような「予言」とも違います。『広辞苑』によれば、「予報」は「予測した事柄を知らせること」とあり、どちらかというと「知らせる」ことに軸足があるようです。「予言」は、「未来の出来事を見通していうこと。また、そのことば」とあります。一方で、「予測」は、「将来どうなるかを得られた情報などに基づいておしはかること。また、そのようにして得たもの」と説明されています。

アナリストの場合は、この「得られた情報に基づいて」というところがポイントだと理解しています。アナリストは、過去の事例も踏まえて、現在起こっているあらゆる事象を調査分析し、将来を予測しているのです。調査できる情報が皆同じであれば、予測も似通ったものになりそうですが、為替の場合はとくに、アナリストによってかなり予測は異なります。これは、そもそも為替レートが「2つの通貨の相対的な価値」を示しており、企業価値を示す「株価」のような資産価格とは異なること、加えて、為替レートは世界中で起こるあらゆる出来事の影響を受けるうえ、市場のテーマも変わっていくため、アナリストによって予測の軸として注目しているポイントが異なること、などが原因です。

わたしたちアナリストには水晶玉もないですし、「予言」ではありませんから、予測値が変わることもあります。経済は日々動いていますから、予測の際の前提条件が大きく変化すれば、予測値も上方修正したり、下方修正したりすることもあるのです。

たとえば信頼している為替アナリストが年初に予測したドル円の「年末予想レート」が、１ドル＝１２０円だったとしましょう。「あの人が１２０円と言ったんだから」と、予測レートだけ見るのではなく、ぜひそのアナリストの予測の根拠の部分まで、しっかり御覧いただければと思います。その根拠の部分が崩れるような出来事や環境の変化が起こった場合には、予測が修正される可能性があるからです。「予測値や予想レート」だけが頭に残ってしまい、ご自身の運用がそれに引っ張られないようにするためにも、こうした特性をご理解いただいたうえで予測を見ていただくことをお勧めします。

CHAPTER 5

経済統計は
ここをメインにチェック

LECTURE 5-1

米国労働統計の重要性

いまいちばん注目されている経済指標の本当の読み方は？

「雇用統計」はなぜ注目されるのか

２０２０年2月29日、シアトルで全米初の新型コロナウィルスによる死者が確認され、金融市場に激震が走りました。その後、米国で新型コロナによる死者数は急増し、５カ月余りで10万人を超えたのです。３月13日には、トランプ大統領がホワイトハウスのローズガーデンで会見し、国家非常事態（national emergency）を宣言。その後、各州で「原則外出禁止令」が発せられるなど、全米で行動制限が始まりました。この間、米株価は大暴落。ＦＲＢはリーマンショック時のようなゼロ金利政策の導入、量的緩和に加え、新たにジャンク債を含む社債や地方債の買い入れ措置、民間金融機関を通じた中規模企業向けの融資プログラム等の措置を相次いで発表しました。パンデミックは世界共通の危機ですから、もちろん、これは米国に限ったことではなく、世界各国で中央銀行による強力な金融緩和と、政府による大規模な経済対策が実施されました。

感染拡大を防ぐため、行動制限によって、人為的に経済活動を止めてしまうわけですから、労働市場に影響が及んだのはいうまでもありません。2020年4月の米雇用統計では、失業率が14・7%と、3月の4・4%から急速に悪化。1982年12月に記録した10・8%を上回り、1948年の統計開始以来の過去最悪を記録しました。また、非農業部門雇用者数は前月比2050万人減少と、1939年の統計開始以来となる減少幅となりました。こうした歴史的な統計を見るにつけ、いかに新型コロナによるパンデミックが異例な事態だったかが読み取れます。

米国雇用統計は原則的に毎月第1週の金曜日に発表されますが、金融市場関係者から最も注目されている経済指標です。なぜ、雇用統計の注目度が高いかといえば、それは、米国の金融政策に影響するからです。FRBは、いまや新型コロナによる金融緩和措置から脱却し、2022年3月以降、金融引締め局面に入っています。この間、市場参加者にとってはFRBの金融政策が最大の関心事であり、このために、雇用統計は注目しなければならない、毎月の一大イベントなのです。

ただ、相場のテーマによって、市場参加者の経済指標に対する注目度が変わるという点には注意してください。米国の雇用統計は、他の経済指標に比べるとどのような相場環境のときでも、基本的には市場の関心が最も高い経済指標のひとつですが、その予想や結果が為替相場にどの程度影響を与えるかというマグニチュードの大小は、やはりそのときの相場のテーマ次第です。

実際、この間、毎月の米雇用統計における市場参加者の関心事も、明らかに変化していきました。パンデミック初期段階においては、行動制限によってどのくらい雇用が失われるのか、失業率はどこまで悪化するのか、非農業部門雇用者数は前月比でどの程度増減しているのかといった点が注目されていました。しかし、米国における新規感染者数もピークアウトし、行動制限が解かれて経済活動が再開すると、今度は米国の物価上昇率（インフレ率）が加速し始めました。FRBがインフレ抑制のために金融引締めに転じることが視野に入るなかで、雇用統計のなかでも、ヘッドラインの月次の雇用者数の増減よりも、平均時給の上昇率などに、市場参加者の関心はシフトしていったのです。

振り返れば、2021年当時は、インフレがジワジワと加速する一方、FRBは「インフレは一時的」との見解を維持していました。ところが、同年11月30日の米議会証言で、パウエルFRB議長は『一時的』という言葉は人によって異なる意味を持つ。使うのをやめるべきだと考えている」と発言。事実上、「インフレが一時的である」との見方を改め、高水準のインフレが長引くことへの警戒を強めたのです。

実際、その後2022年6月にかけて、米消費者物価指数（CPI）は、前年比9・1％まで加速。変動の激しい食品とエネルギーを除いたコアCPIは、同年9月にかけて、前年比6・6％まで上昇しました。2022年後半は、原油価格がピークアウトしていましたから、米国のガソリン価格も下落し、FRBの読みどおり、物の値段、いわゆる「財」の価格は上昇率が減速し始めました。一方で、想定外だったのはサービス価格が高止まりしたことでした。サービスの価格に最も影響を及ぼすのは、賃金と家賃です。詳しくはまたCPIの項目で解説しますが、賃金の上昇がインフレに大きく影響を及ぼすことから、雇用統計に対する市場参加者の注目ポイントは、賃金を示す「平均時給」へと移っていったのです。

2022年は、賃金に関する統計が強い結果だと、「米国の大幅利上げが継続される↓米金利上昇↓株価下落」との連想から、米ドルは上昇する一方で、米株価が下落するなどの傾向が見られました。

このように、相場は「期待」で動きますから、経済指標による政策への期待が短期的にその国の為替レートに影響をもたらすことがあります。また、経済指標は「市場の予想がどうか」という点も重要です。エコノミストやトレーダーたちがどう予想しているのか、それに対して経済指標の結果が良かったか悪かったかで、発表直後に相場が急変したりします。したがって個人投資家も、重要な経済指標には常にアンテナを張っておくべきなのです。

さて、米国の雇用統計に話を戻しますが、これがなぜ米国の金融政策に影響を及ぼすかといえば、それは米国の雇用を増やすことが、FRBの政策目標のひとつだからです。FRBには米国の法令で定められた「2つの責務（デュアル・マンデート、Dual Mandate）」と呼ばれる政策の目的があり、それは、「物価の安定」と「雇用の最大化」と定義されています。FRBにとっては、金融政策によって米国の物価を安定させ、雇用を増やすことが責務なのです。

ただ、パンデミックによる政府、中央銀行二人三脚で実施された大規模な景気対策と金融緩和によって、経済活動が再開すると米国経済は過熱。インフレはFRBが目標としている、コアPCEデフレーター（後述）で2・0％付近という水準を大きく上回り、2022年2月には前年比5・4％まで加速しました。FRBはこれを2・0％付近まで戻すべく、しばらくは景気を犠牲にしても金融引締めを続け、インフレ抑制に努める方針を示しています。そのためには賃金の伸びを抑制する必要があり、米失業率を、少なくとも中立的な水準（FOMCのlonger run＝長期見通し）である失業率（＝自然失業率）4・0％付近までは引き上げる必要があります。このため、利上げがいつまで続くかの判断材料として、今後は失業率にもこれまで以上に注目が集まりそうです。

次項以下では、米国の雇用指標の注目ポイントについて説明していきます。

労働市場の動向を示すさまざまな指標

これまで述べてきたとおり、労働市場の動向を示す経済指標も、その時々によって市場の関心度合いは変わります。それでも、ある程度、恒常的に注目される指標について、解説していきたいと思います。個人投資家はこれらすべてを常に見るわけにもいかないと思いますが、とくにパウエルＦＲＢ議長が注目していると思われる指標については、どこがポイントかも触れますので、ぜひ参考にしてみてください。

①非農業部門雇用者数（Non-farm Payroll）の前月差・毎月第１週の金曜日の雇用統計で発表

雇用統計の公表時に、そのヘッドライン（まず最初に情報端末に流れる報道）のなかでも最も市場参加者の注目を集めるのが、非農業部門雇用者数です。「ノン・ファーム・ペイロール」や、「ＮＦＰ」などと呼ばれます。農業以外の職に就いている就業者数を示したもので、前月に比べてどの程度増減したかが注目される統計です。

こちらは、失業率を調査している「家計調査」と違って、「事業所調査（Establishment Survey）」という、事業所の給与支払い帳簿を基に集計されています。

したがって、仕事に就いている「就業者」の定義も、失業率の計算に使われている「就業者」とは違い、事業所から給与が支払われているかどうかで判断されます。そのため、やや奇妙に感じるかもしれませんが、給与が払われていなければ、働いていても就業者にはカウントされません。たとえば自営業の方などは、自ら給与として支払わない場合もありますが、このケースは就業していないことになってしまいます。また、２つ仕事を持っている人で、A社とB社両方から給与を支払われている場合は、１人の人間が2人にカウントされてしまいます。

こうした問題点はありますが、サンプル数が約30万事業所と、失業率に比べて圧倒的に多いため、失業率がよほどサプライズの結果にならない限り、失業率よりもＮＦＰのほうが市場の注目度は高く、為替相場もＮＦＰのほうに反応するパターンが多いようです。

ＮＦＰについては、さまざまな金融機関が事前予想を算出し、その中心値などが発表前に「市場予想値」として報道されているので、その予想に対して上回ったのか、下回ったのかによって為替相場、とくにドル相場が動きます。予想に対して実績が大きく異なるほど、ドル相場へのインパクトは大きくなります。

ただ、それはあくまで発表直後のインパクトであり、今後の金融政策への影響など、中長期の観点で見る場合は、ある程度連続した雇用のトレンドを見る必要があります。目安としては、「コンスタントに前月比で15万人以上、ＮＦＰが増加した場合、失業率が低下する傾向がある」とイメージしておくと良いでしょう。そういう結果が続いた場合は、近々ＦＲＢの金融引き締めが行なわれるかもしれない、という見方につながり、ドル高トレンドになる可能性があります。一方、それとは逆に、ある程度連続した形で雇用情勢に変化がみられない限り、為替相場へのインパクトも、あくまで発表直後の一時的なものとみておいたほうがいいでしょう。

もうひとつ注目されるのは、前月すでに発表された結果に修正が入るときです。「前月のＮＦＰが

5万人上方修正された」などとリバイス（修正）が入ると、これが注目されて相場が動くこともあります。

②失業率（Unemployment Rate）・雇用統計で発表

まず、失業率は失業者が、労働力人口全体のなかで何%かを示しています。これを式にすると、「失業者÷労働力人口（＝就業者＋失業者）×100」となります。

ちなみに、この就業者と失業者の定義が国によって異なっている点には注意が必要です。たとえば「就業者」は、日本の場合は調査期間中に仕事をしていれば、有給、無給にかかわらず「就業者」にカウントされますが、米国では「有給」でなければ基本的にはカウントされません。無給の場合は、「家族事業で15時間以上仕事した場合」という条件が付くのです。また、「失業者」は、日本の場合、「現在仕事がなく、調査期間中の1週間に仕事を探していた者」と定義づけられていますが、米国は「現在仕事がなく、過去4週間以内に仕事を探していた者」という定義です。

なお、就職活動をしていないと失業率にカウントされないという点は、期間が違うだけで日米同じですが、このことがまれに失業率の結果を歪めることがある点には注意が必要です。

これには長期失業者の問題が大きくかかわっています。27週間、つまり約半年間かそれ以上失業している人が失業者数に占める割合を、長期失業者割合と呼びますが、2008年のリーマンショック以降、急速に伸びました。**図表5－1**を見るとわかるように、長期失業者割合が4割を超え始めた2009年12月を境に、なぜか失業率は改善し始めています。これには、失業している状態があまりに長引いて、就職活動すら諦めてしまった人が増えていることが影響していたようです。前述のとおり、就職活動をしていないと、失業者には含まれません。約半年以上も仕事が見つからず、ついに仕事を探さなくなる、ということは労働市場がむしろ悪化しているわけですが、それが失業者数にカウントされないため、失業率の低下という、あたかも労働市場が改善しているかのような結果をもたらしているのです。

また、直近では、新型コロナの２０２０年４月、失業率が14・7％という過去最高水準でピークアウトし、その後、失業率は急低下していますが、２０２１年６月まで、長期失業者割合は増え続けています。これは、米政府による緊急の経済対策の一環で、失業保険の上乗せ給付が影響していたようです。米国の失業保険は州によってまちまちですが、平均で週３５１ドルが失業中に支給されます。これに加えて週３００ドルもの上乗せ給付が追加されましたから、週６５１ドル、つまり月間で約２６００ドル（日本円で約34万円）もの給付を受けられるとなれば、

図表5-1 〉 労働市場は悪化していても「失業率は改善」と表れる
—— 長期失業者割合と失業率の推移

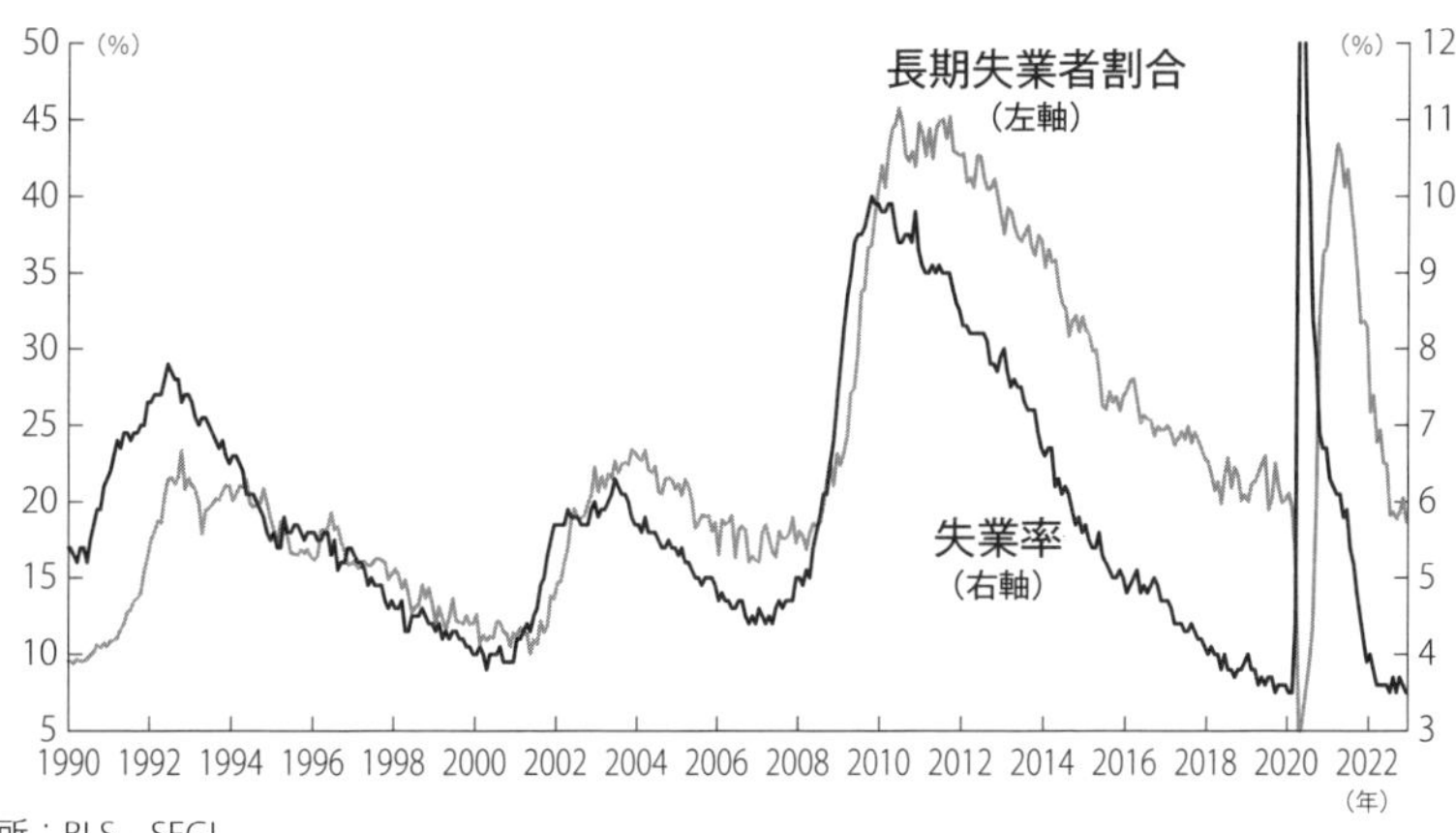

出所：BLS、SFGI

人によっては働かないほうがトクだという状態が続きました。この特別措置は2021年9月で終了しましたが、こうした政策によって統計が歪むこともある点には注意が必要です。

前述のとおり、たとえば失業率のヘッドライン（情報ソースに流れる速報）が改善したことを見て、発表直後にドルが急上昇することもあります。しかし、データを集めてよく見ると、ヘッドラインの改善とは異なって、実際にはむしろ悪化していることもあります。したがって、超短期ディールをしている方は別として、少し長めのトレンドでリスクをとっている方は、こうしたヘッドラインの良し悪しにあまり左右されないほうが良いと思います。

なお、米国の失業率は「家計調査（Household Survey）」といって、毎月12日を含む1週間に約6万世帯を対象として、米総務省が行なっているヒアリング調査をベースに算出されています。

ここまでみてきたように、失業率とNFPは、そもそも家計調査と事業所調査の違いがあり、サンプル数も異なることから、両者がまったく異なる結果となる場合があります。たとえば失業率は上昇しているのに、NFPは前月比で雇用が増えているといった逆向きの結果が出ると、為替のディーリングでは、どう対応したら良いのか迷う場合があると思いますが、そういうときは、基本的にNFPの数字を重視したほうが良いでしょう。

③労働参加率（Labor Participation Rate）・雇用統計で発表

労働参加率とは、就業者と失業者の合計である労働力人口が労働年齢の成人全体（生産年齢人口）に占める割合をいいます。先述したとおり、就職自体をあきらめてしまった人が労働市場から退出してしまうと、労働参加率は低下します。したがって、市場では雇用統計が発表される際に、失業率と同時に労働参加率も見るのが一般的になりました。

失業率が改善していても、労働参加率が低下していたら悪材料ですし、逆もまたしかりで、失業率が増加していても、労働参加率が増えていれば、悪くない結果、という判断になるのです。

ちなみに、新型コロナウィルスの感染拡大以降は、この労働参加率に非常に注目が集まりました。労働参加率は、2020年1月の63・4%から同年4月には60・2%まで低下し、その後も長らく低迷が続きました。ひとつには、先述したとおり、米政府によるコロナ対策、とくに手厚すぎる失業保険上乗せ給付が挙げられます。米商務省は2021年5月7日付の声明文で、週300ドルもの失業保険上乗せ給付によって、「受給者の4人に1人が、働くより得な状況に置かれている」と指摘。人々が労働市場に戻らない一因であるとし、同年9月6日には、上乗せ給付は打ち切られました。それでもしばらくのあいだ、労働参加率はなかなか回復しませんでした。FRBの大規模金融緩和や政府の景気対策によって、米株価や不動産価格が上昇したことも一因となりました。資産価格の上昇によって「働かなくてもいい」と早期に引退するなど、労働市場から離れる人々が増えたことや、パンデミックの恐怖によりワークライフバランスを見直すなど、そもそも「働く」ということに対する価値観の変化が影響したともいわれています。いずれにせよ、労働参加率の低下、慢性的な人手不足が賃金の上昇とインフレにつながっていきました。しかし、2022年夏以降は、労働参加率も62%台まで回復しています。労働市場が元の姿に戻るかどうか、今後も労働参加率には注目が集まるでしょう。

④平均時給（Average Hourly Earnings）

雇用統計で発表される平均時給などは、とくに金融政策が注目されている際には、ドル相場に影響を与えやすい指標です。これは、「時間当たり賃金」とも呼ばれますが、時間当たりの賃金の平均を表しており、米国の賃金インフレの状態を把握するのに有用な指標です。

平均時給は30ドルといった実額ベースと、伸び率（前月比と前年比）が発表されますが、とくにＦＲＢがインフレの抑制に舵を切り、なかでも賃金上昇率の減速が重要な局面においては、前年比の伸び率が注目される傾向があります。

⑤広義の失業率（U6 Unemployment Rate）・雇用統計で発表

失業率の定義のうちで、最も広義のものを指します。国際労働機関（ＩＬＯ）が定める全世界共通の「失業率」に、「正社員、いわゆるフルタイム雇用を求めているのに、やむなくパートタイム労働を行なっている人」や、「職探しを完全に諦めた人」などを含んでいます。パウエルＦＲＢ議長の前任の、高名な労働経済学者であるイエレン議長が在任中とくに注目していた指標で、同氏はＵ６について『半ば失業した』労働者がこれだけ多く存在しているということは、失業率が示唆している以上に雇用情勢が悪いことを示す兆候といえる」と述べています。

⑥求人労働移動調査（JOLTS=Job Openings and Labor Turnover Survey）の求人件数（Job Openings）と、求人倍率

ＦＲＢがインフレ抑制に舵を切るなかで、ＪＯＬＴＳは２０２２年以降とくに市場参加者のあいだで注目度が高まりました。とくに、ＪＯＬＴＳの求人件数を失業者数で割った「求人倍率」は、米国の賃金上昇率（前年比）に半年ほど先行する傾向があるからです（**図表５－２**）。この求人倍率は、２０２２年の８月と９月に、「２倍」まで上昇し、パウエル議長も記者会見などで度々指摘するなど、

注目していました。しかしその後ようやくピークアウトの兆しがみられており、今後も賃金上昇圧力の低下につながるかどうか、高い関心を集めそうです。

⑦離職率（Turnover Rate）**・月次求人労働異動調査で発表**

⑧解雇率（Layoffs and Discharges Rate）**・月次求人労働異動調査で発表**

⑨入職率（Hires Rate）**月次求人労働異動調査で発表**

⑦から⑨もすべて、ＪＯＬＴＳで毎月10日前後に発表されています。労働市場の状況を採用者側からみた指標で、とくに求人件数や求人倍率は、パウエル議長も注視しているため、市場参加者のあいだでも注目を集めています。

図表5-2 ＞ 求人倍率は賃金の先行指標
―― 米求人倍率（求人件数／失業者数）と賃金上昇率

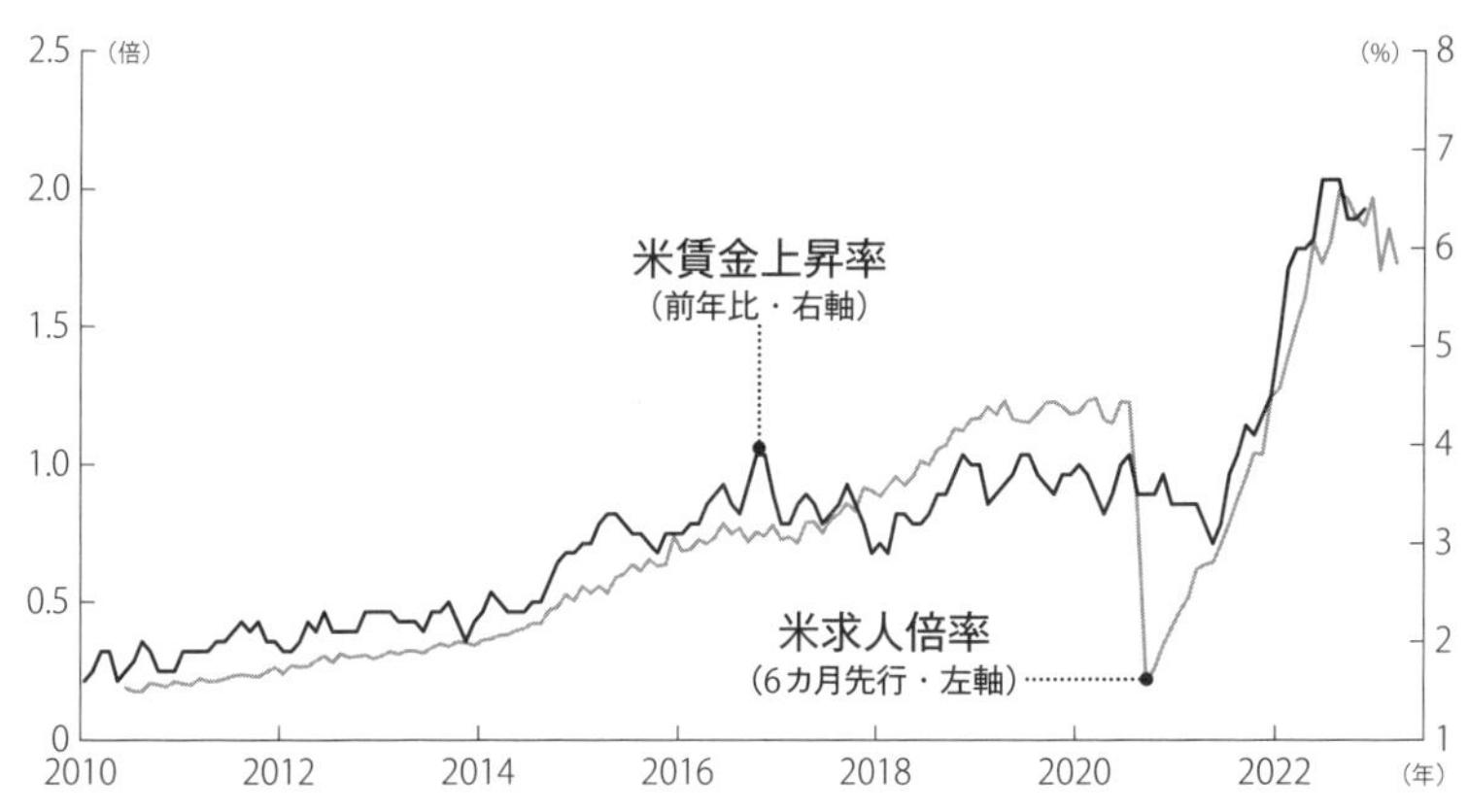

出所：アトランタ連銀、BLS、SFGI

雇用統計の遅行性に注意

雇用統計は景気に対して遅行する「遅行指標」といわれます。その理由は、もし自分が会社の経営者だとしたら……と考えると何となくイメージできるかと思います。

たとえば、徐々に物が売れ始めて、「少し景気が良くなってきたな」という程度の、景気回復の初期段階においては、多少忙しかったとしても、一気に従業員を増やすような真似はしないで、おそらく以下のようなプロセスを踏んだうえで、それでも人手不足という場合に、いくつかの方法で、労働力を確保しようとするでしょう。そのプロセスとは、「いま働いている人に少し残業するなどして対応してもらう→さらに人手が足りなくなったら派遣社員を雇う→それでも間に合わなかったら正社員を増やしていく」というようなものです。つまり、景気の変化が雇用統計の数字に反映されるまでには、しばらく時間がかかるということです。

米国雇用統計は、たしかに為替相場に影響を与えます。発表直後の変動に賭けて、相場を張るのもひとつのディーリング方法かもしれません。ただ、とくにNFPなどは市場予想から実績が大幅に乖離するケースもしばしばみられます。個人投資家で、中長期的な視野で相場をみていらっしゃる方は、雇用統計が市場予想を上回るか、下回るかという瞬時の「賭け」に参戦するよりも、結局のところ「遅行指標である」という点を念頭に置いて、少し長めのトレンドで雇用統計の結果をみていくことをお勧めします。

LECTURE 5-2

重要な物価関連の経済指標

インフレを判断する2つの指標

消費者物価指数（Consumer Price Index＝CPI）

物価関連の経済指標で最も一般的に注目されるものとして、消費者物価指数（CPI）があります。毎月15日前後に、米労働省労働統計局（BLS）が発表します。都市地域の全消費者を対象とした物やサービス価格の調査によって算出しており、米国全人口の80％程度をカバーしています。

CPIは「指数」というだけあって、基準年を設けてそこを100とし、そこからの価格変動を示しています。よく、インフレ率とか物価上昇率、というときは、この指数が前年比や前月比で何％上昇したかを示しているのです。

CPIを算出する際の品目には、基本的に家計の支出のなかで重要度が高いことや、継続調査が可能なものなどが選定されていますが、たとえば医療費や社会保険料などの「非消費支出」や、土地・

住宅などの「財産の購入」はCPIには含まれません。また、CPIには「総合指数」と「コア指数」があって、「総合」は物価全体、「コア」のほうは、総合から食品価格やエネルギー価格など、振れの激しい物価を除いて算出されます。

PCEデフレーターとCPIの違いは？

また、中央銀行が注視する物価関連の指標に、PCEデフレーターと呼ばれる「個人消費支出デフレーター（Personal Consumption Expenditure, Deflator）」があります。FRBは2012年1月のFOMCで、史上初めて事実上の「インフレターゲット」を導入しました。インフレターゲットとは、金融政策の判断基準として物価上昇率を採用することです。

FRBはその際、「コアPCEデフレーター」で前年比2％の上昇率」を長期の目標値に設定しました。もともとFRBはCPIよりPCEを注目していると市場で認識されてはいたものの、初めて明確にPCEデフレーターで目標水準を設けたことから、「PCEデフレーター」に俄然注目が集まるようになったのです。

この「PCE（個人消費支出）」はGDPを構成する要素のひとつで、個人が物やサービスに対してどれだけお金を支出したかを示します。個人が消費した物価の変動を示すのが、PCEデフレーターですから、広い意味では、CPIとPCEデフレーターは似たもの同士といえます。ただ、調査対象や算出方法が違うので、この2つの数字を比較すると、似ているようで微妙に異なっています。では、

ＣＰＩとＰＣＥデフレーターは、どこが違うのでしょうか？

まず、調査対象は、ＣＰＩが都市部の家計調査に基づいている一方、ＰＣＥデフレーターは、すべての個人と非営利組織が含まれており、より広い対象がカバーされています。事業所調査に基づく最終消費（売上）に基づいて調査されるので、たとえば医療費については、ＣＰＩは個人が直接負担した金額のみがカバーされていますが、ＰＣＥデフレーターには、医療機関や政府、保険会社などが代わって支払った分も含まれています（**図表５－３**）。

また、品目のウエイトは、ＣＰＩが基準年で固定される一方、ＰＣＥデフレーターは消費動向の変化に応じて、ウエイトが変わります。そのため、ＣＰＩの場合はウエイトが高いある製品Ａの価格が上昇した場合、直接的にＣＰＩの上昇につながります。

しかし、ＰＣＥデフレーターは、もし値上が

図表5-3 〉 同じ物価関連でも微妙に異なる２つの指標
── CPIとPCEデフレーターの相違点

名称	消費者物価指数（CPI）	個人消費支出デフレーター（PCEデフレーター）
発表	米労働省	米商務省
発表のタイミング	毎月15日前後	毎月末
調査対象	都市部の家計（人口の約8割）によって購入された物やサービスの価格	総ての消費者（個人および非営利団体）によって、消費された物やサービスの価格
含まれるもの、含まれないものの特徴	消費者が直接支払うものしか含まれない。たとえば医療費などは自己負担分のみ	保険制度による医療費など、間接的なものも含むすべての支払いをカバー
ウエイト	固定（ラスパイレス方式）	連鎖式（逐次変化）

りしたAの消費が低下し、それよりもっと安くてAの代替になる商品Bに消費が集まった場合、Bの品目のウエイトが高まるため、物価の下落方向に反映されるのです。

PCEデフレーターが前年比で2％を上回り、長期的にも上昇が見込まれそうな環境となれば、FRBの金融引締めに対する市場の関心は高まり、米ドルには上昇方向の圧力がかかりやすくなります。なお、PCEデフレーターにも総合指数とコア指数があります。

ところで、FRBの物価目標は厳密にいうと、2020年8月に、事実上修正されました。8月27日にカンザスシティ連銀主催のジャクソンホール・シンポジウムで、パウエルFRB議長が講演し、2％のインフレターゲットについて、それまでよりも柔軟に運用することとし、インフレ率が一定期間の平均で2％を上回ることを目指すと発表したのです。これは当時のディスインフレ傾向に対応するものでした。しかし、

図表5-4 〉 米家賃は住宅価格に15カ月程度遅行
—— ケース・シラー住宅価格指数と米家賃上昇率（前年比）

出所：労働省、S&P

パンデミック後に米国の経済環境はがらりと変わり、インフレが急伸。2022年3月以降は、FRBは利上げを余儀なくされました。

2022年、米国のインフレが歴史的な水準に上昇したのは先述したとおりですが、FRBが積極的な利上げを実施したにもかかわらず、インフレはなかなか終息しませんでした。モノの値段、つまり「財」の価格は6月をピークに原油価格が下落し始めると、伸び率が低下していきましたが、サービスの価格は年末頃まで高止まりが続いたのです。このサービス価格に大きな影響を及ぼすのが、賃金と家賃です。賃金については、先述したJOLTSの求人件数を基に算出される求人倍率が、米国の賃金上昇率（前年比）に半年程度先行する傾向が見られますから参考になります。また、家賃の前年比については、S&Pケース・シラー住宅価格指数が、これに15カ月程度先行する傾向が見られるので、ぜひ参考にしてみてください（**図表5－4**）。

その他米国の重要な経済指標

為替相場にインパクトを与えるケースも

製造業に関する統計

雇用関連と物価関連の経済指標は、ＦＲＢの金融政策に影響を及ぼしやすいため、詳しく説明してきましたが、ここからは為替相場に直接的なインパクトを与えやすい米国の経済指標について、まとめてご紹介していきたいと思います。

◉ＩＳＭ製造業景気指数：「マインド」を示しているため先行指標として注目される

企業の設備投資や雇用に対する「意欲」や、景気に対する「感覚」を示すものとして、「企業マインド」という言葉が使われることがありますが、ＩＳＭはまさに、製造業のマインドを示す指標として注目されます。全米供給者協会（Institute for Supply Management）が、製造業４００社以上の仕入れ担当者にアンケート調査を実施し、作成されています。

アンケートの内容は、生産、雇用、受注などについて、1カ月前と比較して「良い」「同じ」「悪い」の三者択一となっており、その結果を指数化しています。この指数は50が景気拡大と景気減速の分岐点とされており、市場では50を上回っているか、下回っているかに注目が集まります。毎月第1営業日に前月の調査分が発表されますが、速報性が高いことから、結果次第では為替相場にインパクトを与えることがあります。

また、非製造業ＩＳＭは毎月第3営業日に発表され、サービス業のマインドを示すものとして同様に注目されています。

ＩＳＭとほぼ同様の企業マインドを示す指標に、Ｓ＆Ｐグローバルが算出している「購買担当者景気指数（Purchasing Manager Index・ＰＭＩ）」があります。製造業、非製造業と、４００社以上の企業の購買担当者へのアンケート調査を基に算出され、算出方法はＩＳＭとほぼ同じですが、ＰＭＩはＳ＆Ｐグローバルが、米国や日本、中国、ユーロ圏をはじめとする30以上の国々で調査を実施し、国別の景況感の比較ができることや、毎月「速報値」「改定値」と2回ずつ調査結果を公表している点などが異なります。

なお、こうした「マインド」を示す経済指標は、それが今後の実際の設備投資や消費行動に現れる可能性が高いことから、「先行指標」として注目を集めます。そのため、ＩＳＭやＰＭＩと同様に製造業のマインドを示すものとして、フィラデルフィア連銀が毎月第３木曜日に発表する「フィラデルフィア連銀サーベイ」や、ニューヨーク連銀が調査し、毎月15日に発表している「ニューヨーク連銀製造業景気指数（Empire State Survey）」なども市場参加者から高い関心を集めます。

◉**鉱工業生産指数**（Industrial Production Index）：**景気全般の動向を早くつかめる**

鉱工業部門の生産動向を指数化したもので、ＦＲＢが月央に前月の調査分を発表しています。景気全般との関係が深く、ＧＤＰが四半期毎の発表であるのに対して、月次で発表されるため、ＧＤＰよりも速報性が高いことから、市場の注目度が高い指標のひとつとなっています。

個人消費関連の統計

◉**消費者信頼感指数**（Consumer Confidence）：**速報性で注目されている**

民間の経済研究所であるコンファレンスボードが毎月25日〜月末のあいだに、前月の調査分を発表します。５０００人の消費者に対するアンケート調査で、現在の状況と、６カ月後の予想について、経済、雇用（６カ月後は所得も含む）などの要素について質問し、指数化しています。

消費者のマインドを示すものとしては、このほかにミシガン大学消費者信頼感指数が挙げられます。サンプル数は５００人と、コンファレンスボードの調査よりも少ないものの、速報値が毎月10日前後の金曜日と早いタイミングで発表されることから、市場の注目度は高く、しばしば相場を動かす要因となります。

◉**小売売上高**（Retail Sales）：**単月の変動よりもトレンドをつかむべき**

商務省センサス局が、毎月第２週目に前月分の調査を発表しています。百貨店など小売店の売上を、サンプル調査をベースに推計して発表しています。どの程度小売が増加したかを示しており、主にこの伸び率が市場予想に対して上回ったか、下回ったかが為替相場に影響を及ぼします。

ただ、前月比で増えた、減ったという月々の動きだけでは消費のトレンドがつかみにくいので、３カ月程度の移動平均や前年同月比をグラフにしたものでトレンドを把握します。

◉住宅関連の経済指標：景気全般に密接な関連をもつ

住宅の購入が増えれば、その分、家具や電化製品の消費も増えるので、景気動向を判断するうえでは、住宅関連の経済指標は重要です。なかでも市場の注目度が高い指標として、全米不動産協会が発表する中古住宅販売件数（Existing Home Sales）や、新築住宅販売件数（New Home Sales、商務省センサス局と住宅都市開発省が共同で発表）などが挙げられます。

米国ではとくに、住宅は新築よりまず中古から売れていきますから、中古住宅販売件数が改善していけば、今後景気が上向く可能性が高まっていると解釈されます。

ただ、中古住宅販売件数は所有権の移転が完了しないと統計に認識されないのに対して、新築住宅販売件数は契約書にサインした段階で統計に含まれることから、実は新築住宅販売のほうが統計としての先行性は若干高くなっています。

また、住宅の建設が開始された戸数を示す統計として、商務省センサス局が発表する住宅着工件数（Housing Starts）も注目を集めます。

なお、住宅価格の変化を示す指標としては、先ほどＣＰＩの説明で、サービス価格の先行指標として紹介した、Ｓ＆Ｐが発表するケース・シラー住宅価格指数が重要です。米国では、「資産効果」といって、株価や不動産価格が上昇することにより、個人消費が活発になる傾向があります。そのため、住宅価格の回復は景気にとって重要な指標です。ただし、ケース・シラー住宅価格指数については、3カ月前のデータが発表されるため速報性には欠けるのが難点です。

◉GDP統計（国内総生産）：経済全体の動きを見る基本指標

GDPとは国内総生産（Gross Domestic Product）の言葉どおり、1年間に国内で生産された付加価値の合計を指します。

教科書的に「付加価値の合計」といってもいまひとつイメージが湧きにくいと思いますが、GDPを「名目」と「実質」に分けると、もう少しイメージしやすくなります。

名目GDPとは、その国の経済規模を指します。2021年の米国名目GDPは約23兆ドルでした。年間でこれだけの経済活動があったということです。これだけの規模の生産があるということは、それに対する消費や投資があり、消費や投資はその分、家計や企業の所得につながっていると解釈されます。

この23兆ドルは、前年比で見ると、1年間の物価上昇率を除いた実質ベースで、5・7％の増加でした。これが実質GDP成長率で、前年比でどれだけ経済が成長したのかを、物価動向の影響を差し引いて示したものです。

GDPは四半期毎に発表されており、経済全体の動きをみられる重要な経済指標なだけに、市場関係者のあいだで高い注目を集めます。しかし、この指標に対する為替相場の感応度という意味においては、実績が市場予想からよほど大幅に乖離しない限り、あまり高いとはいえません。なぜなら四半期に一度の発表だからです。「速報値」と名がついているとはいえ、当該四半期が終了した翌月末に発表されるので、決して速報性が高い指標とはいえません。

もちろん、中長期的な相場へのインパクトを考えるうえでは重要です。個人消費、設備投資、住宅投資、在庫投資、輸出入、政府支出と、経済の全般的な動きを一望できること、また、当該四半期のGDPの増減に、どの項目が最も影響しているかを知ることで、将来の景気動向を予測することができるという点が、為替相場の観点からみた注目ポイントといえるでしょう。

LECTURE 5-4

欧州の経済指標のポイント

欧州のなかではやはりドイツの経済指標が重要

ユーロ圏と米国の経済指標の違い

これまでみてきた経済指標は、ユーロ圏でもほぼ同様のものが発表されており、同じように市場から高い注目を集めています。

あえて違いを述べるとすれば、ユーロ圏における雇用統計の注目度は、米国ほど高くないということです。

その理由は、ひとつには、指標の発表方法の問題があります。ユーロ圏の失業率は月次で発表されますが、雇用の増減については四半期毎にしか発表されず、米国のNFPに相当する指標がないこと。もうひとつは、ユーロ圏19カ国の雇用情勢には大きな格差があることです。

たとえば2022年10月のユーロ圏失業率は6・6%でしたが、同月のドイツの失業率は5・5%で、スペインは9・7%でした。各国の景気格差がさらに広がるなか、各国個別の指標に対する注目度が高まる一方で、ユーロ圏全体の平均を示す失業率の重要性は、低下しつつあるようです。

さらにもうひとつ挙げたい重要な相違点は、欧州中央銀行（ＥＣＢ）とＦＲＢの政策の違いです。ＦＲＢは「物価の安定」と「雇用の最大化」の２つを金融政策の責務としているのに対し、ＥＣＢは「物価の安定」のみを金融政策の第一義的な目的としています。このように、ＥＣＢが雇用を政策目標のトッププライオリティにしていないことも、ユーロ圏において雇用統計が注目されにくい要因のひとつです。

また、ＥＣＢは、「物価が安定している状態」を、「前年比の物価上昇率が２％未満、かつその付近（below but close to 2%）」と定義づけてきましたが、２０２１年７月の理事会で「２％」に変更。そのうえで、「下方向にも上方向にも乖離することは同じ程度に望ましくない」としています。

ユーロ圏経済の約３割を占めるドイツ

ユーロ圏全体の経済指標も重要ですが、ユーロ圏経済の約３割を占めるドイツの経済指標もチェックしておきたいところです。

とくに、ドイツの欧州経済研究センター（ＺＥＷ）が発表するＺＥＷ景況調査は、その速報性の高さから、市場の注目度が高い経済指標です。金融機関や市場関係者３５０名に対し、６カ月先の景気が良くなるか、悪くなるかアンケートを取ったもので、後述するＩｆｏ景況感指数には１カ月程度、鉱工業生産指数には６カ月程度の先行性をもっています。

さて、そのＩｆｏ景況感指数ですが、ドイツの民間シンクタンクＩｆｏ経済研究所が発表している、企業の景況感を示す経済指標です。７０００社のドイツ企業を対象に、ドイツ経済の現況と、今後６カ月の先行きについてアンケート調査を実施し、指数化しています。調査項目は、生産・在庫・受注・価格・雇用に分かれていて、とくに鉱工業生産との関連性が高いのが特徴です。サンプル数が７０００と多いため、ドイツの景気動向を示すものとして、注目されています。

LECTURE 5-5

日本の経済指標のポイント

日銀の政策に対する注目度が高まった

円相場への影響を見る際に注意すべきこととは？

中国に追い越されたとはいえ、日本経済は世界第3位の規模を持っています。しかし、残念ながら、日本の経済指標が為替市場に及ぼす影響は、米国や欧州のそれに比べるとさほど高くありません。日本株の売買の6割以上を外国人投資家が行なっていることからみてもわかるように、日本の株式市場は短期的には外国人投資家の動向や海外要因に振り回されやすいのが実情です。また、為替市場においては米ドルの流動性が最も高いこともあり、日本の材料よりも米国の材料によって米ドル主導でドル円相場が変動する傾向が強いことなども要因として挙げられると思います。

ただ、2013年のアベノミクス以降は、日銀が2％のインフレ目標を導入し、アグレッシブな量的緩和策や市場にサプライズを与えるような追加緩和策を実施、また、史上初のマイナス金利政策を導入したことなどによって、為替相場が大きなインパクトを受けたことから、一時は「日本の金融政策」に対する注目度は非常に高くなりました。

ここで少し、日銀が実施している金融政策について解説したいと思います。日銀は、2016年9月の金融政策決定会合で、2013年に「量的・質的金融緩和（異次元緩和）」を導入以降の経済・物価動向と政策効果についての「総括的な検証」を行ない、その結果を踏まえて、金融緩和強化のための新しい枠組みである「長短金利操作付き量的・質的金融緩和」を導入すると決定しました。具体的には、「イールドカーブ・コントロール（YCC）」と「オーバーシュート型コミットメント」の2つを導入したのです。

「YCC」とは、日銀が短期金利と長期金利をコントロールすることを指します。また、「オーバーシュート型コミットメント」とは、日銀が物価安定の目標であるCPI（除く生鮮食品）の前年比上昇率2%を一時的に上回っても、すぐに金融緩和政策をやめず、安定的に2%を超えるまで緩和政策を継続することを指します。

YCCについてもう少し詳しく説明すると、日銀は、短期金利の「マイナス金利政策」を維持したうえで、10年物国債の利回りをゼロ%付近に維持するオペレーションを行なっています。2021年3月の決定会合以降、日銀は10年債利回りの変動許容幅を0・25%ポイント程度と設定し、それを超えるようであれば、「指値オペ」を行なってきました。

2022年は欧米のインフレと利上げによって、日本の長期金利にも上昇圧力がかかっていましたが、この「指値オペ」、つまり、日銀が国債を指定した利回りで原則として無制限に買い入れる制度によって、日本の10年債利回りは、日銀の許容幅上限の0・25%に張り付く状況が続きました。各国の長期債利回りが急上昇するなかで、日本の10年債利回りだけが０・２５％に留まっていたのですから、低金利に張り付く日本円が相対的に売られやすかったのは、ある意味当然のことといえそうです。

しかし、２０２２年12月の金融政策決定会合で、日銀はこのＹＣＣについて、10年債利回りの変動許容幅を、それまでの±０・２５％から、±０・５０％に拡大。市場参加者にとって、大きなサプライズとなりました。もともと、ＹＣＣの副作用として債券市場の機能低下や、大幅な円安と物価上昇による家計への負担など、異例な政策のマイナスの側面が指摘されるなかで、いずれは10年債利回りの変動幅の拡大をある程度許容するような政策に修正するのではないか、との見方もありました。ただし、黒田総裁は同年9月の会見で、長期金利の上限引き上げは利上げに当たるのかとの質問に対し、「それはなると思う。明らかに金融緩和の効果を阻害するので考えていない」と明言していたため、少なくとも２０２３年に次期日銀総裁にバトンタッチした後のことだとの予測が一般的だったのです。

この政策修正に対して、黒田総裁は「金融緩和の効果をより円滑にするためのもので、利上げではない。金融引き締めではまったくない」と説明しましたが、市場では日銀の「緩和からの出口戦略の第一歩である」との見方が広がっています。

これまでも述べてきたとおり、市場は「期待」で動きますから、２０２３年以降は、日銀の金融政策に俄然注目が集まり、円相場にもしばしば影響を及ぼすことになりそうです。とくに、2期10年もの在任期間を務めた黒田総裁が任期満了を迎えることもあって、植田新総裁がどのような政策を行なうかに、高い関心が集まっています。

したがって、日本の金融政策判断に影響を及ぼす可能性のある指標、たとえば消費者物価指数（Ｃ

ＰＩ）は、諸外国同様、これまで以上に注目を集めるようになっています。それ以外の経済指標としては、日本の企業の景況感を示す、日銀短観などが注目されます。

日銀短観の注目点

「短観」は、正式名称を「全国企業短期経済観測調査」といいます。日本銀行が行なう統計調査であり、全国の企業動向を的確に把握し、金融政策の適切な運営に資することを目的としています。アンケート調査は全国の約1万社の企業を対象に、四半期ごとに実施しています。

短観では、企業が自社の業況や経済環境の現状・先行きについてどうみているか、といった項目に加え、売上高や収益、設備投資額といった事業計画の実績・予測値など、企業活動全般にわたる項目について調査しています。売上高、雇用者数、金融機関借入金などを計数的に計る「係数調査」と、生産、売上、在庫調査、設備投資、企業収益、雇用、企業金融などの項目に対して「良い」「さほど良くない」「悪い」の3つから選択させる「判断調査」があります。とくに「判断調査」では好況感を感じている企業の比率から感じていない企業の比率を引いた「ＤＩ」という指数にして算出しており、このＤＩ、つまり企業マインドを示す指数が市場予想を上回ったか下回ったか、あるいは前回調査から大きく改善した、といったことが円相場に影響を及ぼすことがあります。

真っ先に注目を集め、発表直後に相場に影響を与えやすいのが大企業製造業業況判断ＤＩですが、サービス業や中小企業のＤＩも重要です。

さくらレポートとは

アベノミクス以降、日銀の金融政策に注目が集まることによって、日銀が3カ月に1回発表する「地域経済報告」通称、さくらレポートの注目度も以前より高まりました。これは、日銀支店長会議に向けて収集された情報をもとに、支店等全国9地域（北海道、東北、北陸、関東甲信越、東海、近畿、中国、四国、九州・沖縄）の経済担当部署からの報告を集約したもので4月、7月、10月、1月に公表されています。

これに似たもので、米国のFRBによる「地区連銀景況報告」が表紙の色から「ベージュブック」と呼ばれていますが、日銀の「地域経済報告」の表紙が淡いピンク色なことから「さくらレポート」と呼ばれるようになりました。さくらレポートでは、地域からみた景気動向が取りまとめられ、全国の個人消費や設備投資、物価などの動向を分析しており、また3カ月前と比べた地域ごとの景気の変化も示しているため、日銀の金融政策の判断材料にもなっています。

COLUMN

欧米に比べて、日本がインフレになりにくい理由とは?

2022年12月の、日本の消費者物価指数(CPI)は、生鮮食品を除いたコア指数が、前年比で4・0%に到達しました。第二次オイルショック後の1981年12月以来、41年ぶりの上昇率となったのです。歴史的な水準を付けたことを聞くと、日本がとんでもないインフレに見舞われている感覚に陥りますが、諸外国と比較すると、まったく見方が変わってきます。

比較しやすいように、すべての価格を含む総合指数で比べてみましょう。日本は12月の総合指数が、前年比4・0%の上昇でしたが、米国は同年5月、9・1%を付けたうえ、ユーロ圏や英国に至っては、10月にそれぞれ10・6%、11・1%という伸び率となりました。これを見ると日本のインフレが欧米に比べていかに穏やかなものだったかがよくわかります。欧米中銀がハイペースの利上げに踏み切るなかで、日銀が頑なに緩和姿勢を維持していたのはこのためです。また、12月の唐突な政策修正は、あくまで市場機能を改善するためのものであり、金融引締めではないと、依然「緩和姿勢」であることを強調しました。

では、欧米と日本で、インフレはなぜこんなに違うのでしょうか。

米国のインフレは、主には景気過熱によるものです。このため、原油価格の下落によってインフレはピークアウトしつつありますが、需要の伸びが供給に追いつかない「ディマンドプル型」のインフレが続きました。労働力不足から賃金の高い伸びも続き、FRBは景気過熱を抑える目的で、大幅な金融引締めを実施しました。

ユーロ圏は、ウクライナ危機による資源価格の高騰による、「コストプッシュ型」のインフレである点が、米国とは大きく異なるポイントです。しかし、労働組合の強いユーロ圏では、賃上げの声が高まりやすいという特徴があります。2022年11月には、ドイツ最大の労働組合である金属産業労組（IGメタル）が、金属・電機部門で働く従業員390万人について、2023年と2024年にそれぞれ、5・2%と3・3%の賃上げをすることで経営側と合意しました。インフレの急伸に伴い、同労組はもともと8%もの賃上げを要求していたというから驚きです。ユーロ圏の場合、このような賃上げが持続するかに注目したいところです。

では、日本のインフレはどうかというと、明らかに「コストプッシュ型」のインフレです。2022年は、大幅な円安や原材料・輸送費高騰による幅広い品目の値上がりが背景となり、インフレがじわりと加速しました。日米の物価を、「財」と「サービス」に分けて比較してみると、面白いことがわかります。財価格は2010年を100として推移を見ると、2022年の米国は130、日本は115と、水準は異なっていても、日本の物価もそれなりに上昇している様子が見てとれます。一方、サービス価格（美容院や洗濯代、旅行等サービスに関する全般）は、米国が約140まで上昇しているのに対し、日本はほぼ100のままで、まったく上昇していないのです。

これは、欧米人はサービスに対してチップを支払う文化をもっているのに対し、日本人はサービスに対して対価を払わないという、文化的な違いを指摘する声もありますが、最も大きな違いは、賃金の上昇率が欧米と日本ではまったく異なることが挙げられます。

日銀は、2013年に政府とアコードを結び、2%のインフレ目標を設定したうえで、異例な金融緩和を実施してきました。しかしこれは、たんに物価が上がれば良いという話ではなく、「賃金の上昇を伴った」物価の上昇を目指していたのです。本来は、「物価が上昇する→期待インフレ率が上昇し、人々がモノを買う→企業業績が改善する→賃金が上昇する→さらに消費が刺激され、物価が上昇する」というポジティブな物価上昇のサイクルを狙ったものでした。

しかし、狙いどおりにならず、「異例」だったはずの緩和策が恒常化してしまった背景には、本来この間に進めるべきであった、規制緩和などの構造改革や、成長戦略がなかなか進捗しなかったことが挙げられるでしょう。とくに、賃金の上昇を促すためにも、日本の終身雇用を前提とした硬直的な労働市場の改革に着手できるかどうか、今後ますます注目されるでしょう。

CHAPTER 6

「要人発言」の重要性

LECTURE 6-1

為替相場の歴史は国際政治の歴史

過去には歴史を動かした発言も……

大統領選がドル円相場に及ぼす影響とは？

2022年11月15日、前米国大統領のドナルド・トランプ氏が、2024年の米大統領選に再立候補すると表明しました。同氏は「米国をかつてないほど偉大な国にするまで決して諦めない」「米国を再び豊かに、強く、誇り高く、安全で、輝かしく、偉大な国にする！」と述べました。

正直、この再立候補表明には、少々驚きました。同年11月8日に行なわれた中間選挙では、下院で共和党が過半数を奪還したものの、上院は予想に反して民主党が多数派を維持することになりました。上院で共和党が破れたのは、直前にトランプ氏が2024年の大統領選への意欲を見せたことで、これに危機感を感じた民主党支持層の投票率が上がったためではないか、あるいは、トランプ氏が推薦した候補の議員としての資質に問題があったのではないか、と「トランプ氏のせい」との見方が多くなっていました。世論調査等でも、トランプ氏の再立候補に否定的な声が多く、また、共和党内でも

「トランプ離れ」が目立っていたからです。

2020年の大統領選は、コロナ禍真っ只中で、関連報道による為替への影響のほうが大きかったため、大統領選そのものは、さほど為替相場へのインパクトはありませんでした。

しかし、トランプ氏が大統領選で勝利した2016年は、為替相場も大きく動きました。泡沫候補扱いされていたトランプ大統領が「意外に強い」となると、同氏の排他的な政策への不安から2016年前半は円高が進行しました。しかし、大方の予想に反してトランプ氏が大統領選に勝利すると、同氏の大規模法人税減税や公共投資の拡大など、拡張的な財政政策が景気を刺激するとの期待が強まり、一気に米株高・円安が進んだのです。

このように、4年に1回の大統領選挙は毎回世界の注目を集めますが、為替相場にはいったいどのような影響を及ぼすのでしょうか。

実は、過去の大統領選を見てみると、ある一定の傾向がみられます。大統領選が実施される11月の前後1年間のドル円相場を1996年まで遡ると、11月の選挙当日までは、ドル円相場はどちらかというとドル安・円高傾向ですが、選挙後にはドル高に転じるという一定のパターンがあるのです（次ページ**図表6－1**）。選挙後については例外もあります。たとえば、バラク・オバマ政権の2008年は「リーマンショック」などが要因となって、選挙後もドル安・円高が続きました。

なぜ、選挙前はドル安・円高となる傾向がみられるかといえば、選挙が近づくと、候補者は国内向けのメッセージを強く打ち出すようになり、保護主義的な発言が目立つようになるからです。2016年の例でいうと、トランプ氏は「中国や日本を貿易で打ち負かす！（We are going to beat China, Japan at trade!)」と明確に述べていますが、クリントン前国務長官も、「日本や中国、およびその他アジア諸国が過去数年間にわたって為替操作で輸出価格を抑えてきた」と、日本やアジア諸国の為替政策を批判しています。

候補者のこうした発言は、国民のウケを狙った選挙中の発言であって、政権に就いてからはこうした主張は影を潜める傾向にあります。それよりも、大統領戦後は新政権の政策に対する期待から、どちらかといえばドル高が進行しやすいのです。

このように米大統領選が為替相場に影響を及ぼすのは、米国の為替政策が、過去にも為替相場に大きなインパクトをもたらしてきたからです。とくに、ドル円相場を振り返ると、相場の大きな転換点において、必ずといっていいほど、そこには「米国政府の意向」がありました。

それを確認するためにも、ここで一度簡単に、ドル円相場の歴史を振り返ってみましょう。

1985年9月22日、ニューヨークのプラザ

図表6-1 ＞ 選挙後にドル高となるケースが多い
―― 米大統領選とドル円相場

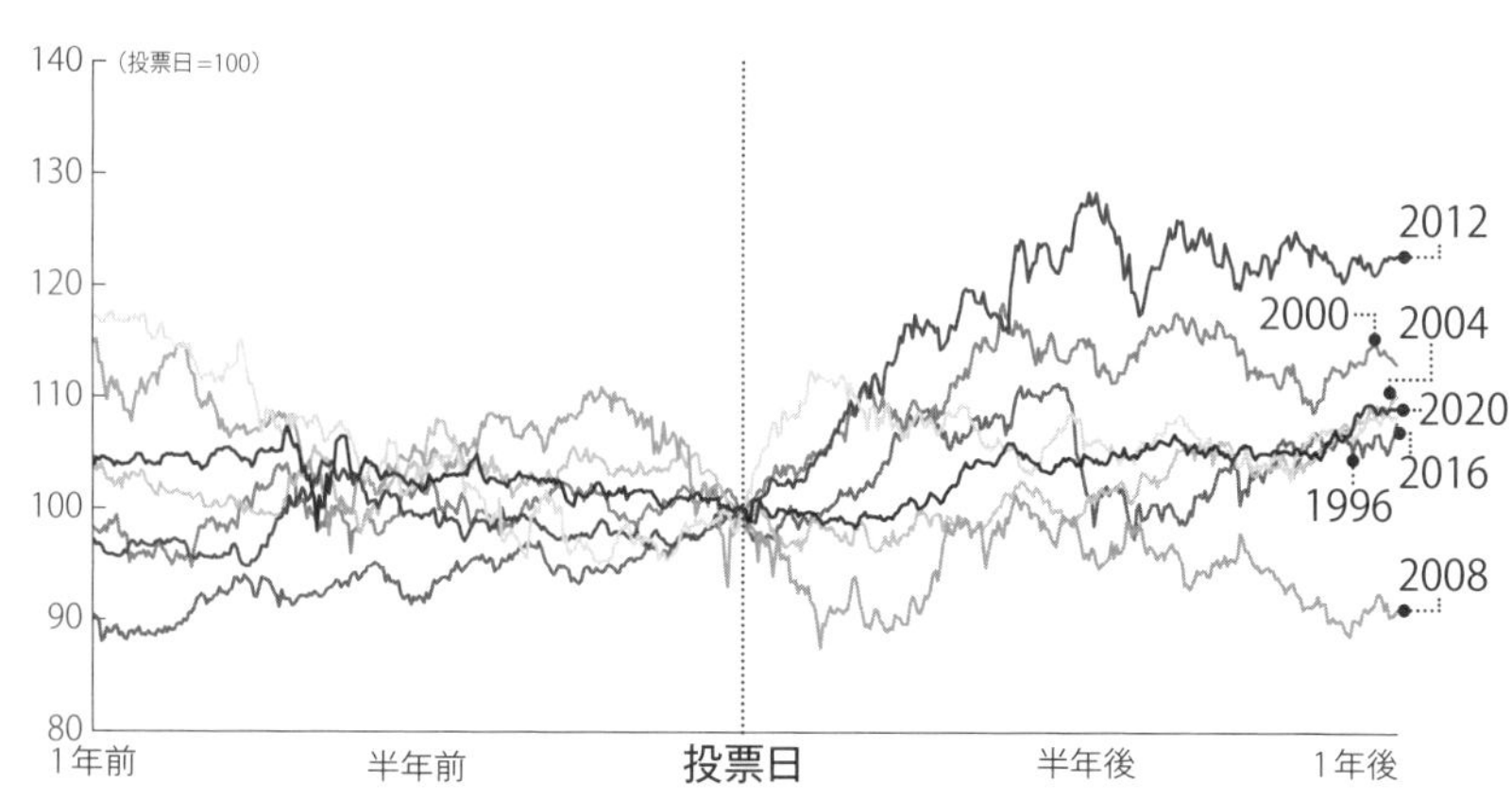

出所：Bloomberg、SFGI

ホテルで行なわれたG5（5カ国財務相中央銀行総裁会議）で合意した「プラザ合意」はあまりにも有名です。ちなみにG5とは、米国、日本、イギリス、旧西ドイツ、フランスの5カ国の財務大臣および中央銀行総裁が集まって開催された会議のことです。

このとき、G5は、日米の貿易摩擦を収拾するため、ドル売り円買いの協調介入を行なうことで合意しました。その共同声明では、「**（前略）為替レートが対外インバランス（貿易不均衡）を調整するうえで役割を果たすべきであることに合意した。このために、為替レートは基本的経済条件（ファンダメンタルズ）をこれまで以上によりよく反映されなければならない。（中略）主要非ドル通貨の対ドル・レートのある程度の一層の秩序ある上昇が望ましいと信じる。そうすることが有用であるときには、これを促進するよう、より密接に協力する用意がある（後略）**」と書かれています。

当時の竹下登大蔵大臣は、1ドル＝240円付近だったドル円が、200円前後の円高になることを覚悟していたと伝えられています。

しかし、思惑どおりに相場は動かないもので、介入後にドル円は急落。翌1986年2月には1ドル＝200円をあっさりと割り込み、同年10月には151円台半ばまでドル安・円高が進みました。

翌1987年は、こうしたドルの急落による金融市場の混乱に歯止めをかけるため、2月21、22日にフランスのルーブル宮殿でG7（参加国＝米国、日本、イギリス、旧西ドイツ、フランス、イタリア、カナダ）が開催され、「ルーブル合意」が採択されました。

この合意は、これ以上ドル安が進まないように「為替相場を現行水準で安定させる」ことで合意したものです。

そうであるにもかかわらず、その後も円高は続き、同年10月19日のブラックマンデーを受けてドルはさらに下落。翌１９８８年2月には1ドル＝１２０円台前半を付けています。ようやくドルの下落に歯止めがかかり始めたのはこの頃からで、日本の機関投資家が、規制緩和により外債投資を活発化させたことなどもサポートとなり、１９９０年には、１ドル＝１６０円付近までドル高・円安が進みました。

しかし、それをピークに再びドル安・円高が進みます。日本のバブル崩壊により日本の企業や投資家が海外資産を売却したことも大きな要因のひとつですが、ここでも政治がかかわってきます。１９９２年に就任したクリントン大統領が、「**日本の黒字削減には円高が有効**」「**１ドル１００円が望ましい**」と述べたなどと伝えられ、当時のベンツェン財務長官も、「日本の黒字が世界の成長を阻害する」などと発言しました。そして、同年6月の宮澤首相とクリントン大統領との首脳会談で、共同声明に「**日米の貿易不均衡を是正する方法のひとつが円高だ**」との文言が盛り込まれる事態となったのです。

これを受けて、ドル安・円高が急速に進み、一時は1ドル＝１００円台前半を付けました。さすがにＦＲＢも介入でドル安・円高の勢いに歯止めをかけようとしましたが、戻りはもはや１１２円台までと限定的で、再び円高の流れとなります。カンター米通商代表部（ＵＳＴＲ）代表が、自動車問題をめぐって貿易不均衡是正の交渉に乗り出したことで、「日米の貿易摩擦」という政治問題が再びクローズアップされたことが大きな要因です。クリントン大統領が「**為替相場の水準も、日本の市場開放を示す客観的な基準になる**」と発言し、市場関係者のあいだでは「米国はドル安・円高誘導に動いている」との見方が広がり、ドル円は１９９４年6月にいよいよ1ドル＝１００円を割り込みました。

クリントン大統領は、「**これ以上のドル安・円高は世界にとってマイナス**」との声明を発表し、日米の協調介入が実施されましたが、同年10月には、1ドル＝96円ちょうど付近まで下落してしまいました。

ディーラーが歴史的な為替レートをつくる⁉

話がやや脇道に逸れますが、1ドル＝100円を割れそうになったときのことは、いまもよく覚えています。

当時、私はドル円ディーラーのアシスタントでしたが、100円ちょうどという歴史的な水準を見るのを、インターバンクディーラーはどちらかといえば楽しみにしているような雰囲気がありました。100円ちょうどのビッドまで、まだまだ距離があるにもかかわらず、「オレが世界でいちばん初めに100円ちょうどを付けるぞ！」と、鼻息を荒くしていた様子が目に浮かびます。

それだけ、歴史的水準（Historical low / high）を見るというのは、ディーラーにとって大きな意味を持つのです。

いまこの水準でドルを売ったら、ひょっとすると介入に対抗することになるかもしれない、あるいはひょっとするとドルの底値を売ることになるかもしれない、という話はとりあえず横に置かれます。それよりも、100円ちょうどを割れたら、ストップロスオーダーはどのくらいあるのだろう、どのくらい値が飛ぶ（ビッドがなくなって急落する）のだろう、という興味が湧いてきて、見たことのない世界を見てみたくなるようです。

為替相場が、しばしば理論的に考え難い値動きをするのは、こうした「人間の気持ち」がかかわってくるからなのです。

100円割れの後、相場は戻ったが……

さて、100円を割れてからもドル安・円高の流れは止まらず、1995年にはメキシコ危機を受けて米ドルの信認が低下し、さらにドル安・円高が進みました。同年4月19日には、1ドル＝79円75銭を付けるに至り、日本の大蔵省（当時）は、円高是正のために「対外投融資促進策」を発表しました。また、日・米・独・スイスの通貨当局によるドル買い協調介入が行なわれ、ようやくドルは、対円で反転上昇したのです。

その後は、日米の金利差拡大による円キャリートレードの活発化、米国の株高などによりドル高・円安が継続しました。とくに、当時のルービン米財務長官は、米ドルへの信認維持と米国への投資促進を掲げ、「**強いドルは国益にかなう**（**A strong dollar is in our interest**）」との発言を繰り返しました。こうした米国の「ドル高政策」によって、1997年までドル高・円安傾向が続きました。同年6月に、当時の橋本龍太郎首相が米コロンビア大学の講演で、「**大量の米国債を売却しようとする誘惑にかられたことは、幾度かあります**」と発言したことが報道されると、一時的にドルが対円で急落する場面もありましたが、アジア通貨危機や日本の大手金融機関の破たんに伴う金融不安により反転。日本からの資本流出によって、大幅な円安となりました。

翌1998年には、イラク情勢の緊迫化による「有事のドル買い」や、ムーディーズが日本の格付け見通しをネガティブに引き下げた「ムーディーズショック」などもドル高・円安の流れに拍車をかけ、6月には1ドル＝146円までドル高・円安が進みました。

再び円高が始まった

しかし、こうしたドル高の流れも、日米のドル売り・円買いの協調介入や、ヘッジファンド危機によって、終焉を迎えます。

1998年10月、ドル円相場は、1ドル＝147円台をピークに、再び下落し始めました。追い討ちをかけるように、米大手ヘッジファンドLTCMが破たんし、ドル安・円高が加速、円キャリー取引の解消により、10月にはたったの2日間で20円もドル安・円高が進む展開となりました。このとき、私はロンドンのディーリングルームでカスタマーディーラーをしていましたが、あまりに値動きが激しいので、顧客にプライスを提示するとき、通常は「銭」単位で言うところを、大台の「円」単位まで言わなければならなかったことを覚えています。顧客の電話が鳴ってロイターのスポットレートを確認し、私の後ろに座っていたインターバンクディーラーに振り返ってプライスを聞き、次の瞬間ロイターを見ると、もう1円幅で大台が変わっているという状況だったのです。大台を間違えたら大変ですから、「ヨンゴー・ヨンナナ（ビッドが45銭でオファーが47銭です）」と伝えるところを、「127円の85銭、128円の15銭」などと言わねばならず、さすがに非常に緊張したものです。

ＦＲＢはＬＴＣＭ破たんによる金融システム不安を防ぐため、積極的な金融緩和で対応しました。このときの金融緩和が功を奏し、翌１９９９年は米株高となり、その後ＦＲＢは利上げに転じました。グリーンスパン議長は10月、ワシントンで講演し「**株価の突然の下落がときどき起こるのは避けられない**」「**金融機関は投資を分散させて、損失の発生に備える必要があるが、まだ十分に対応できていないかもしれない**」と、株価の上昇に対して警鐘を鳴らしました。これがきっかけで米株価は大きく値を下げ、さらにドル安・円高が進みました。

２０００年３月には１ドル＝１０２円を切る寸前まで円高が進みましたが、その後、相場は反転します。きっかけは、米株の下落によって損失を被った米投資家が、本国に資金を戻す資金還流（リパトリエーション）や、ムーディーズによる日本の円建て債務が、Ａａ１からＡａ２に格下げされるといったニュースでした。

２００１年、米同時多発テロ（９・11）を受けて、ドル円相場はいったんドル安・円高に振れましたが、各国中央銀行による流動性供給策などにより、ほどなくドル安には歯止めがかかりました。日本の景気減速と株安、そしてムーディーズによる日本の債務格下げ（Ａａ２→Ａａ３）などから、今度はドル高・円安となり、年末には１ドル＝１３１円台後半を付けました。

２００２年は米ＩＴバブル崩壊と、エンロンをはじめとするＩＴ大手の会計不正疑惑、イラク情勢の緊迫化などから、ドル円は反落しました。ただ、２００３年３月に米国と英国がイラク攻撃に踏み切ると、「有事のドル買い」でドルは上昇。一方、りそな銀行への公的資金注入が決まると、外国人勢の日本株投資が加速し、円高傾向が強まったので、日本の政府・日銀は円売り・ドル買い介入でこれに対応しました。

しかし、同年9月20日にドバイで行なわれたG7では、日本の為替介入や、中国人民元のドルペッグを疑問視する声が高まり、声明では「**為替レートのさらなる柔軟性が、主要な国・経済地域にとって、国際金融システムにおいて市場メカニズムに基づき円滑かつ広範な調整を進めるために望ましいことを強調**」との文言が盛り込まれ、これを受けて円高が進行しました。

なお、2003年は人民元問題がクローズアップされた年でもありました。同年9月5日に行なわれた、アジア太平洋経済協力会議（APEC）財務相会合の共同声明には、「将来的には人民元切り上げが必要」との認識が盛り込まれました。その後、G7でも毎回、人民元問題が議題となり、人民元の変動幅拡大が求められるようになりました。2005年7月21日、中国はとうとう人民元を対ドルで2・1％切り上げ、通貨バスケット方式の管理変動相場制に移行することを決めました。これに連れて一気に約3円も、ドル安・円高が進んだのです。人民元の管理変動相場制についてはCHAPTER 8で詳しく述べます。

2005年から2007年までは、日本と諸外国通貨の金利差に目を付けた円キャリートレードが活発化して円安が続き、ドル円は124円付近まで上昇しました。

しかし、2007年の8月に米国でサブプライムローン問題が明らかになると、ドル安へと転じ、ドル円は2008年3月に、1ドル＝100円ちょうどを割り込みます。同年9月には、米大手証券会社リーマンブラザースの破たんによって、国際金融市場は動揺。投資家のリスク許容度は一気に縮小し、円キャリートレードの巻き戻しから円全面高となりました。

こうしたなか、当時の藤井裕久財務大臣は「**一般論として日本は基本的には円高が良い**」「**円高政策をとる必要もないが、円安によって輸出を伸ばす政策は間違いだ**」「**緩やかな動きであれば介入に**

は反対だし、介入できない」「**円高の良さは非常にある**」と、円高容認とともに、介入に否定的とも受け取れる発言を繰り返したため、さらに円高が進行。ドル円は１ドル＝90円ちょうどを割り込む展開となりました。ＦＲＢの強力な金融緩和によるドル安、中東の政府系ファンドの資金繰り悪化によるドバイショックなどによるリスク回避の円高で、ドル円は84円台を付けました。

２０１０年には欧州債務問題が露呈。ギリシャは短期国債の利回り上昇により資金調達が困難となり、ＥＵとＩＭＦに金融支援を要請しました。ギリシャ・ショックです。リスク回避の円高が続き、同年８月、ドル円は１ドル＝83円台を付けました。そして２０１１年３月、東日本大震災を受けて円の資金需要が高まり、ドル円は戦後最安値を更新、１ドル＝76円25銭を付けるに至ったのです。

アベノミクス相場の到来

２０１２年11月15日、安倍晋三自民党総裁は、都内で開かれた読売国際経済懇話会で、「現下の経済状況で、最大の問題点は長引くデフレと円高だ」と述べ、「いちばん良いのはインフレ目標を持つことだ。２％か３％かは専門家に議論して判断してもらいたい」と指摘。また、この達成のために「**無制限に緩和をしていくことで初めて市場は反応していく**」との見解を示しました。

前日の14日、当時の野田佳彦首相が衆院を11月16日に解散することを決定。12月４日公示、同16日投開票の日程で総選挙を実施することを決めたばかりのことでした。安倍自民党総裁が主張してきた「インフレターゲットの導入」がにわかに現実味を帯びてきたことで、株高とともに外国為替市場では円安が進行。ドル円は80円台後半まで上昇しました。

振り返ればこのときから、いわゆる「アベノミクス相場」、つまり「株高」と「円安」の流れが始まっていました。2012年12月16日の第46回衆議院議員総選挙で自民党が圧勝し、政権与党に復帰。同年12月26日、安倍晋三自民党総裁が第96代内閣総理大臣に選出され、第2次安倍内閣が発足。翌2013年1月22日の金融政策決定会合で、日銀は2%の物価目標の導入を柱とする、政府との共同声明を公表することを決めました。消費者物価上昇率の目標2%を「物価安定の目標」とし、達成期限については、「できるだけ早期に実現する」と記しました。当時の日銀総裁は白川方明氏でしたが、同年4月、白川総裁からバトンタッチした黒田東彦総裁は、初めて臨んだ金融政策決定会合で2%の物価目標を2年程度で実現するために日銀が供給するマネタリーベース（資金供給量）を2年間で2倍にするなど大胆な金融緩和に踏み切りました。

この間、2013年3月8日には日経平均株価がリーマンショック前の水準に回復。同年5月10日には、ドル円が4年1カ月ぶりに100円を付けました。その後は、2014年10月末のサプライズの追加緩和をきっかけに、ドル円は120円台まで上昇。2015年は米国の利上げがテーマとなるなか、ドル円は6月に125円85銭の高値を付けたのです。

しかし、この頃から徐々に米国当局のドル高懸念が見え隠れするようになりました。後にホワイトハウスは否定したものの、フランス政府高官の話として「オバマ大統領はドル高を懸念している」との報道があり、ドル安が進行。これに加えて黒田日銀総裁が「実質実効レートで考えると、これ以上の円安はありそうもない」などと発言したことも影響して円高が進行。後に125円は「黒田シーリング」と呼ばれるようになりました。その後は同年8月の中国株急落（チャイナショック）、年後半から翌2016年にかけて原油相場急落などでドル円は下落トレンドとなりました。2016年6月の英国民投票で、予想外に「EU離脱（Brexit）」が選択されると、ドル円は100円ちょうどを割り、一時99円台の安値を付ける展開となったのです。

コロナショックとドルの急伸

2016年11月の大統領選でトランプ候補が勝利すると、その後ドル円は急騰しましたが、背景は前述したとおりです。同年12月に118円台後半の高値を付けたあと、ドル円は徐々に値動きが小さくなり、緩やかな円高傾向となりました。2018年には、米中摩擦が激化し、新興国通貨が下落するなか、先進国通貨で流動性の高いドルと円が比較的強かったため、ドル円相場でみたときには、値動きの乏しい展開が続きました。

そして2020年3月に起こったのが「コロナショック」です。市場全体がパニックに陥るなかで、投資家があらゆる資産を売却して現金化する流れが進み、世界の基軸通貨であるドルは鋭角に急騰、ドル円も3月9日の安値101円台前半から、3月25日には111円台後半まで、約10円急上昇しました。

2021年の後半からは、欧米でインフレが明確に加速し始めましたが、FRBは「**インフレは一時的**」とのスタンスを崩しませんでした。市場参加者のあいだで、将来のFRBによる利上げ期待が徐々に高まるなか、ドル高が進行。翌2022年3月からFRBは利上げを開始しました。同年6月には、米ＣＰＩが前年比９・１％上昇と、約40年ぶりの伸びとなるなかで、ＦＲＢは7月、９月、11月と３回連続で75ベーシスポイントの大幅な利上げを実施。景気を犠牲にしてもインフレの抑制を優先する姿勢を明確にしました。同年９月には、政府・日銀が24年ぶりとなる円買い介入を実施。その後も日米実質金利差が急拡大するなかで円安は続き、同年10月にドル円は１５１円95銭の高値を付けるに至りました。

ここまで為替相場の歴史を駆け足で振り返ってきましたが、為替相場がいかに政治によって振り回されてきたのかご理解いただけると思います。プラザ合意以降直近までのドル円相場と、トレンドの転換点をよく見てみると、３つの重要なポイントに気づきます（**図表６－２**）。

第１に、ドル円相場のトレンドは、圧倒的に米国の為替政策に左右されているということです。１９８０年代後半から１９９０年代前半に

図表6-2 ＞ 米国の為替政策が最も重要なファクター
——ドル円相場の長期的な転換点

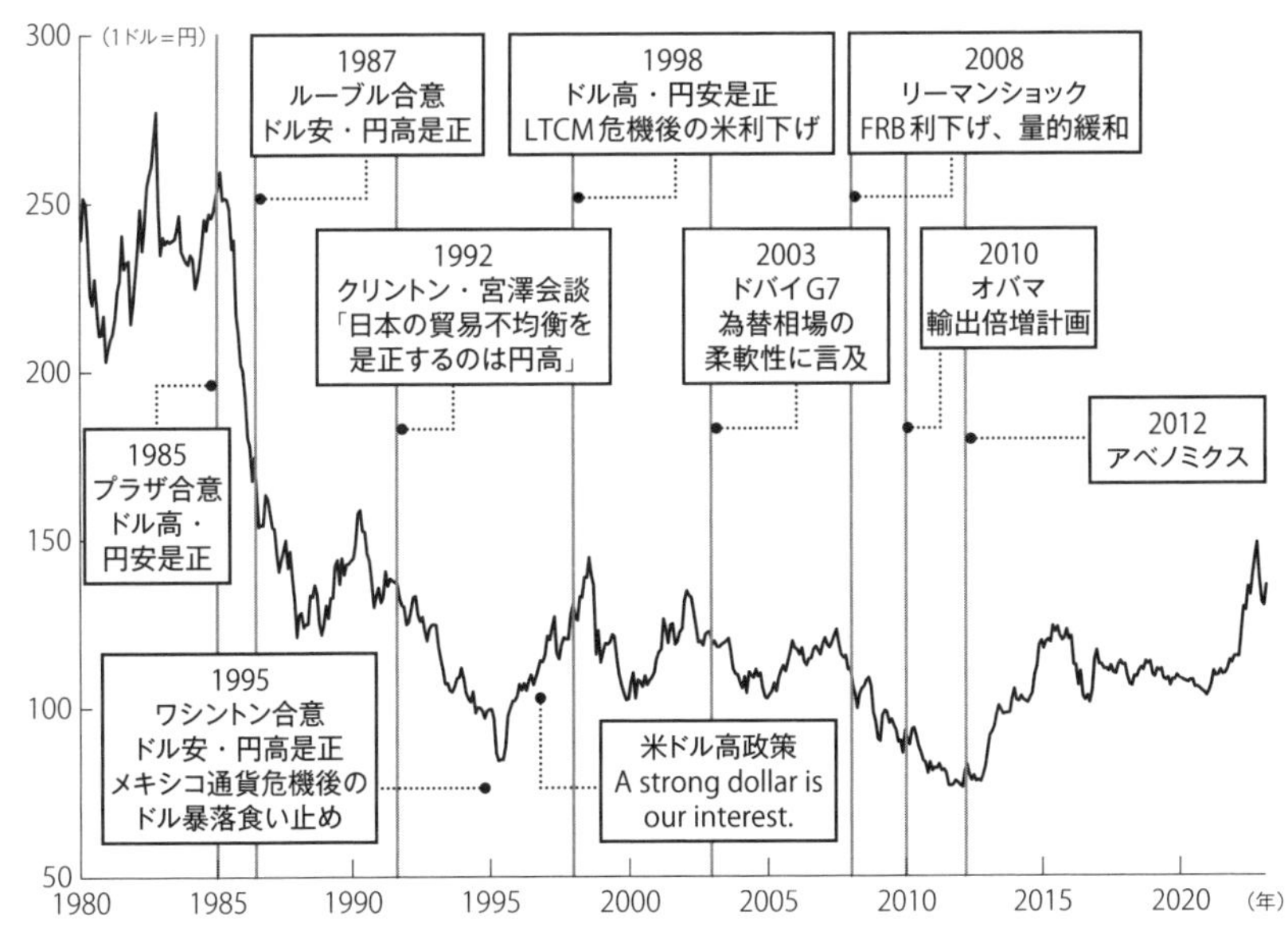

出所：Bloomberg、SFGI

かけての日米貿易摩擦のときのドル安政策もしかり、反対に1995年に米国への投資を促すために行なわれた「強いドル政策」のときもしかり、ドル安もドル高も、米国の通貨政策が相場に大きな影響を与えています。

日本政府、および日銀の意向が著しく相場に反映されてトレンドを転換させたのは、歴史的にみても2012年11月以降のアベノミクスぐらいですが、この円安トレンドにしても、「日本がデフレを脱却するために大胆な金融緩和を行ない、その結果としてもたらされる円安である」との説明だったからこそ米国の理解が得られたのであって、最初から日本政府が鼻息を荒くして「円安誘導するのだ！」と円売り介入を実施していたら、おそらく米国政府の理解は得られなかったでしょう。その場合は、あれほどの大幅な円安相場にもならなかったかもしれません。

これを踏まえて第2に言えることは、米国の政府や中央銀行がどのような通貨政策を念頭に置いているかを読み取ることが、相場を予測するにあたって非常に重要だということです。いま、あえて「念頭に置いている」と書きましたが、米国は現在、なかなかおおっぴらには通貨政策を打ち出しにくい環境だと思います。「ドル高政策」は当然米国の製造業にとってマイナスですが、米共和党のトランプ候補が主張する「ドル安政策」も米国経済にとってリスクをはらんでいます。なぜなら、発行残高が15兆ドル超に及ぶ米国債の約4割を、外国人投資家が保有しているからです。

仮に、トランプ候補の言うように、「ドル安政策」を明確に打ち出したとしたら、それを嫌気して外国人投資家がこぞって米国債を売却するリスクが生じ得ます。米国債の市場規模は極めて大きく、海外投資家が相場を支えている面が大きいうえ、そもそも米国は慢性的に財政赤字の国ですから、「米ドル安」を声高に主張するメリットは少ないのです。米国政府がはっきりと「ドル安政策」を打ち出したのは、1985年のプラザ合意や、1990年代の日米貿易摩擦のときくらいで、それ以外は、仮にあったとしても、表向きの当局者の発言としては、「米ドル高に対する懸念」程度にとどまっているのは、このためです。

第3は、「協調介入」は相場のトレンドを転換させる可能性が高い、ということです。外国為替市場全体の1日の取引量が7・5兆ドルに及ぶなかで、介入の効力は低いとの意見があります。たしかに、日本の政府・日銀が単独で介入を実施しても、相場環境によってはなかなか効力を発揮できない場合もありますし、相場のスピードを緩める程度で「トレンドの転換」には及ばないケースが多いかもしれません。しかし、図表6－2を改めて見ていただくと、日米の協調介入、あるいは複数の国による協調介入は、その金額如何にかかわらずかなりの効力を発揮し、その後相場のトレンドを転換させることに成功しているのがおわかりいただけると思います。

各国の基本的な利害は一致しにくいにもかかわらず、あえて協力して為替介入を実施するということは、各国が足元の相場に対する強い懸念を共有しているということを意味します。したがって、協調介入ほど市場参加者に対する明確なメッセージはありません。多くの市場参加者がこのメッセージに追随する可能性が高く、それは何倍ものうねりとなって、相場のトレンドを形成するきっかけとなる可能性が高いのです。

「FEDと戦うなかれ（Don't fight with the FED）」という格言があります。これは、FRBの金融政策は相場への影響がきわめて大きいことから、FRBの政策方針には逆らわず、従うべきだ、つまり、FRBの方針が示すのと同じ方向のポジションをとるべきだという意味です。ただ、この格言はFRBにとどまらないと思います。とくに各国中央銀行がコロナショック後に量的緩和やマイナス金利政策を実施し、中央銀行としてとるリスクも大きくなっているなかで、政策が相場に及ぼす影響もジワジワと大きくなっているといえるでしょう。

いまや各国中央銀行はインフレ抑制のため、金融引き締めスタンスを明確にしています。これまでの大規模緩和を巻き戻しているのですから、当然インパクトは大きく、2022年のドルの大幅高も、これが背景です。これを見てもわかるとおり、金融政策にせよ、政府の介入にせよ、相場に大きな影響を及ぼす可能性があります。「こんなのやっても、どうせ効かないよ！」とタカをくくっていると、どこかのタイミングで何かをきっかけに、思わぬしっぺ返しがくる可能性がありますから、十分注意したほうが良いでしょう。

LECTURE 6-2

要人発言の重要性の程度

毎日のニュースをどう見極めたらよいのか？

当局者とは誰のことか？

ここで、「要人」や「当局者」の定義をお話ししたいと思います。「要人」とはもちろん政治的、社会的に影響力のある人のことです。また、相場で「当局者」という場合には、政治家のなかでもその政策に対する実行能力の高い要職にある方、首相や大臣、中央銀行総裁や審議委員、官僚のトップなど、その発言が相場に影響を及ぼす方のことを指します。

気をつけておきたい点は、情報を扱うメディアにとって、速報性が最も重視されることです。そのため、すぐに報じなければならないにもかかわらず本人の名前を明かせない場合には、「筋」や「関係者」という言葉をよく使います。「政府筋」「日銀関係者」「財務省関係者」といった形です。

こうした場合、名前が明かされていないので「これって本当なの？」と思う方もいるかもしれません。しかし、その内容の重要性から、本人の了解をとったうえで、あえて名前は伏せて報道することも多く、「筋」とか「関係者」というときは、むしろ重要なニュースの場合がありますから、注意が必要です。

政治家の発言が相場に及ぼす影響

政治家の発言は、市場参加者にとってサプライズが大きい内容ほど、相場へのインパクトが大きくなります。とはいえ、その発言や政策が実行される可能性が高くなくてはいけません。たとえば、インフレターゲット論にしても、安倍元首相は自民党総裁の頃から主張していましたが、円相場が目立って下落し始めたのは、衆院解散が決定した後、安倍氏が首相になってインフレターゲットが導入される可能性が高まってからのことです。米国のトランプ共和党候補が本選前にいくら「米ドル安」を主張しても、市場参加者がいちいち反応しなかったのもこのためです。

たとえば日本でいうと、2021年9月8日、当時自民党総裁選への出馬を表明していた岸田文雄氏は記者会見で、中間層復活のための政策として「金融所得課税の見直し」に取り組む考えを示し、メディアでも「金融所得課税増税」などと大きく報じられ、話題となりました。金融所得課税は、預金であれば利子、株式であれば配当、株式を売却した際に得られた利益などに対して課される税金のことで、同じ所得税でも給与所得などと異なり、所得の多寡にかかわらず、一律20％となっていることがポイントです。給与所得などの所得税は所得が増えるにつれて、税の負担が大きくなっていきますが、金融所得税は所得が1億円を超えるあたりから、税負担の割合が軽減されていきます。これが

「1億円の壁」と呼ばれ、「金持ち優遇」との指摘もあることから、岸田氏は新しい資本主義として掲げる「成長と分配の好循環」の分配施策の一環として、「金融所得課税の見直し」を政策に盛り込んだのでした。

当初、市場の反応は限定的でしたが、9月29日の自民党総裁選で岸田氏が自民党総裁に選出されると、日経平均株価は急落。同氏は10月4日の臨時国会で第100代内閣総理大臣に指名されましたが、その2日後の10月6日までの約1週間で、日経平均株価は約2000円下落するに至りました。金融所得課税の見直しを打ち出したことで、「成長戦略」よりも「分配施策」を過度に重視しているのではないか、といった観測が広がったことが、株価下落の一因となったのです。もっともこのときは、中国で不動産大手、恒大集団のデフォルト懸念が広がっていたため、これもグローバルに株価を押し下げていましたから、金融所得課税の問題だけが日経平均株価急落の背景だったわけではありません。

しかし、金融市場に促される形で、結局10月10日、岸田首相はテレビ番組で、「当面は（金融所得課税を）触ることは考えていない。まずやるべきことをやってからでないとおかしなことになってしまう」と発言。「さまざまな課題のひとつとして金融所得課税の問題も挙げたが、それを考える前にやることはいっぱいあるということも併せて申し上げている」「そこばかり注目されて、誤解が広がっている。しっかり解消しないと関係者に余計な不安を与えてしまう」と述べ、発言の修正を余儀なくされたのです。これを境に日経平均株価も持ち直していきました。

この一連の出来事は、一国のリーダーの発言が金融市場に与えるインパクトがいかに大きいか、また金融市場の反応次第では、政策も変更を迫られる可能性があることがよくわかるエピソードといえるでしょう。また、米大統領については、定期的に行なわれているスピーチなどで、もともと注目度が高いものもあります。

たとえば、米国の大統領の「三大教書」は、注目度が高いイベントです。教書とは、大統領の議会に対する現状報告および政策提案のことです。大統領には法案提出権がないため、合衆国憲法により、「教書」という形で議会に政策提案を行なうことが義務付けられているのです。

「一般教書」「予算教書」「大統領経済報告」のうち、1月下旬に行なわれる一般教書演説（State of the Union Address）などは、とくに注目されます。これは、米大統領が上下両院の議員に対して、国の現状に対する認識と、今後の政策を述べる演説です。

また、2月中旬に発表される予算教書（The Budget Message of the President）は、翌会計年度の予算案や、中長期の政策、国防費などが示され、「大統領経済報告（Economic Report of the President）」は、当面の経済情勢に関する判断と政府の施策を示す内容となります。

米政府が示す政策内容としては、米景気にとってプラスとなる財政出動が示されれば、一般的には株価やドルにとってプラスになるでしょうし、反対に財政赤字を削減するための増税方向であれば、株価やドルにとってマイナスとなります。

オバマ元大統領は、2008年のリーマンショックからなかなか立ち直れない米経済をテコ入れするため、2010年1月の一般教書演説で「輸出倍増計画」を掲げ、話題となりました。「**輸出事業を支援するために、我々は2014年までに輸出を倍増する目標を掲げた**（**To help businesses sell more products abroad, we set a goal of doubling our exports by 2014**）」。

米国経済をサポートする内容であれば、本来ドル高となる傾向がありますが、これについては「輸出を増やす政策」＝「ドル安容認」という見方が広がりました。発言の直後は為替相場に目立った反応はありませんでしたが、徐々にＦＲＢによる追加緩和の期待が高まったこともあり、結局この年はドル安・円高トレンドとなりました。

また、より直接的に為替に影響を与えた政策としては、「ＨＩＡ」が挙げられます。

これは「Homeland Investment Act」といって、２００４年10月に米ブッシュ政権下で成立した法律ですが、その内容は米国企業が米国以外の子会社から、米国内での投資や雇用の目的で資金を送金する際、最高税率をそれまでの35％から５・２５％に引き下げるというものでした。

これは２００５年中の送金に限った時限立法だったことから、同年は米国への送金が加速し、ドル高につながりました。なお、２０１１年夏には長引く景気低迷から、米議会で再びこの議論が高まり、翌年１月の一般教書演説でオバマ大統領がＨＩＡに言及したことから、ドルが上昇する場面もみられました。

日本の総理大臣就任時に臨時国会などで行なわれる「所信表明演説」や、通常国会の冒頭に行なわれる「施政方針演説」は、あまり海外市場で注目されないため、為替レートに影響を与える可能性はほとんどないといってよいでしょう。

政府・日銀による為替介入

ここで、少し為替介入について解説しておきたいと思います。

新聞などの報道で介入について記載する場合、必ず「政府・日銀が実施」「政府・日銀による為替介入」などと記載します。なぜわざわざ「政府」と「日銀」の両方を記載するかといえば、介入の際、為替取引を実行するのは日銀ですが、介入実施を判断しているのは介入権限を持つ財務省（財務大臣）だからです。

為替介入を実施する際は、財務省が外国為替資金特別会計（通称、外為特会）という、一般会計とは別の会計を使って行ないますが、円売り介入であれば、外為特会で政府短期証券を発行して円を調達し、その円を売って外貨を購入します。一方、ドル売り介入の場合は、外為特会で保有する外貨資産、つまり外貨準備を取り崩して円を買います。

為替介入の実施については、財務省のホームページに公表される「外国為替平衡操作の実施状況」で確認することが可能です。介入の実績額についてはその総額を当月末に（決済に2営業日かかるため、当該月末2営業日を含まない期間の介入実施額を発表）、また介入実績の詳細（実施日、介入額、売買通貨）については四半期ごと（2月、5月、8月、11月初）に、それぞれ公表されています。

また、為替介入の手法についてですが、日本の政府・日銀のみで行なう「単独介入」や、財務省の代理人として日銀が海外の中央銀行に介入の実施を依頼する「委託介入」などがあります。また、各国中銀が協調して同時に介入する場合は、これを「協調介入」と呼びます。

私が為替ディーラーの卵だった頃はちょうど円高局面で、1995年にはG7で「為替レートはファンダメンタルズを超える水準である」との見解で合意し、協調介入が行なわれました。当時は介入というと、銀行のディーリングルームにホットラインで直接日銀から電話が入り、彼らの注文どおりに円売り・ドル買いを実施していきましたが、後にインターバンク市場で、主にEBS（Electronic Broking System）を通じた取引が行なわれるようになると、日銀はEBSにも直接取引注文を置くようになりました。ＣＨＡＰＴＥＲ １でＥＢＳの画面をご紹介したとおり、ビッドとオファーはレートと本数がわかるだけで、それらが誰のビッドやオファーなのかは取引してみないとわかりません。もし私が銀行の為替ディーラーで、ＥＢＳの「Sell」ボタンを押してドルを売ったとき、取引の相手方がＢＯＪ（日銀）だったらと思うとゾッとします。

すかさずドルを買い戻して、できるだけドルロングポジションに傾けることでしょう。

もしまとまった金額のビッドを日銀が置いていた場合、ほかの銀行でドル売りしたディーラーも、もちろんＢＯＪと当たっているわけですから、同じようにあわてて買い戻し、一気にドルを買い上げようとします。相場環境にもよりますが、このように日銀の介入による「アナウンスメント効果」は大きく、多くのディーラーが追随することによって、為替相場に大きな影響を与えるのです。

こうしたアナウンスメント効果を狙って、為替介入を市場参加者に気づかれても良いというスタンスで、おおっぴらに行なうケースもあれば、限られた銀行に直接電話して、極秘にコソコソ介入する場合もあり、後者を為替業界では通称「覆面介入」と呼んでいます。

通常の介入では、実施直後に「介入を実施した」と公表されますが、覆面介入の場合は公表しません。なぜ公表しないかといえば、公表してアナウンスメント効果が高まる場合もありますが、どこで介入し始めたかというレベル感とおおよその金額がイメージできてしまうことによって、「○×兆円くらい介入しているはずなのに、大して効かないなあ……」などと、かえって効果が薄れてしまうこともあるからです。後者の市場環境であれば、覆面介入の形をとり、後から「実は介入していたのだ」と市場参加者に伝わることによって、むしろ介入警戒感が高まる効果を狙うのです。

２０２２年9月22日、政府・日銀は約24年ぶりの円買い・ドル売り介入を実施しました。このときは、鈴木俊一財務大臣と、神田真人財務官が共同記者会見を行ない、「本日為替介入を実施した」と正式にアナウンスしました。翌月22日夜には、一時１５１円台後半まで円安・ドル高が進んだ後、一気に１４６円台まで円高・ドル安が進み、明らかに「介入」らしき値動きでしたが、このとき神田財務官は、記者団に対し「何もコメントしません」と、介入について言及しませんでした。後に財務省のホームページで、10月に6兆３４９９億円の円買い介入を実施していたことが公表されていますので、正にこれが「覆面介入」といえます。実は、２０２２年に実施された為替介入では、市場に極力インパクトを与えられるよう、さまざまな工夫がされていました。ひとつは、このような形で、アナウンスメントするケースと、覆面介入するケースを織り交ぜて行ない、市場参加者に「実はものすごい金額で介入を実施しているのではないか」といった、「介入警戒感」を植え付けようとしたことです。もうひとつは介入資金の使い方でした。

　前述したとおり、円買い介入の場合は外貨準備を取り崩してドルを売って円を買うのですが、一般的には外貨準備のなかでも、「外貨預金」つまり、証券ではなく預金から使うというイメージが強いです。２０２２年8月末時点で、日本の外貨準備高は約１・３兆ドル（約１９０兆円）ありました。うち、金やＩＭＦのリザーブ、ＳＤＲなどを除いた、いわゆる「外貨」が約１・１兆ドル。このうち、証券が約1兆ドルで、外貨預金は約１４００億ドル（約20兆円）でした。

　前述した介入の直前、10月20日に神田財務官が「介入資金は無限にある」と述べたことが話題となりましたが、外貨準備高のすべて、１・３兆ドルを介入資金に使うなら、「無限にある」といえそうです。ただ、証券については、これに手を付けるとなると米国債などを売ることになりますから、あまり巨額になると米国政府が眉をひそめそうであること、加えて米国債の売却によって価格が下落すれば、米国債の利回りが上昇し、かえってドル高を誘発するリスクがあるなど、あまり容易ではありません。したがって、市場参加者は、9月の介入は当然、外貨預金から捻出したのだろうと読んでおり、「20兆円のうち、今回仮に3兆円規模であれば、残りは17兆円しかなく、今後の介入の頻度や規模は限られてくるのではないか……」といった皮算用が始まっていました。

ところが、その後の外貨準備の動きを見ると、9月末時点の外貨準備高は1・2兆ドルとなり、8月末から540億ドル減少。内訳を見ると、外貨のうち証券の残高が515億ドル減少していました。これにより、市場参加者のあいだでは、「今回の介入は米国債を売却して実施された可能性が高い」との見方が広がりました。実際には「証券」の残高が減ったことしか事実としてはわかりませんから、どういうオペレーションが行なわれたかは謎のままです。ただ、この効果は絶大で、財務省が「実際に米国債を売却して介入の原資にすることもできるぞ」という姿勢を示すことで、「あと何兆円しかないから、今後の介入規模は限られるのではないか」という憶測を払拭し、介入警戒感を高めることができたと思います。

ちなみに、9月と10月で、併せて約10兆円もの介入が実施されました。前回円買い介入が実施された1997〜1998年は、複数回介入が実施されましたが、合計で4・1兆円だったこと踏まえれば、「お金を使いすぎなのでは?」と思われるかもしれません。しかし、CHAPTER 3でも説明したとおり、外国為替市場の規模は年々大きくなっていることは重要なポイントです。

BISのレポートによれば、2022年4月における、世界の外為市場の1日当たりの取引量は、平均で約7・5兆ドル(約1000兆円)にも上りますが、前回円買介入が行なわれた1998年の1日当たり取引量は1・5兆ドルでしたから、当時の約5倍に拡大しているのです（**図表6－3**）。ただ、これにはスワップやオプション、フォワード取引なども含まれますから、スポット取引だけ抜き出すと、1998年の5600億ドルから2022年は2・1兆ドルと、約3・7倍にも膨らんでいます。したがって、政府・日銀が為替介入により市場のボラティリティ急騰を抑え込もうとすれば、それなりの金額を投入する必要があるのです。

黙って介入するのが「覆面介入」ですが、その反対に、当局者が介入をほのめかしつつも、実際には介入しない「口先介入」というパターンもあります。

2022年のケースでも、鈴木財務大臣や神田財務官から、①「為替市場の動向を高い緊張感をもって注視している」、②「過度な変動に対しては適切な対応をとる」、③「必要とあらば、断固たる措置をとる」といった発言が繰り

図表6-3 〉 トータル取引額は5倍！ スポット取引額は3.7倍！
—— スポット取引の規模（1日当たり・平均）

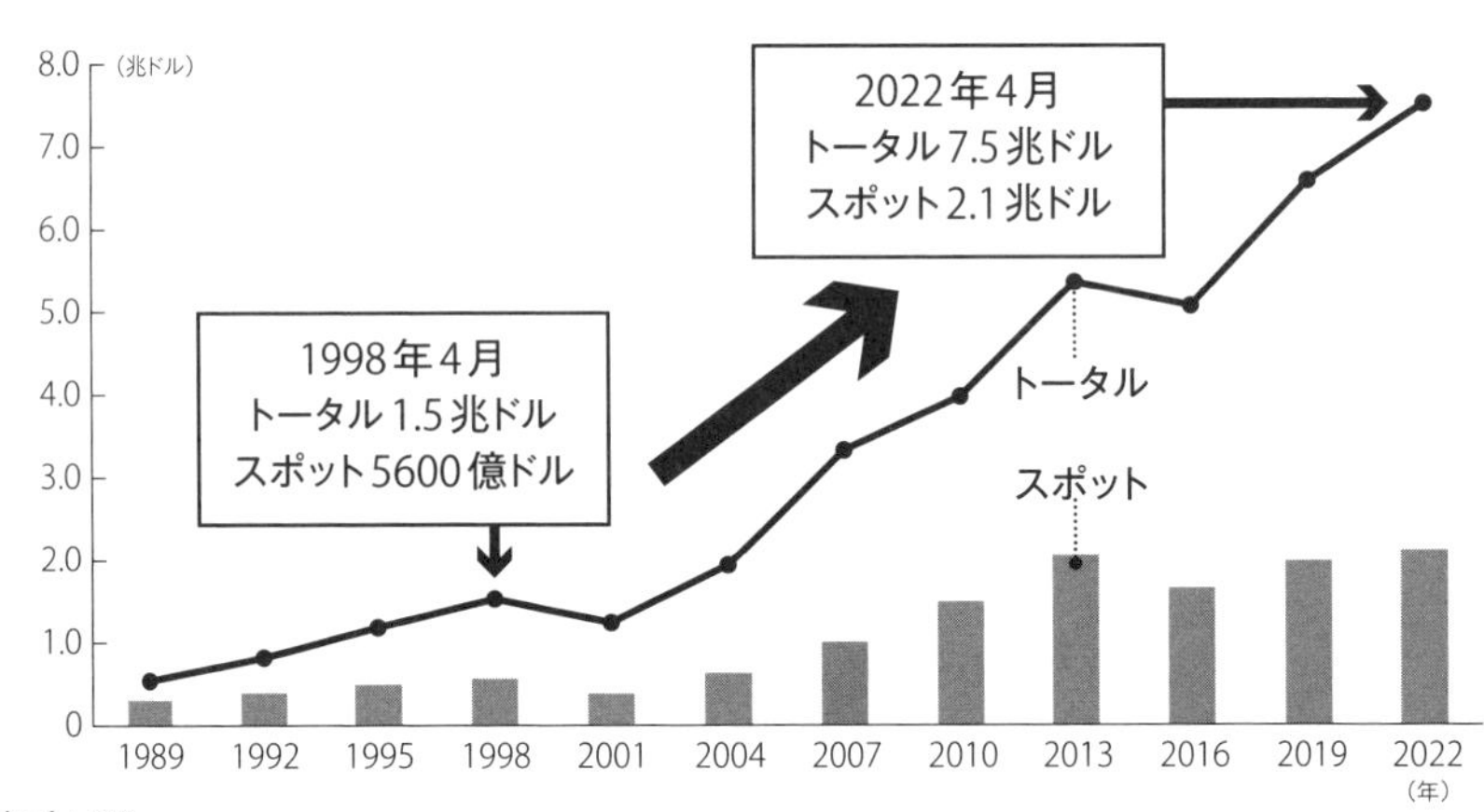

出所：BIS

返されました。これは、以前から介入の際に使われる「定型文」のようなもので、①の「注視している」は介入の準備をしている状態で、②「適切な対応」は介入そのものを示し、準備がさらに進んでいる状態、③の「断固たる措置」が使われた場合は、すでに準備が整っており、いつ介入してもおかしくない状態である、と市場では解釈されています。こうした言葉を発して、市場に介入警戒感を植え付けつつも、実際には行動しないというのが口先介入です。

9月22日に24年ぶりの円買い介入を実施した際には、神田財務官が「政府としてこうした過度な変動を憂慮しており、先ほど断固たる措置に踏み切ったところであります」と発言し、介入した後に「断固たる措置」を使いました。その後は10月の円安局面でもこの「断固たる措置」が多用されましたが、久々の介入に踏み切る前に「断固たる措置」を封印していたのは、なぜだったのでしょうか。

深読みし過ぎかもしれませんが、それによって市場が身構えてしまうことを警戒したのかもしれません。介入は投機筋の動きを封じるのが目的だとすると、投機筋が先読みして介入前に利益確定するようでは、意味がありません。ポジションを傾けている投機筋に対し、できるだけサプライズを与え、その後の介入警戒感を高める必要がありますから、「介入の準備ができていますよ」「これ以上円安が進めば実施しますよ」と事前にお知らせするような言葉は避けたのではないかと個人的には思っています。

G20の共同声明で、「為替レートの過度の変動や無秩序な動きは、経済および金融の安定に対して悪影響を与える」と謳われており、「過度の変動」や「無秩序な動き」であれば介入しても国際的な理解が得られるというのが金融市場のコンセンサスとなっています。

なお、2022年9月の円買い介入直後、米財務省が日本のメディアの質問に答える形で、「日本の当局は、為替介入は最近の円のボラティリティの高まりを抑えるのが目的だと述べており、我々は日本の行動を理解している」との見解を示しました。あえてこのような「介入を認める」発言が米政府から示されるのは、非常に珍しいことです。現状の動きは、「過度な変動」に該当し、それを抑えるためなら、米国政府は何も言わないよ、ということをあえて明示したということは、事前にかなりの調整が、日米政府間で行なわれていたことを示していると思います。

為替報告書の「監視リスト」が話題に

２０１６年４月に発表された為替報告書は異例の内容となり、大きな話題となりました。

外国為替報告書（Semiannual Report on International Economic and Exchange Rate Policies）とは、米財務省が4月と11月の年2回、連邦議会に提出する報告書のことです。対米通商を有利にすることを目的に為替介入し、為替相場を不当に操作している国をけん制する狙いがありますが、実際にこのレポートによって議会から「為替操作国」と認定された国は、通貨の切り上げを求められ、場合によっては関税などの制裁措置が課せられます。

このレポートの構成はこれまで、冒頭にグローバルな為替市場の動向↓世界のマクロ経済動向↓米ドルの動向↓各国の為替動向（アジア：中国、日本、韓国、台湾↓欧州：ユーロ圏、スイス、英国↓その他）となっていました。したがって、私たち市場関係者は発表されると急いでJapanの箇所を読み、文面から米国がどの程度日本の為替政策に対して厳しくみているかを読み取る、というスタイルが通例でした。

しかし、2016年4月のレポートは、冒頭から様子が違っていました。まず、「Executive Summary」として、2015年、環太平洋経済連携協定（TPP）成立に向けて米議会で成立した「貿易促進法2015（Trade Facilitation and Trade Enforcement Act of 2015）」に従って、米財務省は各国の為替動向を評価する新たな3つの評価基準を設けたこと、また、その3つの基準のうち2つ抵触している国を「監視対象」としてリストアップした「監視リスト（Monitoring List）」を新たに作成したことについて説明しています。

3つの評価基準とは次のようなものです。

①対米貿易黒字が200億ドル以上であること
②経常黒字がGDP比3％以上であること、
③一方向に継続的な介入を行ない、年間の介入規模がGDP比2％以上であること

そして、2022年11月に米議会に提出された為替報告書では、以下のようになっていました。必ずしも2つ以上の抵触でなくとも、その規模の大きさなどを含めて判断しているようです。

「為替操作国・地域」
該当する国はなし

「監視対象国（監視リスト）」

日本：①対米貿易黒字が620億ドル
中国：①対米貿易黒字が3820億ドル
韓国：①対米貿易黒字が320億ドル、②経常黒字がGDP比4・0％
ドイツ：①対米貿易黒字が720億ドル、②経常黒字がGDP比5・4％
マレーシア：①対米貿易黒字が390億ドル
シンガポール：②経常黒字がGDP比19・4％、③介入規模がGDP比15・6％
台湾：①対米貿易黒字が490億ドル、②経常黒字がGDP比14・7％

今回は、日本の為替介入についても言及されており、「日本銀行が緩和的な政策を維持し（日米）金利差が拡大したことなどによって円は対ドルで約25％下落したが、為替変動が激しく、無秩序な為替の乱高下を抑制する目的で介入した」と評価しており、批判的な表現にはなっていませんでした。ただし、為替介入は「事前に適切な協議を行ないつつ、きわめて例外的な状況にのみ限定されるべきである」とも述べており、為替介入についての慎重な姿勢は崩しませんでした。

さて、2016年から設けられている「評価基準」と「監視リスト」はどれくらい意味があるのでしょうか。正直、短期的な為替相場にはほとんど意味はないと思います。というのは、貿易黒字や経常黒字を指摘されたところで、こうした経済構造がすぐに変わるとは思えないからです。

ただ、意味があるとすれば、2016年の報告書にも「Data-driven」と書いてあるとおり、これまでの定性的なアプローチよりも、具体的な数値で基準を設け、定量的なアプローチで評価するので「わかりやすさ」が増したこと、またそれによって、ある意味「フェアになった」ことでしょう。貿易黒字や経常黒字の規模などを踏まえれば、日本よりも中国のほうがよほど米国にとって「問題」であるということが数値として明らかに示されるからです。したがって私たち市場参加者も、これまでのように文脈を読み取り、日本についてどの程度問題視しているかを推し量る必要はさほどなくなりました。

介入についても、「一方向に継続的な介入」という表現は不明瞭ですが、ＧＤＰ比２％以上ということは、たとえば日本であれば、名目ＧＤＰが約５６８兆円ですから、11兆円を超えない介入であれば、この基準には抵触しないということになります。加えて、最も問題視されるのは、輸出企業の競争力強化などを目的として、各国が自国通貨の為替レートを政策的に切り下げるよう、自国通貨売りの介入を行なうことですが、２０２２年の政府・日銀の介入は、円売り介入ではなく、円買い介入でしたから、輸出増大を意図して行なったものではないという点も、重要なポイントだと思います。

米国にとっては、監視リスト国に対して「あなた方は3つのうち2つにすでに抵触しているんですよ！」と警告することで、それらの国々が為替介入をしにくくなるという効果もあるでしょう。

LECTURE 6-3

中央銀行総裁の発言の捉え方

いちばん重要なのは米ＦＲＢ議長の発言

グリーンスパン元ＦＲＢ議長は多くの名言を残した

数ある中央銀行のなかでも、米ドルという基軸通貨を司っているＦＲＢ議長の発言は、とくに注目が集まります。ちなみに米ＦＲＢ議長というのは、日本でいう日銀総裁のような立場です。

なかでもアラン・グリーンスパン元議長は、在任期間が１９８７～２００６年と長かったことでも有名ですが、その発言には歴史に残るような名言が多く、市場に対して強い影響力を持ち続けました。

たとえば、「**根拠なき熱狂**（irrational exuberance）」という言葉は、あまりにも有名です。グリーンスパン議長は、１９９６年12月に行なったスピーチで、当時６０００ドル台まで上昇していたＮＹダウについて「**根拠なき熱狂**（irrational exuberance）**によって資産価格が過度に上昇し、過去10年間の日本のように長期にわたる予想外の景気収縮を招きかねない状況になったとき、どうすればそれがわかるのでしょう**」と述べ、投資家の過大なリスクテイクに対し警鐘を鳴らしました（注９）。

この発言で株価はいったん急落しましたが、その後持ち直して上昇トレンドが続き、2000年には、1万1000ドル台のピークを付けました。そして、ITバブルの崩壊や米同時多発テロなどを経て、NYダウは7100ドル台まで下落。その後、再び反発し、長期の上昇トレンドに入ります。

そこでグリーンスパン氏は再び、「**謎**（**conundrum**）」と発言しました。

2004年6月から、FRBは利上げサイクルに入りましたが、複数回にわたる利上げにもかかわらず、長期金利は一向に上昇しませんでした。

本来、株価上昇局面では安全資産の債券が売られ、長期金利が上昇します。しかし、このときは、その法則が当てはまらなかったばかりか、利上げしても長期金利は低く押さえられ、住宅投資が抑制されずに、バブルが発生するリスクが高まっていたのです。

そのため、2005年2月の議会証言でグリーンスパン議長は、「**政策金利を1・5%も引き上げているのに、長期金利が低下しているのは謎**（**conundrum**）**だ**」と発言しました。

結局、利上げを続けたにもかかわらず、過剰な投資は収まらず、翌2007年にはサブプライムローン問題が露呈し、金融バブルが弾けることになったのです。

ところで、FRB議長による「議会証言」とは、旧ハンフリー・ホーキンズ法に基づいて、FRB議長に求められている議会での証言です。年2回、2月と7月の第3週に、米議会の上下両院で経済見通しと金融政策について証言します。

ハンフリー・ホーキンズ法自体は2000年に失効していますが、いまでもこの議会証言は慣例として行なわれています。市場関係者のあいだでは、議会証言そのもののことを「ハンフリー・ホーキンズ」と呼ぶこともあります。この議会証言で、FRB議長から重要な発言が行なわれる場合が多いので、注目度は非常に高いといえるでしょう。

また、議会証言以外にも、ＦＲＢ議長の講演などは比較的頻繁に行なわれるので、チェックしておくと良いと思います。

たとえば、「ジャクソンホール講演」など、毎年行なわれている講演会もあります。ジャクソンホールとは、どこかのコンサートホールのことではなく、米国のワイオミング州にある保養地「ジャクソンホール」のことを指します。ここでは毎年、カンザスシティ連銀主催のシンポジウムが行なわれており、ＦＲＢ議長や日銀総裁など各国の当局者や、金融界の要人が招かれ、ＦＲＢ議長が金融政策に触れる場合もあるため、市場関係者から注目されるのです。

２０２２年8月26日の同シンポジウムは、新型コロナによる2回のオンライン開催を経て、久々のリアル開催となり高い関心を集めましたが、市場に大きなインパクトを与えたことでも注目されました。

この日、ＦＲＢのパウエル議長は「インフレを抑え込むには家計や企業に何らかの痛みをもたらすことになるが、それは避けられないコストだ。ただ、物価の安定を取り戻すことに失敗すればもっと大きな痛みを伴うことになる」と述べ、景気を犠牲にしてもインフレ抑制を優先する姿勢を鮮明にしました。また、金融引き締めについては、「やり遂げるまでやり続けなければならない」と発言し、利上げの継続を示唆。さらに、「物価の安定を回復させるには金融引き締め策を一定期間維持することが必要となる可能性が高い」「歴史は時期尚早な金融緩和を強く戒めている」とも発言し、市場で広がっていた利上げペースの減速に対する期待や、将来の緩和期待を強くけん制したのです。

パウエル議長の、思わぬ強いトーンの引き締め発言に市場は動揺し、ＮＹダウはこの日１０００ドルを超える大幅安となりました。ドル円も2022年はもともと上昇トレンドでしたが、7月の米CPIの上昇率が6月を下回ったため、市場参加者のあいだではインフレがピークアウトしたとみて、9月はFRBが利上げペースを鈍化させるのではないか、との観測が広がっていました。このため、8月のドル円相場は上昇の勢いが一服し、踊り場的な相場環境にあったのです。しかし、このジャクソンホール・シンポジウムを境に、再び上昇圧力に拍車がかかり、9月上旬には144円台を付けるに至りました。

少し遡りますが、2010年8月に行なわれた同シンポジウムでは、当時のバーナンキFRB議長が「経済見通しとFRB政策対応」というタイトルで講演を行ない、「**景気回復の勢いは予想よりも弱まった**」と述べ、「**必要性が明らかになれば、非伝統的手段を通じて追加の金融緩和を実施する用意がある**」と発言しました。これにより量的緩和第2弾（QE2）への期待が高まり、ドル安・円高が進行しました。8月はFOMCの開催がないこともあり、8月下旬に行なわれるジャクソンホール・シンポジウムの場で、市場に強いメッセージを打ち出すケースがありますので、とくに米金融政策に注目が集まっている年のFRB議長の講演には、要注意です。

FRB議長の発言以外では、連銀総裁の講演にもしばしば注目が集まります。FOMCは基本的にはFRBの理事7名（含む議長・副議長）と、地区連銀総裁12名の、合計19名で構成されていますが、実際に金融政策を決めるための「投票権」を持つのは7人の理事とNY連銀総裁、そしてそれ以外の地区連銀総裁4人の12名で、4人の地区連銀総裁は毎年入れ替わります。この「投票権をもつメンバー」が講演会でどのような発言をしているかによって、彼らがどのような投票行動をするのかが、ある程度推測できるのです。

タカ派（インフレ警戒的で金融引き締めが好ましいとの考え）、ハト派（景気重視型で緩和的な政策が好ましいとの考え）、中立派といった、ベースとなる考えはさほど変わりませんが、発言によって微妙にニュアンスが変わる場合には、ドル相場に影響を及ぼします。

また、FOMCでは3月、6月、9月、12月の会合で、FOMCメンバーによる経済見通しと政策金利の見通し（Summary of Economic Projection＝SEP）を公表しています。このうち、政策金利の見通しについては、メンバー全員の予想をドット（点）の分布で示してあるので、「ドットチャート」と呼ばれます。この「ドットチャート」は、今年、来年、再来年と、長期の4期間で示されていますが、その分布と同時に、メンバーの予想の中央値が注目を集めます。また、そのときの金融市場のテーマによって、ドットチャートの注目ポイントも変わってきます。

たとえば、2021年から2022年のドットチャートの変化は目覚ましいものがありました。2021年、米国では3月頃から、コアCPI（変動の激しい食品とエネルギーを除いた消費者物価指数）が、前年比1・6％台まで上昇し、インフレの兆候が見られ始めましたが、3月のFOMCでのドットチャートでは、メンバーのあいだで2023年までまったく利上げは予想されていませんでした。4月以降6月には、FRBのインフレ目標である2％を大きく超え、4・5％となりました。にもかかわらず、6月時点のドットチャートでは、2023年末時点では、0・5％まで政策金利が引き上げられていると予想されていましたが、2022年のドットの中央値はまだ0％でした。9月のドットチャートで、ようやく2022年末時点で政策金利が0・25％となり、2023年末で1％まで予想が引き上がりました。12月にコアCPIが前年比5・5％まで上昇すると、2022年末の政策金利が0・75％まで上昇する、といった形で、後追いでFOMCメンバーの利上げ予想が上方修正されていったのです。

FRBは同年11月に量的緩和の縮小を開始しましたが、その3カ月前の8月のジャクソンホール・シンポジウムでは、パウエル議長はまだ「インフレは一時的」との見解を示していました。FRBの政策がインフレの動向に遅れることを「ビハインドザカーブ」と言いますが、2021年は正にそういった状況でした。

2022年3月にコアCPIが6・5%を付けるなかで、FRBはようやく0・25%の利上げに踏み切りますが、その後は5月が0・5%、6月、7月、9月、11月の会合が4回連続で0・75%の利上げと、利上げペースは一気に加速していきました。この間、ドットチャートが発表される都度、中央値が上方修正されていったのは言うまでもありません。こうした、ドットチャートの急激な変化によって、FRBがいかに急速にタカ派に転じていったかがよくわかりました。こうした急激な変化が、市場にとってはサプライズとなり、2022年のような急速なドル高をもたらした可能性は高いと思います。

ただ、気をつけなければならないのは、ドットチャートはあくまでFOMCメンバーの政策金利の「見通し」ですから、必ずしもそうなるわけではない、という点です。むしろ、あえてタカ派的な見通しを示すことで、市場参加者を警戒させ、市場金利の上昇を促そうという意図が見え隠れすることもあります。FOMCメンバーの見通しは修正されるという前提で、この情報だけを鵜呑みにせず、やはり、インフレに関する経済指標を丁寧にウォッチしていく必要があると思います。

また、ドットチャートは、時には中央値よりも、ドットの「分布」のほうに注目が集まることもあります。たとえば、その年の年末のドットチャートの中央値が3・75%だったとしましょう。ただ、

19名のうち1～2名は超タカ派、超ハト派で中央値からかけ離れていたとして、残りの17名がメンバーのあいだで意見が真っ二つに割れていて、3・75%が9名、4・0%が8名だった場合、次回たった1人でも4・0%に上方修正すれば、中央値も3・75%から4・0%にシフトしてしまいます。したがって、中央値がいくらか、ということも重要なのですが、大方のメンバーがどう見ているのか、といった形で分布を見ることも重要だと思います。

ところで、リーマンショック後の金融政策において、市場参加者が注目してきたものに「フォワードガイダンス」があります。

フォワードガイダンスとは、中央銀行が将来の金融政策の方向性を説明する指針をいいます。極力政策をめぐる市場参加者の誤解を避け、ボラティリティを高めないようにするために、FRBは声明文のなかで、一定の条件を示しながら先行きの金融政策の方向性を示してきました。FRBが、FOMCの声明文にフォワードガイダンスを導入したのは2008年12月のことで、それ以降「低金利を維持する条件」について「しばらくのあいだ」「長期にわたり」「少なくとも2014年終盤まで」との時間軸を設けたり、あるいは具体的に「失業率6・5%」という数値目標を設定する、「利上げ開始まで辛抱強くなれる」と表現するなど、フォワードガイダンスは大きく変化してきました。ただ、これは金融引き締めに神経質になる市場参加者に対し、「利上げはまだ先である」と安心させるには有効でしたが、利上げを開始した後は、FRBは基本的には「今後の利上げは経済指標次第（Data Dependent）」とのスタンスを維持しています。

シントラは「欧州版ジャクソンホール」

ECBの場合も、FRBと同様に総裁の発言が最も注目されます。とくに、金融政策が判断されるECB理事会後の記者会見では、質疑応答も行なわれ、今後の金融政策を示唆するコメントをする可能性もありますから注意が必要です。

とくに、2003年から2011年にECB総裁を務めたトリシェ氏の場合、理事会後の記者会見で「**インフレに対し『強い警戒**（**strong vigilance**）**』が必要**」と述べれば、次回の理事会で利上げをするサインで、「**インフレを『非常に注意深く見守っている**（**monitor very closely**）**』**」の場合は、次回の利上げはなしのサインであると、市場では判断されました。

そのため「strong vigilance」か「monitor closely」かに、大きな注目が集まり、その発言によって、ユーロ相場にも影響を及ぼしたのです。

ポルトガル・リスボンの郊外にあるリゾート地、「シントラ」で行なわれるECB主催の年次フォーラムは、いまや「欧州版ジャクソンホール」と呼ばれています。

背景として、2011年11月から2019年10月までECB総裁を務めたマリオ・ドラギ氏の講演があります。ドラギ前総裁は、その発言で、市場心理をコントロールするのに長けており、「ドラギ・マジック」とも呼ばれるようになりました。

2017年6月に行なわれたシントラでの年次フォーラムで、ドラギ総裁は「デフレ圧力はリフレ

（インフレ）圧力に置き変わった」と発言。ＥＣＢがいよいよ金融緩和からの出口に向かうとの見方が広がるなか、ユーロが急上昇したのです。この発言をきっかけに、ユーロは対ドルで１・１２ドル台から一本調子の上昇が続き、翌年1月には１・２５ドル台を付けるに至りました。

また、２０２２年6月の同フォーラムでは、クリスティーヌ・ラガルドＥＣＢ総裁（２０１９年11月に就任）の講演も注目されました。同総裁は、「インフレの抑制に向けて断固とした持続的な行動が必要だ」と述べ、翌7月に０・２５％の利上げを始める方針を改めて示しました。加えて、「その後は必要ならより迅速に動く準備がある」と説明。当時はＦＲＢの利上げが市場の最大の関心事だったことから、ドルの上昇圧力が強く、この発言でユーロドルの下落基調が変わることはありませんでした。ただ、シントラの年次フォーラムでのＥＣＢ総裁の基調講演は、その後の重要な政策方針を語る場となっていますから、為替相場に影響を及ぼす可能性もあり、十分注意しておきたいイベントです。

なお、ＥＣＢ理事会のメンバーは、人数が非常に多いのが特徴です。ＥＣＢのホームページに掲載されている理事会の写真を見ると、テーブルを囲む人数の多さに圧倒されます（注10）。２００９年3月の理事会で、新たにローテーションシステムが導入されることが決まり、ユーロ参加国が18カ国を超えた場合には、役員会6名以外は投票権がローテーションすることになりました。実際、２０１５年1月にリトアニアが通貨ユーロを導入したことによって、参加国は19カ国となったため、このローテーション方式が導入され、今後はいかにユーロ圏参加国が増えても、投票権を持つ理事会メンバーは15名までとなりました（２０２３年1月にクロアチアがユーロを導入し、ユーロ圏は20カ国に）。ＦＯＭＣの投票権を有する委員は12名、日銀が9名、英中銀も9名ということを考えればまだ多いものの、それまで役員6名、参加国中銀の総裁18名の計24名で行なわれてきた頃よりも、スムーズな政策判断が期待されます。

黒田日銀総裁とインフレ目標

2013年3月に日銀の総裁に就任した黒田東彦氏は、就任直後の金融政策決定会合から「量的・質的緩和」としてマネタリーベースを2倍にするなどの積極的な緩和策を打ち出し、その後も追加緩和で市場にサプライズを与えてきました。ドル円相場も就任前の95円前後から、2015年には125円台と、実に31％も上昇したことなどから、当時、いかにその政策が新しく、市場にサプライズを持って迎えられたかがよくわかります。

ただ、原油安や景気の低迷、デフレマインドの定着や、賃金上昇圧力がなかなか高まらない環境が続くなか、2％のインフレ目標の達成はきわめて困難な道のりでした。2015年1月に日銀はいよいよマイナス金利政策の導入に踏み切りましたが、日銀の狙いどおりに長期金利は大きく低下した一方で、金融機関の収益を圧迫するとの見方から、金融株が大きく下落し、むしろ円高が進むなど、ネガティブな市場の反応がみられました。

マイナス金利政策は、投資家のリスクテイクのマインドを喚起する可能性が期待できる一方で、短期的には「金融株の下落」といった負のイメージもあります。たとえば、短期で資金調達をして長期国債で運用する銀行にとっては、預金者に払う利息をマイナスにすることはむずかしいなかで、預かった資金を運用するはずの20年物国債までマイナス金利になってしまうとなれば、収益を圧迫する要因になります。また、同じく、契約者から預かった保険料を長期債で運用する生命保険会社などにとっても厳しい市場環境といえます。

また、2016年9月に、日銀は新たな金融緩和の枠組みとして、「長短金利操作付き・量的・質的金融緩和」を導入しました。これは主に、「イールドカーブ・コントロール（YCC）」と、「オーバーシュート型コミットメント」の2つの要素から成り立っている政策です。YCCは、端的に言えば、10年物国債の利回りを0％付近に維持する政策です。オーバーシュート型コミットメントは、CPIの上昇率が安定的に物価目標の2％を超えるまで資金供給量の拡大方針を継続することを約束するものです。

前章のコラムでも述べたとおり、2022年には、原油価格の上昇や大幅な円安を背景に、日本のコアCPI（CPI総合から生鮮を食品を除いたもの）が、4月にいよいよ前年比2・0％を超え、11月には3・7％を付けました。欧米に比べれば、日本のインフレは圧倒的に低いですが、それでもターゲットを超えていることに加え、欧米が積極的な利上げを実施していることなどから、外国人投資家を中心に、「日本もいよいよ利上げか?」「マイナス金利政策は終了か?」と、期待する向きが散見され、市場金利にもしばしば上昇圧力がかかりました。日本のインフレは、円安と資源高でほぼ説明できるため、このインフレは長引くことはないものと思われます。しかし、YCCを長く続けることによる市場機能の低下や、2022年の予想外の大幅な円安など、さまざまな副作用も指摘されており、2022年12月の金融政策決定会合で、日銀はYCCの許容変動幅拡大に踏み切ったのでした。これまで黒田総裁はYCCの上限引き上げは「利上げである」と述べていただけに、「これは引き締めではない」と説明されても、市場参加者の理解は得にくいといえます。今後、日銀と市場のコミュニケーションは非常にむずかしくなったように思われます。

ところで、日銀総裁は、地方で講演したり、まれにテレビ出演したり、海外の大学に招かれて講演することがあります。国会に呼ばれて発言を求められることも多々あります。黒田総裁はときどき、CNBCやBloombergテレビなど、海外のメディアインタビューに直接英語で答えることがありますが、英語だと質問も回答も直接的な表現になるため、あまり煙に巻くようなこともなく、表情や発言などから、日本でのインタビューよりも意図が読み取りやすいことがありますから、こうした英語のインタビューを動画などで見ることもお勧めします。

また、国会の委員会では、国会議員対日銀総裁の様相を呈することが多く、景気がなかなか上向かない状況下では、日銀総裁に対して政治家が、「景気が悪いのは日銀の金融政策の責任」と言わんばかりの質問を行なう場合もあります。

これに対してどう回答したかが、情報ソースのヘッドラインなどによく報道されますが、どれだけ意地悪な質問をされても、あまり偏った回答にならないように、注意を払っている様子がうかがえます。

・P200　注9：アラン・グリーンスパン『波乱の時代　わが半生とFRB』
・P208　注10：https://www.ecb.europa.eu/mopo/html/index.en.html

CHAPTER 7

通貨によって動き方には
クセがある

LECTURE 7-1

米ドル（USD）

為替相場の主役の座は揺るがない

基軸通貨の定義

為替相場がさまざまな要因で変動することはこれまで述べてきたとおりですが、通貨の値動きにはそれぞれ特徴があります。もちろん、その特徴的な動きも市場環境次第で必ずしも当てはまらないことはありますが、ベーシックな通貨の特徴を掴んでおくことは、相場に参加する際に役立つと思います。

まずは世界の基軸通貨である米ドルです。そもそも基軸通貨とは何でしょうか。基軸通貨について、国際的に定められた定義はありませんが、一般的には以下の3点が条件といわれています。

①国際的な金融取引における決済通貨に使われていること

実際、原油や金など多くの商品市場の取引では、価格が米ドルで表示されており、米ドルで資金決済されています。CHAPTER 1でも述べたとおり、為替市場でもっとも多く取引されており、流動性がもっとも高いのも米ドルです。

②各国通貨の価値の基準である、「基準通貨」であること

たとえば、ドル円の表示などは、1ドル=〇×円のような形で、米ドルを基準に為替レートが表示されています。

③外貨準備に使われていること

図表7-1でご覧いただくように、世界の外貨準備高の6割程度を米ドルが占めています。

これらの条件がすべて揃っているのは、いまのところ米ドルしかありません。一時は、ユーロの外貨準備も増加しましたが、2009年以降の欧州債務問題からは、通貨ユーロの信認が著しく低下し、「第二の基軸通貨」と言われることもなくなってしまいました。

図表7-1 ＞ 米ドルが世界の外貨準備高に占める割合は6割程度で推移
—— 世界の外貨準備に占める通貨別シェア

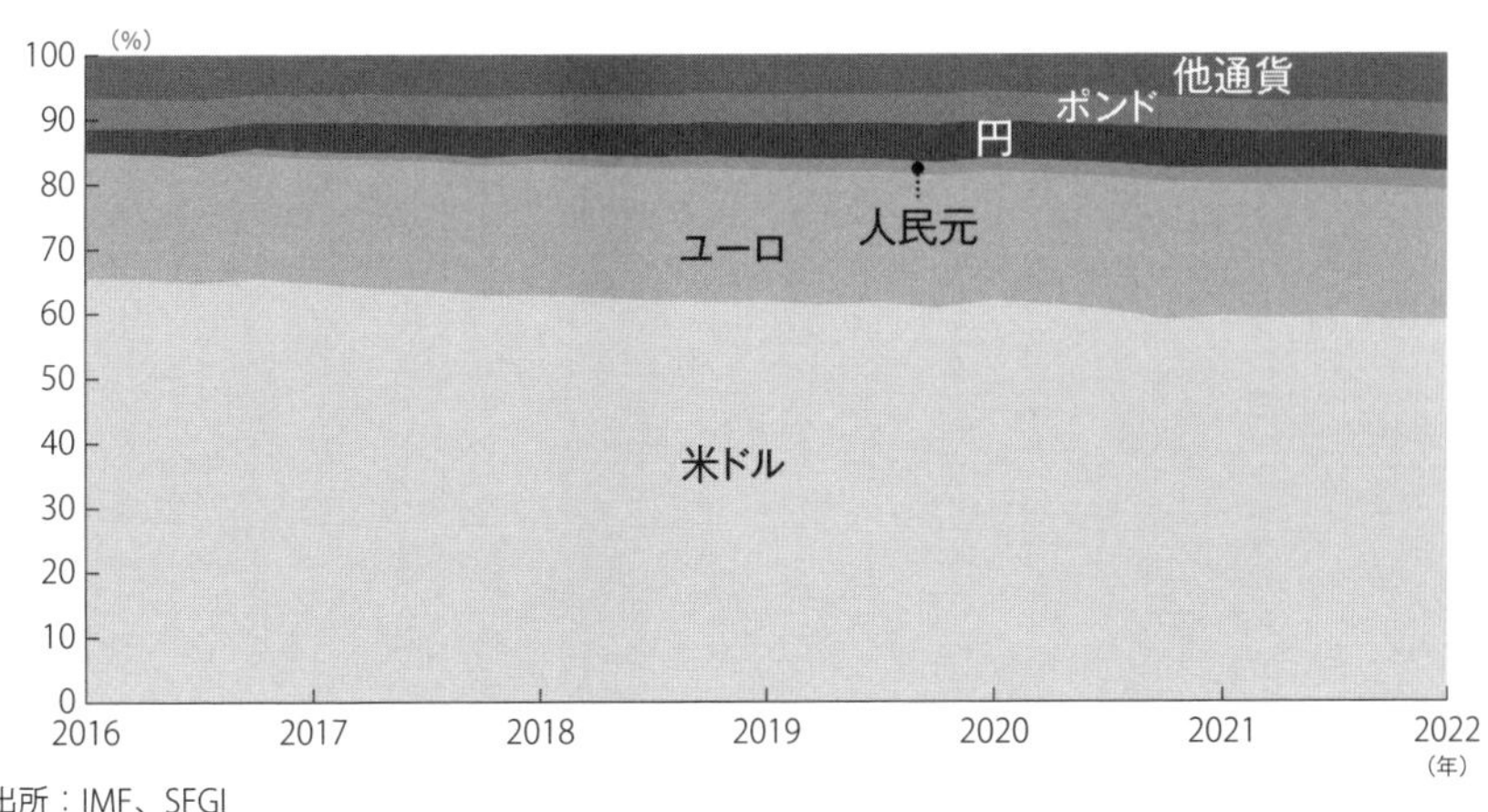

出所：IMF、SFGI

過去に遡れば、米ドルだけが基軸通貨だったわけではありません。米ドルの前はイギリス（英）ポンドが世界の基軸通貨でした。19世紀半ば以降は、英国が金融市場の中心地としての役割を果たしていたのです。

しかし、第一次世界大戦後、長期の持久戦によって英国など欧州経済全般が疲弊していったのに対し、米国は戦争特需で経済成長を果たし、金融市場の中心も次第に英国から米国に移っていきました。

こうした過去の例にもみられるように、経済と金融市場の中心が、いずれ現在の米国から他の国に移っていくかもしれませんし、そうなれば世界の基軸通貨が、長い時間をかけて米ドルから他の通貨に代わっていくことも、あり得ない話ではありません。

ただ、すぐにでも米ドルの基軸通貨としての価値が失墜するかのような議論が見受けられることがありますが、こうした議論を見て慌てるのは早計です。

仮に将来、米ドルの信認が低下するようなことが起こったとしても、先に述べたような3つの条件すべてを満たす代替通貨が出てくるには、とてつもなく長い時間が必要なのです。

したがって、米ドルに対するコンスタントな需要が大きく低下することは、当面考えにくいでしょう。ユーロは、その前身である欧州通貨単位（エキュ・ECU）を導入した1979年からユーロのスタートまでに、丸20年もかかっただけでなく、いまもなお、欧州債務問題をはじめとして、ユーロの信認を損なうような危機に直面しています。こうしたことを見るにつけ、米ドルはいまのところ、世界で最も信認が高い基軸通貨であることは確かですし、それがある日突如変わるようなものでもないと思うのです。

「有事のドル買い」って本当？

さて、米ドルは基軸通貨であるだけに、値動きにも他の通貨とは違った特徴があります。たとえば「有事のドル買い」などがそれにあたります。米ドルは世界中で決済通貨として利用されているため、戦争、テロなどの混乱が生じると、とりあえず手許の流動性を確保するために、多くの金融機関がドル買いに走ります。その結果、混乱時にはドルが上昇するという現象が起きるのです。

もちろん、為替はその時々のさまざまな要因で変動しますし、２００１年の米国同時多発テロ（9・11）のように、米国が被害の当事者となったときにはドル安が進みましたから、必ず「有事＝ドル買い」の反応になるとは限りません。ただ、歴史的に見てもそういうケースが多いことは確かです。

たとえば、最近のケースでいうと、２０２０年3月の「コロナショック」がこれに該当します。当初は中国での感染拡大が注目を集めていましたが、その後、世界に感染は拡大。ＦＲＢによる相次ぐ緊急利下げとリスクオフの流れから、３月初旬まではドル安が進行し、ドル円も１０１円台前半まで下落しました。ところが3月11日に世界保健機構（ＷＨＯ）が、「新型コロナウィルス感染症の流行は、パンデミックである」と宣言すると、市場全体がパニックに陥り、投資家があらゆる資産を売却し現金化する流れが進みました。これにより、世界の基軸通貨であるドルは鋭角に切り返し急騰。ドル円も急速に反転上昇し、１１１円台まで値を戻しました。グローバルなドル不足を受けて、ＦＲＢは各国中銀と協調し、ドルスワップによる市場への大規模なドル供給を実施。これが奏功して、市場におけるドルの調達コストは急低下し、ほどなくしてパニック的なドルの上昇は収まりました。

このときの「パニック的なドル急騰」は、正に典型的な「有事のドル買い」と言えるでしょう。

なぜとんでもないショックが起きるとドルの需要が高まるのか、について、金融機関でファンドマネージャーをしている私の友人が言った、

「ドルはトイレットペーパーのようなものだよね」

という一言には、「本当にうまいこと言うなあ……」と思わず感心してしまいました。要するに、トイレットペーパーは生活必需品ですから、皆が普段から常備しているものですが、災害が起きたとき、スーパーの棚からトイレットペーパーがなくなってしまうと困るので、慌てて買いに走る。これによって急激に需要が高まり、かえってスーパーのトイレットペーパーの在庫が減少したり、品切れになったりしてしまう。この様子が、正にこのときのドル急騰に似ているというのです。市場の不安があらゆるグローバルな資金決済に利用されている基軸通貨、ドルの需要を高める様子を非常にわかりやすく表現した名言だと思います。

なお、ほかにも有事の際に買われる通貨としては、円やスイスフランが挙げられます。円は、CHAPTER 4で「リスクオフの円買い」について述べたとおり、有事の際には本邦から海外への投資が手控えられる、あるいは海外にすでに向かっている投資が本邦へ還流する、などの要因で買われます。また、流動性の高さから、新興国やほかのアジア通貨から逃避した資金が一時的に向かうこともあるでしょう。また、スイスフランは、永世中立国であることから、とくに戦争など地政学リスクが高まった場合には、上昇する傾向がみられます。2009年以降の欧州債務問題では、ユーロに対してスイスフランが買われる傾向がみられました。

日本の少子高齢化が深刻な問題であることは、すでにご承知のとおりかと思いますが、これによって、長期的に見れば、日本の経常収支は恒常的に赤字になるのではないか、と言われています。生産年齢人口、いわゆる働く世代の人口減少が進むことにより、新しい経済価値が生み出されにくくなり、これまで稼いでためた貯蓄を取り崩して消費が行なわれるということは、経済のバランスとして、貯蓄を消費が上回ることを意味します。これを踏まえると、どうやら、超長期でみれば、日本円は弱くなる可能性が高いといえそうです。

2022年の急速な円安を経験し、金融資産の一部を外貨で保有しておく必要性を実感した方も多いかもしれません。実際、将来の円安リスクを分散投資によってある程度ヘッジする、要するに発生するかもしれない損失を最小限に抑えるためには、流動性が高く、対円で安定しており、かつ有事のドル買いも期待される米ドルを、資産の一部で保有しておくのも、戦略のひとつだと思います。

LECTURE 7-2

ユーロ（EUR）

発足以来の試練が続いている

ユーロ誕生の背景

単一通貨ユーロの発足は、半世紀に及ぶ欧州統合の歴史の延長線上にあります。

第二次大戦が終結すると、戦争によって弱体化した欧州経済の建て直しと、欧州全体の平和維持、安全保障の目的から欧州統合の機運が高まり、統合に取り組む国際機関として1949年に欧州評議会（Council of Europe）が設置されました。1951年には欧州石炭鉄鋼共同体が、ベルギー、オランダ、旧西ドイツ、フランス、イタリア、ルクセンブルクの6カ国で発足します。

1957年には欧州石炭鉄鋼共同体の加盟国によって、欧州原子力共同体、欧州経済共同体などが発足し、経済統合を目指して各共同体が同時に稼動し始め、1967年の「統合条約」によって、これらの共同体が、欧州連合の前身である「欧州諸共同体」に統合されました。これに伴い、それぞれの共同体を共通の予算で運営する機関として、「欧州委員会」と「欧州共同体理事会」が発足。翌1

９６８年には関税同盟により関税が撤廃され、加盟国間の自由貿易が実現しました。

欧州諸共同体の加盟国は徐々に増え、１９９２年には、加盟国間でマーストリヒト条約（欧州連合条約）が締結されました。同年11月には欧州連合が発足し「人、物、サービス、資本の移動の自由化」が実現。マーストリヒト条約によって定められた「３つの柱」に基づいて、欧州統合が進められていくことになったのです。

ちなみに３つの柱とは、統合に向けて３つに分類された主要政策分野のことを指します。第１の柱は経済と通貨の統合を進める欧州共同体（ＥＣ）、第２の柱は外交や安全保障問題の分野、そして第３の柱は司法と警察分野に分類されていました。その後、アムステルダム条約（１９９７年調印）やニース条約（２００１年調印）、リスボン条約（２００７年調印）などにより、基本条約に修正が加えられながら、欧州統合はさらに進められていきました。こうした欧州統合という大きな流れの一端として、通貨の統合がなされたのです。

１９７９年に単一通貨ユーロの前身として、欧州通貨制度（ＥＭＳ）が創設。これは、通貨の安定を図るのが目的で、イギリスを除くＥＣ８カ国が加盟しました。このＥＭＳで採用された為替相場制度のことを「欧州為替相場メカニズム（ＥＲＭ）」といいます。ＥＲＭでは、「欧州通貨単位（エキュ・ＥＣＵ・European Currency Unit）」が為替レートの基準となりました（通貨コードはＸＥＵ）。

ＥＣＵは、加盟国の通貨バスケットによって構成され、その構成比率に応じて各国通貨のＥＣＵに対する「中心レート」が設定されました。この中心レートに対して、ＥＲＭ参加国通貨の変動幅が、原則として上下にそれぞれ２・２５％と定められました。

１９９８年には欧州中銀（ＥＣＢ）が発足。こうして、ＥＲＭ参加国の通貨は、ＥＣＵからの変動幅を収れんさせ、1998年12月31日にはECUがユーロに移行、1999年1月1日から正式にユーロが発足しました。

ECUの中心レートをベースにしたユーロへの「移行レート（Convergence Rate）」によって、各通貨はユーロに切り替えられました。なお、現在20カ国となったユーロ圏の拡大は依然として続いており、ERMはERM2として続いています。いまでもユーロを採用するためには、「EUに加盟する→ERM2を採用する→ユーロを採用する」というステップを踏むことが必要ですし、次項で説明する「安定成長協定」を守らなければなりません。

ちなみにデンマークはERM2に参加しており、デンマーク・クローネは、1ユーロに対して中心レートが7・46038クローネに設定され、そこから上下2・25％のレンジで推移するように調節されています。ただ、ユーロの採用については2000年9月の国民投票で否決されてから、その後スケジュールのメドはたっていません。

収れん（Convergence）から拡散（Divergence）へ

ユーロ圏に参加する条件としては、通貨変動の収れんだけでなく、経済や財政の収れんも規定されています。

ユーロ圏の通貨安定、経済成長を維持するために、1997年に「安定成長協定（Stability and Growth Pact）」がEUで採択されました。その基準としては、①単年度の財政赤字がGDP比3％を上回ってはならない、②国の債務残高（借金の残高）がGDP比で60％を下回っていなければならない、③インフレ率がユーロ圏のなかで最も低い3カ国の平均からプラスマイナス1・5％以内に収まっていなければならない、④長期金利がユーロ圏のなかで最も低い3カ国の平均からプラスマイナス2％以内でなくてはならない、などと定められています。

ユーロ採用国は、採用後もこの基準を満たしていなければなりませんでしたが、サブプライム問題やリーマンショック後の景気後退を経て、ユーロ圏各国が財政出動を行なったために財政状況が悪化し、2009年にはドイツやフランスを含むユーロ圏の多くの国の財政赤字がGDP比で3％を上回る事態となりました。さらには、ギリシャが2001年にユーロに参加するため、1999年から財政報告を粉飾していたことが明らかとなり、ユーロに対する信認が著しく低下しました。これがギリシャ・ショックです。

ギリシャ国債の下落は、ユーロ圏各国の国債にまで波及し、とくにポルトガル、アイルランド、イタリア、スペインなどの重債務国の国債下落に拍車がかかりました。さらに、これらの国々の国債を保有している金融機関のバランスシートに悪影響を及ぼすことが懸念され、国の信用力低下によるソブリン問題は、金融不安へと発展しました。各国に緊縮財政が課せられたことや、金融機関の貸し渋りが経済全体に悪影響を及ぼし、結局、経済統合を目指していたはずのユーロ圏経済に、著しい格差が発生していきました。「収れん（Convergence）」の方向が立ち行かなくなり、「拡散（Divergence）」する方向へ進んでいったのです。通貨政策と金融政策を1つにしておきながら、国のサイフ（財政）は国別に管理され、国債も国ごとに発行されていたという不完全な統合が、このユーロ全体を揺るがす財政危機を生んだことは間違いありません。

しかし、財政を1つに統合するということは、国家予算を統合するのと同義ですから、完全な統合を目指すのであれば、国家を1つにしなければなりません。1993年に発効したマーストリヒト条約には、政治の統合として、共通外交・安全保障政策、加盟国国民に共通の市民としての基本的な権利（地方自治体選挙権等）を認める欧州市民権の導入、司法・内務分野の協力等が盛り込まれています。

ただ、こうした防衛、司法面での協力と、予算を1つに統合するというのは一言で「政治の統合」と言ってもまったく別の話です。1つの経済圏を目指すとはいえ、必ずしも利害が一致しない国の予算を一元管理するのは、かなり高いハードルといえるでしょう。

通貨統合のメリットは捨て難い

さて、統合についてマイナス面ばかり述べてしまいましたが、実は通貨統合には、大きなメリットもあります。

たとえば、①ユーロ域内で通貨交換のコストが発生しなくなる、②通貨変動のリスクにも晒されなくなる。③ユーロ圏各国の市場が統合されることにより、流動性が高まり、企業の資金調達が容易になる、④ユーロという単一の通貨で表示されるため、ユーロ域内では価格の透明性が高まる、などが挙げられます。

ユーロ圏が過去に享受してきたこれらのメリットを御破算にするコストを考えると、通貨ユーロが消滅し、元に戻る、つまりユーロ体制全体が崩壊に向かうというシナリオは描き難いといえます。

しかし、ギリシャのようにユーロ圏の財政基準に満たない国がいつまでもユーロ圏内にとどまることは、かえってマイナスであるという議論が、今後高まる可能性はあるかもしれません。ユーロという単一通貨に縛られていることで、ギリシャ自体も通貨下落のメリットを享受することができず、根本的な景気回復や構造改革がかえって遅れてしまうという見方もあります。また、ドイツなど、救済する側の国民の不満も高まりやすく、域内の政治が不安定になった場合に、ユーロ圏から得られるメリットよりもデメリットのほうが大きいと判断する国が現れる可能性は、徐々に高まっているといえそうです。

加盟国の経済に左右されるユーロの値動き

1999年にユーロが導入されてからすでに24年経ちましたが、それでもなお、今回の債務問題のように、ユーロの根本的な問題点がしばしば顔を覗かせ、相場に影響を与えます。

ギリシャ・ショック以降深刻化した欧州債務危機の根は深く、ユーロ圏共同債の発行や、国家予算の一部共同管理といった構造改革が進むまでは、今後もしばしば各国の財政問題が市場で材料視され、ユーロの値動きが大きくブレる局面も出てくるでしょう。

また、欧州債務危機が一例ですが、ギリシャのように1つの国で起きたことは、ユーロ圏内の他の国にも波及する点に注意が必要です。金融市場においても、互いの国が密接に関連しています。たとえば欧州債務危機でも、スペインの金融機関はポルトガル国債を多く保有しており、そのため、ポルトガル国債が下落すると、それを保有しているスペインの金融機関の損失につながり、スペイン国債にまで下落圧力がかかるといった負のスパイラルに陥る傾向がみられました。

終わらない南欧諸国の財政問題

2015年1月にギリシャで行なわれた総選挙で、急進左派連合（SYRIZA）は、EUとIMFから金融支援の条件として同国に課せられてきた緊縮財政に終止符を打つことを公約に戦い、大勝しました。同年6月20日、ギリシャ政府はIMFへ負債総額15億ユーロを返済しなければなりませんでしたが、チプラス政権は期限までに返済しなかったため、ギリシャはIMFに対する「債務不履行（デフォルト）」に認定されました。

こうした流れを受けて、欧州中銀（ECB）がギリシャに対する流動性供給を制限したため、ギリシャ国内では銀行が業務停止に陥り、ATMから1日に引き出せる現金は60ユーロに制限されました。混乱のさなか、チプラス政権は翌月7月5日に、EUとIMFによる緊縮財政プログラムを受け入れるかどうかの国民投票を急遽実施。結果は61・3％で緊縮反対が大きく上回りました。しかし、この国民投票を実施したことは、結果としてEU側との亀裂を深めただけで、EU側はギリシャに対して、より厳しい姿勢で臨むようになっていったのです。

ギリシャに対する金融支援交渉が打ち切られれば、ギリシャ国内でユーロが枯渇する可能性が高まっていくなかで、当時のバルファキス財務大臣は、年金や給与の支払いに一時的に充てるための借用証書（ＩＯＵ）の発行を検討していました。これが国内に流通すれば、ゆくゆくはギリシャ・ドラクマに切り替わることになるため、ギリシャは事実上、ユーロ圏を離脱する（Grexit）ことになります。振り返ればこのときが、これまでで最もGrexitが現実味を帯びた瞬間だったといえるでしょう。

ただ、バルファキス財務大臣の辞任によってＩＯＵ案はなくなり、チプラス首相はとうとうＥＵに対して白旗を上げ、金融支援を求めることになりました。結局、ＥＵ首脳会議で17時間に及ぶ交渉の末、ＥＵとドイツがギリシャに対して提示した、５００億ユーロ相当の国有資産を民営化・売却することなどを条件に、７月13日にギリシャへの支援が決定したのです。

国民投票の結果とは裏腹に、緊縮財政を受け入れることになったチプラス首相は、８月20日に自ら辞任、９月20日総選挙を実施し、再び勝利しました。国民から2度目のチャンスを得た形で、ＥＵが求める緊縮財政策をギリシャ議会で承認させ、ＥＵから支援を得る形となったのです。

結果として、２０１８年には支援プログラムがすべて終了し、長きに及んだギリシャ危機は終結しました。２０１９年には政権も交代し、以来、新民主主義党のキリアコス・ミツォタキス氏がギリシャの首相を務めています。

ギリシャ問題は過ぎ去ったかのように見えますが、実際にはユーロ圏の根本的な課題は何ら解決していません。そもそも20カ国で１つの通貨、１つの金融政策であるにもかかわらず、ユーロ圏各国の経済格差は大きく、おサイフもバラバラ、国ごとに発行されている国債の信用力もバラバラ、という点です。

最近では、２０２２年7月にＥＣＢが11年ぶりの利上げに踏み切ったことで、イタリアはじめ財政が脆弱な南欧諸国の国債利回りが上昇し、ドイツの国債利回りとの格差（スプレッド）が拡大傾向となりました。イタリアは、2022年10月の総選挙で極右政党「イタリアの同胞」党首のジョルジャ・メローニ氏が勝利し、首相に就任しましたが、同党は減税などを公約に掲げていたため、選挙前から同国の財政悪化懸念が意識され、スプレッドは拡大傾向にありました。

ECBはこうした、ユーロ域内の利回りスプレッドの拡大を、金融政策の伝達を阻害する「市場分断化」と呼び、同年7月の理事会では、必要に応じてECBが国債を購入することのできる新たな国債購入策（Transmission Protection Instrument・TPI）を創設しました。

このように、ユーロ圏で国ごとに予算を決め、国債を発行している以上は、何かのきっかけで「市場の分断化」が今後もしばしば起こる可能性はありそうです。ECBはこれに対し一定のセーフティーネットを準備した格好ですが、TPIを発動するには、「その国が健全で持続可能な財政運営を行なっていること」、「深刻なマクロ不均衡を抱えていないこと」、などの諸条件があるため、かならず支援できるとは限りません。

新たに露呈したユーロ圏の課題

2022年のウクライナ危機は、欧州経済全体に多大なる影響を及ぼしましたが、最も大きなダメージを受けたのは、ユーロ圏最大の経済大国であるドイツだったといえるでしょう。ドイツは天然ガス輸入の約半分をロシアに依存していました。しかし、ロシアのウクライナ侵攻に対する一連の経済制裁への報復措置として、ロシアはドイツ向けの天然ガスの供給を大幅に削減するという戦略に出たのです。同年9月に入ってからは、天然ガスの主要パイプラインである「ノルドストリーム」の稼働を無期限停止とし、ロシアからの天然ガスの輸入量は前年比でほぼゼロまで急減しました。

背景には、ドイツが積極的に推進してきた「脱炭素」政策がありました。ドイツは石油や石炭に比べてCO$_2$排出量が少ない天然ガスと再生可能エネルギーへの転換を一気に行なった結果、安価なロシア産の天然ガスへの依存度が高くなっていたのです。こうなると、商品市場でも天然ガス価格が高騰し、エネルギー調達コストが急上昇。ドイツの消費者物価指数（HICP）は前年比で11％を超えるなど、激しいインフレに見舞われました。政府は調達先を増やすなどガスの備蓄を増やしたため、天然ガスの備蓄は増加したものの、安全保障面も含めたエネルギー戦略の見直しを迫られています。

今回の天然ガス問題によって、経済大国ドイツにも、アキレス腱があったということが露呈しました。

ギリシャ・ショックなど「欧州債務問題」のときもそうだったように、ユーロ圏のどこかで何か問題があった場合には、ユーロ圏のリーダーであるドイツが乗り出してこれを助ける、といった構図でしたが、必ずしもドイツばかりに頼ってもいられないという状況があり得ることがわかったのです。また、2005年11月から、2021年12月まで、約16年間も首相としてユーロ圏の強いリーダー役を務めた、アンゲラ・メルケル前首相の引退は、正にユーロ圏におけるドイツの求心力の低下を示すようでした。

ドルとユーロはコインの表と裏

財政危機を経て、ユーロという通貨の信認は失墜しましたが、経済規模を見れば、ユーロ圏のGDPは14兆5000億ドルと、世界第1位の経済規模を誇る米国のGDP（25・2兆ドル）、第2位の中国（約18兆2000億ドル）に対し、「経済圏」としては3番目の規模となります。

また人口は3億4000万人と、米国の3億3000万人を上回っています。通貨の流動性も米ドルに次いで高いため、世界の外貨準備では、6割を占めるドルに次いで、2割がユーロで保有されています。

このようにユーロとドルは、西側の先進国としては最大規模であること、人口や通貨の流動性という意味において類似点があり、コインの表と裏のような存在となっています。ドルが全般的に弱い「ドル安相場」のときはユーロが上昇し、逆にドルが上昇するとユーロが下落する傾向がみられるのです。したがってドル相場がどうなっているのかを見たいときには、ドルインデックスを見るのがベストですが、ユーロドル相場を見れば大体わかるのです。

LECTURE 7-3

イギリスポンド（英ポンド・GBP）

EU離脱を選択し、もっとも注目度の高い通貨に

イギリス人のポンドへの思い入れは強い

英ポンドは米ドルの前の基軸通貨でした。大英帝国時代の英ポンドが基軸通貨として幅広く利用されていたのを示すかのように、ポンドにはたくさんの呼称があるのが特徴です。

英ポンド（British Pound・BP）が一般的ですが、スターリング（Sterling・STG）とも呼ばれます。スターリングとは、スターリング・シルバーという言葉もあるように、銀の価値を示す単位です。これは、英国で銀貨を発行していたときの名残です。

ケーブル（Cable・CBL）という呼び方もあります。これは昔、海底電線を使って為替レートをやり取りしたことが由来といわれています。ただ、ディーラーが「ケーブル」と言ったときには、英ポンドのみを指すのではなく、ポンド・ドル（GBP／USD）の通貨ペアを示すので、銀行間の取引に今後携わる可能性のある方は、「ポンド」と「ケーブル」をきっちり使い分けたほうが良いでしょう。

また、少し珍しい呼び名として、「クイッド（Quid）」があります。ただ、これは米ドルの「バック（Buck）」と似たイメージで、口語でやや砕けた言い方のようです。以前、ロンドンのディーリングルームに勤務していた頃、女性のインターバンクディーラーが英ポンドを担当していましたが、彼女は金額が小さい取引をするときに、よくこの「Quid」を使っていました。

さて、話を元に戻しますと、この英ポンドは第一次、第二次と二度にわたる世界大戦を経て英国経済が低迷していくなかで、基軸通貨としての役割を失い、その地位は米ドルに取って代わられました。

その後、英ポンドが再び注目されたのは、歴史的にも有名なポンド危機のときです。英国は1990年、ユーロの前身として発足した欧州為替相場メカニズム（ERM）に参加しましたが、同年、東西ドイツが統一し、ドイツでインフレが進んだため、欧州の金利や通貨が高めに推移しました。ポンドもECUと連動していたため、景気低迷にもかかわらず、通貨は上昇したのです。

これに目を付けた著名投資家ジョージ・ソロスが、大量のポンド売りを浴びせたのが、CHAPTER 2でも紹介した「ポンド危機」です。

結果、1992年に英国はERMから離脱することとなりましたが、この離脱により、英国は自由な通貨政策および金融政策を手に入れたため、その後、長期にわたる景気拡大を実現することができました。

英国は「EUにはとどまりつつ、単一通貨ユーロには参加せず」という形をとることで、ユーロという単一通貨やECBの金融政策に縛られることなく、EU内の自由貿易というメリットは享受することによって、良好な経済成長を続けてきたのです。

ところが、2016年の6月にショックは訪れました。英国民投票でEUからの離脱（Brexit）が決定したのです。この結果に世界中が驚きましたが、最も驚いたのは、同国民投票の実施を決定したデーヴィッド・キャメロン首相だったかもしれません。事の発端は2013年の総選挙でキャメロン首相が、反EUの世論をかわすため、2017年末までに国民投票を実施すると国民に公約したことでしたが、そこには「離脱」をちらつかせてEUから英国にとって有利な条件を引き出したかったという狙いがありました。キャメロン首相にとっては、「国民投票を実施したところで、国民が離脱の道を選ぶはずがない」との考えがあったはずです。実際、多くの世論調査でも、国民投票直前までEU残留支持が離脱支持を上回っており、国民がそこまでEUに対して不信感を抱いていたことを、事前に読み取ることはむずかしかったといえるでしょう。

なぜ、英国民はEUからの「離脱」を選択したのでしょうか。さまざまな解説がされていますが、そもそも過去に大英帝国として世界を支配してきたイギリス人のプライド、エリザベス女王陛下が印刷されている英ポンド紙幣への国民の愛着、また2009年のギリシャ危機とその後の欧州債務問題などを考慮すれば、英国が将来ユーロ圏に参加する可能性はもともと極めて低かったわけで、それにもかかわらずEUに参加していること自体に、無理があったのかもしれません。

EUに加盟していたことで、自由貿易や金融市場の発展が英国経済を支えてきましたが、英国民はそのメリットをあまり実感できていなかったようです。一方で、①年間30万人という大規模な移民の流入が、国民の雇用を奪っている、また、②年間約170億ユーロも拠出している英国は、EU予算に対する貢献度が高く、これがなくなれば国内の医療費にまわすことができる、③EUを離脱すればEU法に縛られず自由度が増す、といった「離脱派」の主張のほうが、国民にとって響きがよかったことも、最後「離脱」に票が流れた要因といえそうです。

その後、英国と欧州のあいだで行なわれた「離脱協定」の締結を目指した交渉は、混迷を極めました。キャメロン政権を引き継いだ、保守党のテリーザ・メイ政権の下で交渉は進みましたが、「離脱協定案」は約2年かけて離脱にむけてEUとの交渉を行ない、EU脱退協定、およびEUとの新協定を締結するというものでした。英国議会で3度にわたり否決され、政権は交代。英国内政治が混沌とするなかで、2019年3月に予定されていた離脱期限も、10月末に延期されました。離脱推進派のボリス・ジョンソン首相が就任しましたが事態は打開せず、離脱期限はさらに延期。その後紆余曲折を経て、2020年1月に英国とEUのあいだで、ようやく離脱協定が締結されました。これを受けて英国は2020年2月1日にEUを離脱。その後、移行期間を経て、2021年1月1日に、英国はEUから、名実共に離脱を果たしたのです。

2022年10月、英国の消費者物価指数は前年比11・1%と、約41年ぶりとなる大幅な上昇を示しました。これは、諸外国でもみられるように、「新型コロナ」というパンデミックによるサプライチェーンの混乱や、ウクライナ危機による資源価格の高騰が主な背景です。しかし、英国のインフレが際立って深刻なのは、Brexitにより必要になった通関手続きのコストや、移民労働力の不足が大きく影響しているからです。同年8月、英食品飲料連盟（FDF）のカレン・ベッツ最高経営責任者（CEO）は、「EU離脱後の規制が費用を増やしている」と述べました。このように、パンデミックやウクライナ危機によって、Brexitによる英国経済への影響はやや見えづらくなっているものの、今後も注目していきたいところです。

ポンドとユーロの関連性

かつて世界の基軸通貨だった英ポンドは、いまや1日の為替取引量が米ドル、ユーロ、円に次いで、4位まで後退しました。ロンドンが世界の金融市場のセンターであり、ロンドン市場の為替取引量は世界1位であるにもかかわらず、ポンド自体の流動性は低いのです。

先進国通貨であるにもかかわらず、流動性が低いために変動が激しくなりやすいこともポンドの特徴です。ポンド円で大口の対顧客取引があったとき、インターバンクディーラーはポンド円でそのカバーディールをすることがむずかしいので、ポンド・ドルとドル円、あるいはユーロ・ポンドとユーロ円に分解して、インターバンクでカバーするのが普通です。

また、もうひとつの特徴としては、ユーロとの関連性が大きいということです。とくに、対米ドルでは、同じ欧州通貨という面もあり、相場の連動性が非常に高いことが特徴です。たとえば、ユーロ圏経済が悪化したことでユーロ安が進む場合は、英国経済とユーロ圏経済の関係が深いことから、ポンドも連動して売られるケースもあります。ただ、2016年のBrexitを決めた国民投票を受けて、やや異なる動きも見られ始めました。これは、ユーロとポンド、それぞれの名目実効為替レートを見るとわかります。たとえば、2020年3月の「コロナショック」の際には、先述したとおり、米ドルが多くの通貨に対して上昇しましたが、欧州域内での基軸通貨ともいえるユーロも、その他の通貨に対して上昇しました。しかし、興味深いのは同じ時期ポンドが大幅に下落したことです。ポンドの取引は欧州市場がメインですから、対ドルよりも、対ユーロのほうが流動性は高くなります。したがって、このとき、リスク回避の流れから、ポンドは対ユーロで大幅に下落しました。

さまざまな問題を抱えるBrexitですが、超長期でみたときには、ひょっとするとEUを離脱したことがプラスになるのではないか、との見方もあります。たとえば、これまで見てきたとおり、ユーロ自体も構造的な問題が解決していないうえ、ドイツのエネルギー問題など、さまざまなリスクを抱えるなかで、ユーロ圏の先行きに対して悲観的な見方もあるためです。英国民の「Brexit」という選択が正しかったかどうかは、さらに10年、20年の歳月を経ないと、実際にはわからないかもしれません。

COLUMN

SWIFTが注目されたワケとは

2022年のウクライナ危機では、ロシアへの制裁措置として、「SWIFTからのロシアの排除」が大きな注目を集めました。

SWIFT（スウィフト）とは、国際銀行間通信協会という、世界各国の銀行・金融機関を結ぶ決済ネットワークシステムの運営団体です。SWIFT自らが口座を持って資金のやり取りをしているわけではなく、「アメリカのA銀行にいくら送金してほしい」という、いわばメッセージ（電文）の仲介役を担っているのです。決済自体はこの電文をもとに、コルレス銀行と呼ばれる中継銀行同士が代理で行ないます。こうした一連の代理決済は、基本的にはドルで行なわれており、ドル以外の通貨同士のやり取りも、いったんドルを経由して行なわれているのです。

1973年に設立されたSWIFTは、現在は約200の国と地域から、約1万1000以上の金融機関が参加しており、SWIFTを通じて行なわれる決済規模は、1日あたり約5兆ドルにも上ります。国際決済のほとんどでこのSWIFTが利用されており、ロシアの銀行・金融機関も、もちろんこれに参加しています。

しかし、2022年2月のロシアによるウクライナ侵攻を受けて、これに対する経済制裁措置として、欧米は同年3月、SWIFTからロシアの複数の銀行を排除しました。当初は、ロシア最大手のズベルバンクなどは排除の対象外としていましたが、5月には、いよいよ同行もSWIFTから排除されたのです。

この「SWIFTからの排除」による影響は、たとえばロシア企業が諸外国の企業と貿易取引を行なった際の資金決済が行なえなくなる、輸出しても代金が受け取れない、あるいは海外から借り入れが行なえなくなるなどが挙げられます。また、諸外国企業にとっても、ロシア企業に輸出しても代金が回収できない可能性があるとなれば、ロシアへの輸出を控えたり、貿易取引を控えたりする企業が増えていきます。ロシア産の天然ガスに依存してきたEUが、当初、ズベルバンクやガスプロムバンクなど、大手行を制裁の対象外としていたのは、ロシアから輸入しているエネルギー資源に対する支払いが滞るのを避けたかったからといえるでしょう。

しかし、そこをあえて制裁に踏み切ったことで、ロシア経済には深刻なダメージを与え、ルーブルも大幅に下落しました。

今回の制裁で、ロシア寄りの国々はおそらくヒヤリとしたと思われます。今後、同様のリスクに晒されないように、ドルを軸にした取引を変えていかなければならない、との考えが広がれば、今後ドルから通貨分散を進める国も出てくるでしょう。

たとえばインド準備銀行（中央銀行）は2022年3月、ロシアルーブルとインドルピーを使った、新たな貿易決済制度について検討を開始。同年7月には、ルピー建て貿易決済制度の認可を通達しました。また、インドのセメント大手ウルトラテック・セメントが、ロシアから石炭を輸入し、人民元で決済しているとの報道もありました。おそらくこれは、中国の人民元決済システム「CIPS」を用いたものと思われますが、詳しいことはわかっていません。

こうした報道があると、ドルの基軸通貨としての地位が危ぶまれ、人民元の国際決済通貨としての地位が向上する、との観測が広がりやすいですが、個人的には人民元にはこれまで述べてきたとおり依然資本規制があること、また、資本規制を撤廃するのは少なくともここ数年ではむずかしいと思われること、などを踏まえると、この見方はやや飛躍し過ぎだと思っています。ただ、各国の外貨準備高については、かなり時間をかけて米ドル一極集中から、少しずつ分散が進んでいく可能性はあるかもしれません。

実際、ＩＭＦによる、世界の通貨別外貨準備高のシェアを見ると、２０２２年の9月末時点で、ドルの割合は59・７９％と、世界の外貨準備高のほぼ6割がドルで保有されています。つまり、ドルの保有が圧倒的に多いのですが、２０００年の9月末時点では、ドルのシェアは72・３％だったことを踏まえれば、じわじわとドルのシェアが減っているのも事実です。

今後、ドルからの分散が進んでいくとすれば、それはドルの信認が揺らいでいるのではなく、ドルに頼りたくない一部の国々の事情や都合によるものです。したがってドルの基軸通貨としての立ち位置が変わるようなことにはならないと思いますが、外貨準備の動きには、今後も注目していきたいと思っています。

CHAPTER 8

世界の通貨への興味を広げよう

LECTURE 8-1

オンショア人民元（CNY）・オフショア人民元（CNH）

中国人民元の国際化の流れは進むのか

SDRに人民元が採用された

かつては新興国通貨のひとつでしかなかった中国人民元も、じわじわとその存在感を示しつつあります。２０１１年、中国の経済規模（名目ＧＤＰ）が日本を抜いて世界第2位に浮上。そして、国際通貨基金（ＩＭＦ）が２０１５年、特別引き出し権（ＳＤＲ）と呼ばれるＩＭＦの準備通貨に、人民元を採用することを正式決定しました。

ここで、ＳＤＲについて簡単に説明しておきましょう。

そもそもＳＤＲとは「特別引き出し権」といって、ＩＭＦが１９６９年に創設した国際準備資産のことです。「準備資産」といってもいまひとつイメージが湧きにくいと思いますが、これはイザというときのために保有しておく資産、つまり備えのことです。

ＩＭＦ加盟国が外貨不足に陥ったときに、外貨を豊富に保有している国から外貨の融通を受けることができるのですが、そのときに使われるのが、加盟国の出資割合に比例して国ごとに割り当てられた、このSDRなのです。

したがってSDRは「資産」といっても、SDRという通貨が発行されているのではなく、外貨を受け取る（引き出す）「権利」のことなのです。

そして、SDRの価値を決めているのが、複数の通貨で構成された「通貨バスケット」です。「通貨バスケット」とは、複数の貿易相手国の為替相場を一定水準に固定する制度のことです。人民元がバスケットに新たに組み入れられたことによって、通貨構成は、ドル（43・38％）、ユーロ（29・31％）、人民元（12・28％）、円（7・59％）、ポンド（7・44％）となり、人民元は円を上回って3位に入っています（2022年にウェイト改定）。

SDRは通貨ではなく、あくまで権利であるため、これで実質的に国際通貨となったことを意味するわけではありません。

実際、IMFはSDRのバスケット構成通貨の基準を、①国際的な取引の決済に広く利用されており、②主要な為替市場で広く取引されていること、としていますが、人民元が現時点でこれらの基準を満たしているとはいえません（注11）。①については、たしかに貿易量は多いものの、「決済に広く利用されている」かといえば、実際には中国と諸外国間の貿易取引の決済は、依然として米ドルなどが多いです。また、②の取引量についても、これまでにも引用してきたBISのレポートを見ると、人民元の取引量は徐々に順位を上げているものの、SDR採用の2015年当時はまだ全体の11位にとどまっており、これまでSDRの構成通貨だった米ドル、ユーロ、円、ポンドが上位4位を占めているのに対して、圧倒的に取引量は少なかったといえます。

ただ、実質的にどうかはさておき、人民元がＳＤＲに採用されたことは、中国にとって政治的には非常に大きな意味があります。まずは、人民元がドルや円と並ぶ国際通貨として、ＩＭＦのお墨付きを得たことを意味するからです。また、新興国のなかには、ＳＤＲ通貨を外貨準備として保有している国も多く、人民元がＳＤＲに採用されたことで、人民元の信認が高まり、外貨準備として元を保有する国も徐々に増えています。

実際、取引量については、２０２２年のＢＩＳのレポートによれば、人民元の取引シェアは、豪ドル、カナダドル、スイスフランを追い抜き、ポンドに次いで第5位（６・５%）まで浮上しました。また、ＩＭＦによれば、世界の外貨準備に占める人民元のシェアは、６割の米ドルには遠く及ばないものの、２０１６年10－12月期の１・０８%から、２０２２年の４－６月期には、２・８８%までじわり拡大しています。

人民元取引量増加の背景には、ＳＤＲ採用だけでなく、徐々に規制緩和が行なわれてきたことも挙げられます。２０１０年に香港市場での人民元のオフショア決済（中国本土以外での決済）が本格的にスタートしたことは、人民元取引促進に一役買ったといえるでしょう。ただ、オフショアの金融機関は限られた場合を除き、オンショア（中国本土の市場）の人民元為替・金利市場にアクセスすることができず、またオンショアの金融機関も原則オフショア市場にアクセスすることができません。その結果、両人民元市場の取引参加者は異なり、人民元のレートにも若干のズレが生じています。ＳＤＲ採用に伴って、中国政府が人民元の規制を撤廃し、一気に自由変動相場制に移行するのではないか、との期待も当時は一部浮上しましたが、やはりそれは、あまりにも時期尚早な期待だったといえそうです。

オフショア市場の解禁など規制緩和を進めていく一方で、中国政府は経済状況に応じて、これまでも人民元相場をコントロールしてきました。

2022年以降は、米国の利上げと中国の景気減速で、人民元には対米ドルで下落圧力がかかり、同年11月には、1米ドル＝7・3元まで人民元相場が下落しました。人民元は資本流出の圧力に晒されやすく、このような人民元下落時には中国人民銀行が介入を行ない、人民元相場を支えます。反対に、何かの要因で人民元が急騰した場合にも、中国の輸出は減少し、経済に悪影響が及びます。中国政府にとってみれば、人民元の下落も上昇も、いずれの方向でも極端な相場は困るのです。

なお、中国政府の介入動向について推測できる指標があります。それは、中国の外貨準備高です。中国の外貨準備高は、2014年の5月に3兆9800億ドルのピークを付けたあと、人民元安が進むなかで急減。2017年には、一時3兆ドルを割り込むのではないかと注目を集めました。その後3兆2000億ドル程度まで戻しましたが、2022年には元安とともに再び減少。おそらくこれも、人民元を支えるために、外貨準備を取り崩して人民元買い介入を実施したためと思われます。

国際金融のトリレンマとは

ここで「国際金融のトリレンマ」について簡単に解説しておきましょう。トリレンマとは3つのことを同時に実現するのはむずかしいということで、「国際金融のトリレンマ」といった場合には、自由な資本移動、通貨の固定相場制、独立した金融政策の3つを同時に実現するのは不可能であることを指しています。

固定相場制で自由な資本移動を実現すると、固定相場の対象としている国（たとえば米国など）の金融政策に合わせる必要が生じるため独立した金融政策が行なえなくなります。逆に固定相場制で独立した金融政策を実現すると、金利の高いほうに資本が移動してしまうので、資本の移動を規制しなければならなくなります。また、先進国通貨がそうであるように、独立した金融政策と自由な資本移動を実現するためには、永遠に為替介入を行なうことはできないので、固定相場制を実現することはできません。

つまり、人民元が先進国通貨の仲間入りをし、ひいては米ドルのように基軸通貨の地位を得るためには、中国政府が独自の金融政策を維持したければ、資本の移動か為替の変動を許容しなければならないということになります。しかし、一気に資本移動の規制を撤廃すると為替が乱高下しますし、為替を固定すれば、資本の自由な移動も規制せざるを得なくなるのです。

したがって、相場の波乱を極力抑えながら人民元の国際化を図るためには、為替も資本移動も、徐々に規制を緩和するしかなく、完全自由化や、ひいては米ドルのような基軸通貨になることは、今後相当な時間、たとえば10年スパンの時間を要するプロジェクトだと見るべきではないでしょうか。

管理変動相場制とはどういう制度か？

改めて、中国人民元の通貨制度についてご説明したいと思います。新興国通貨のなかで、最も注目度の高い通貨といえば人民元です。人民元の通貨制度は、ドルや円のように市場の需給で変動する

「変動相場」でもなければ、自国通貨をひとつの通貨に固定する「固定相場（ペッグ制）」でもありません。いわば、この２つをミックスした「管理変動相場」という制度をとっています。

「管理変動相場制」とは、市場の需給で変動しますが、その変動幅に通貨当局が制限を設けている制度です。人民元の場合は、中国人民銀行が毎朝、現地時間の朝９時半に発表する中間値（基準値）から、上下２％に変動幅が固定されています。

また、中国は２００５年から通貨バスケット制を導入しており、それ以前は人民元を米ドルに固定（ペッグ）していましたが、バスケット制導入以降、人民元は複数の通貨に対して連動しています。通貨バスケット制については、前述のとおりですが、要するに複数の通貨をある決まった割合で集め、その集合体に対して人民元を連動させているということです。こうすると、米ドルなど１つの通貨に対してのみ連動させる固定相場制よりも、値動きが安定するというメリットがあります。

たとえば、バスケットの中身を、円と米ドルで半分ずつにすると、円が対ドルで仮に10％下落しても、人民元はバスケットの構成比に連動するため、ドルに対する下落率は半分の５％になります。人民元のバスケットは現在、ドル、円、ユーロ、韓国ウォン、シンガポールドル、英ポンド、マレーシアリンギット、ロシアンルーブル、豪ドル、タイバーツ、加ドルの11通貨で構成されていますが、具体的な構成比については、明らかにしていません。

人民元は２００５年まで、１米ドル＝８・２７人民元付近で米ドルに固定されていました。同年７月21日に、中国人民銀行は人民元を２％切り上げるとともに、通貨バスケット制の導入を宣言しました。背景には米国のみならず、世界的にも割安な人民元と固定相場に対する批判が高まっていたことがありました。

人民元の変動の歴史

人民元は2005年7月~2008年7月まで、変動幅を決めて徐々に切り上げられていきました。1日の変動幅は、2005年から2007年が基準レートから上下0・3%、2007年から2008年は同0・5%というように、変動幅を拡大させています。しかし、このように1日の変動幅を広げておきながら、この間の実際の変動幅は1日最大0・3%程度に収まっています。長期にわたるドルペッグが外れた2005年7月以降、当初2%切り上げた分を考慮しても、実際には2008年までのあいだで17%しか人民元高が進んでいないのです。

どのくらいのスピード感かといえば、日々0・3%ずつコンスタントに切り上げればおおよそ3カ月で達成できる切り上げ幅を、約3年かけて切り上げたことになるわけです。たしかに歴史的な出来事だったとはいえ、人民元の上昇ペースは極めて緩やかだったことがわかります。

世界的に景気が落ち込んだ2008年7月以降、中国人民銀行は、為替管理を厳格化し、人民元の対米ドル・レートを、実質的に1米ドル=6・83人民元付近に固定します。人民元高の進行を抑えることで、輸出産業の保護を図るのが狙いでした。そして2010年6月19日、中国人民銀行は「人民元為替レート改革をさらに一歩推し進め、人民元レートの弾力性を高める」との声明を発表。人民元の変動幅は、基準値から上下0・5%で変わりないものの、人民元の上昇ペースをやや加速させました。このときは、米国や世界からの固定相場に対する圧力もありましたが、実際のところは国内のます。

インフレ圧力が高まり、消費者物価指数が前年比で３％を超えてきたという国内事情もあったと思います。

インフレに対応するため金融引き締めの必要がある一方で、ドル買い人民元売りの介入を続ければ、むしろ国内市場に人民元を供給していることになり、金融緩和を行なっているのと同じことになってしまいます。したがって、このタイミングで人民元の一層の弾力化に踏み切ったのは、介入の手を徐々に緩めることがむしろ必要だったからです。そして２０１２年４月14日、中国人民銀行は、人民元の１日の変動幅を１・０％に引き上げました。さらに、２０１４年３月17日には２％まで変動幅を拡大。２０１５年７月24日には、「貿易促進策の一環として変動幅を一段と拡大する方針」が中国国務院より表明されました。ただ、このときは、変動の具体的な幅などの詳細は明らかにされませんでした。

シャドーバンキング問題が、人民元相場のターニングポイント

こうして人民元の対ドル相場を振り返ると、２００５年７月の切り上げ以降２０１４年１月までのあいだに、人民元は約27％上昇しました。27％というときわめて大幅な切り上げに見えますが、９年で均せば年間約３％程度の切り上げですから、極端な元高トレンドというほどではありません。ただ、中国元が割安すぎるという世界の声を反映し、人民元はリーマンショック後の２年間を除けば、コンスタントに上昇してきたのです。

このため、過去には人民元への投資が人気を博した時期もありました。政府・中央銀行が切り上げ方向なのだから、元を買っておけば将来は何倍にもなるだろうという期待があったのです。資本規制によって、オフショア（海外）で直接的な購入はむずかしかったものの、ノンデリバラブルフォワード（ＮＤＦ）という、元本の交換を伴わない先物予約や、あるいは中国本土での人民元購入、または、２０１０年、香港で人民元口座の開設が自由になり、オフショア人民元取引（中国本土外での人民元取引）が香港市場で本格化すると、これを使った人民元買いも膨らみました。

しかし、こうした「人民元は上がるのだ」という固定観念が崩れたのは、２０１４年。中国人民銀行が元切り下げに踏み切ったのがきっかけでした。

２０１３年には、中国のシャドーバンキング問題が世界の注目を集めていました。シャドーバンキングは、直訳すると「影の銀行」ですが、とくに正式な定義はないものの、一般的には以下を総称しています。

①銀行の認可を取っていないにもかかわらず融資を行なっている機関、たとえば、私募のエクイティファンド、小口の貸付会社や、農村資金互助社など

②銀行が販売している高利回りの「理財商品」など。これをを通じて一般の投資家から集めた資金が、最終的に地方政府の投資プロジェクトや不動産に流れた。中国では銀行は規制によって融資の金利が制限されているが、ファンドを通じた理財商品という形にすれば、10％程度の金利で不動産業者に貸し出すことが可能になる

２０１３年には、中国の銀行規制当局が理財商品に対する監視を強化したことから、理財商品の利回りが急速に低下。理財商品のデフォルトが相次いだことなどで、シャドーバンキング問題に注目が集まりました。これが中国の景気減速に拍車をかけるのではないかとの見方から、「当局は融資の規制を強化する一方で、景気を下支えするために人民元を切り下げるのではないかとの憶測が広がりました。

実際、２０１４年2月には、中国人民銀行の介入により、人民元が対ドルで急落。これを境に、中国は人民元安誘導に転じました。

２０１５年8月、ついに中国人民銀行は人民元の基準値を１・９％一気に切り下げましたが、株式市場の急落、中国経済の一段の減速などを受けて、中国からの資金流出が続くなか、人民元相場は下落トレンドが続きました。その後、紆余曲折ありましたが、結局のところ、人民元の対米ドル相場は、米ドル自体の強弱感やトレンドに大きく影響を受けるようになっています。とくに２０２２年は米国の利上げを受けて、米ドルの名目実効為替レートが大きく上昇するなかで、その反対に人民元が対米ドルで大きく下落したのは、先述したとおりです。

LECTURE 8-2

資源国通貨

豪ドル、ブラジルレアルが代表的

中国経済と関連が深い豪ドル（AUD）

個人投資家にとって、外為市場が身近になったことはとても良いことだと思います。ただ、取引できる通貨の種類が増え、選択肢も広がった一方で、「一体どの通貨に投資したらいいのか」と迷うこともあるでしょう。したがって、ここからは主要通貨以外の通貨の特徴について説明していきます。

まずは、個人投資家に非常に人気の高い、「資源国通貨」です。「資源国通貨」とは、豊富な天然資源を保有し、それを海外に輸出している国の通貨のことです。メジャーなところでは豪ドル、ニュージーランド（NZ）ドルなどのオセアニア通貨や、カナダドル、ブラジルレアル、ノルウェークローネなどが挙げられます。これらのなかでも人気なのは、豪ドルやニュージーランドドル、ブラジルレアルです。オセアニア通貨は、完全変動相場制であるうえ、円に対して相対的に金利が高いのが人気の秘密です。また、豪ドルはカナダドルやノルウェークローネなどに比べて流動性が高いことも、投資家にとっては安心材料のひとつです。一方、ブラジルレアルは資本規制のある新興国通貨ですが、圧倒的に金利が高いことが魅力となっているようです。

ではまず豪ドルから解説していきましょう。

豪ドルは、正式にはオーストラリアドル（Australian Dollar）ですが、一般的には英語で「オーストラリアの」「オーストラリア人の」という意味の「オージー（Aussie）」と呼ばれることがほとんどです。

オーストラリア（豪州）は、豊富な天然資源に恵まれており、主に石炭、鉄鉱石、金などの鉱物資源のほか、天然ガスや原油、ウランなども輸出しています（**図表8－1**）。こうした資源の輸出は世界でトップを誇るものが多く、そのため豪ドルは、商品相場に連れて振幅する傾向が見られます。とくに金や原油などの先物相場が上昇すると、豪ドルも上昇する傾向があるのです。

図表8-1 ＞ 豪州最大の輸出先は中国
―― 豪州の輸出品目と輸出先（2021年末時点）

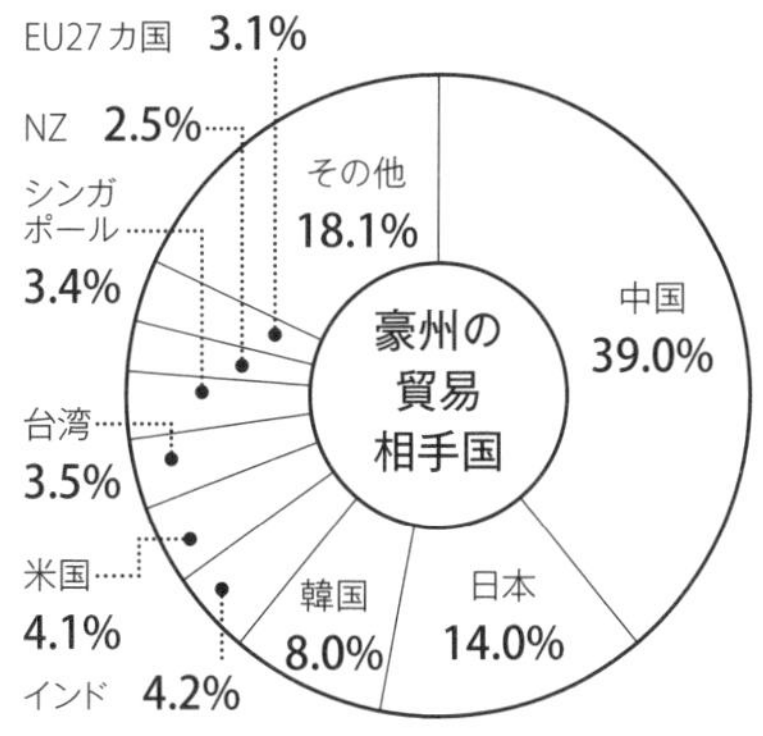

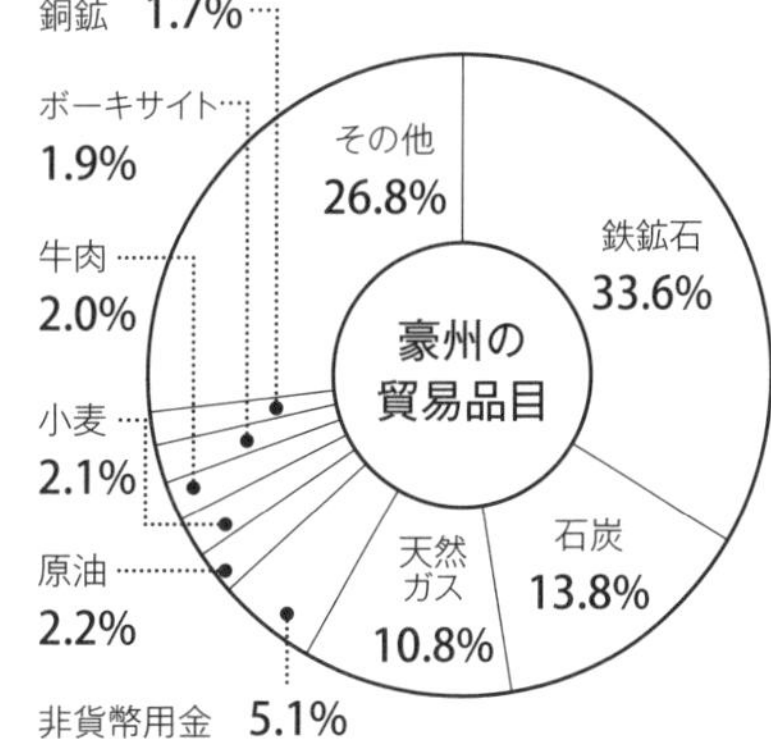

出所：豪統計局

また、こうした資源の輸出先は、以前は日本がトップでしたが、経済成長とともに中国が日本を追い抜き、現在では豪州からの輸出全体の約39%を中国が占めています。そのため、豪州経済は中国の景気動向の影響を受けやすく、たとえばリーマンショック翌年の2009年、先進国のほとんどが景気後退に陥ったにもかかわらず、豪州は中国の景気回復に支えられて、先進国では唯一マイナス成長に陥りませんでした。

ただ、経済的な結びつきによって2015年頃までは良好に見えた豪中関係も、その後、安全保障上の懸念の声が国内で広がり始めると、徐々に悪化していきます。とくに2018年から2022年のスコット・モリソン政権（自由党）では、モリソン首相が2020年3月に、新型コロナウィルスの発生源について独立調査を求めたことに中国は猛反発。豪州に対しさまざまな貿易制裁を発動するなど、豪中関係は決定的に悪化しました。

しかし、豪州は対中貿易依存度が非常に高かったにもかかわらず、中国からの制裁による経済への影響は限定的でした。ひとつには、中国が鉄鉱石の輸入を豪州に依存していたため、鉄鉱石は新たな関税の対象としなかったこと、また、世界的にも、ブラジルや米国などの鉄鉱石の産出量がコロナの影響などもあり減少したなかで、鉄鉱石の価格が高騰したこと、さらには豪州が輸出先の多様化を図ったことなどが挙げられます。

2022年11月、豪州のアルバニージー首相と中国の習近平国家主席は、20カ国・地域（G20）首脳会議が行なわれたインドネシアのバリ島で、2016年以来久々となる首脳会談を行ないました。お互い関係の修復を模索しているようですが、一度完全に決裂した関係を改善するには、かなり時間がかかりそうです。

対中依存度の高さから、以前は中国の企業景況感などの経済指標に対し、改善であれば豪ドルが上昇、悪化であれば豪ドルが下落、といった形で豪ドルの値動きが大きく反応する傾向がみられました。

しかし、最近はこうした連動性もかなり薄れてきたように思われます。

また、豪ドルは、市場心理に左右されやすく、リスクオンのときは買われやすい一方で、ひとたびリスクオフになると米ドルやユーロ、円に比べて流動性の低い豪ドルは急落する傾向があることに注意が必要です。

なお、オーストラリア準備銀行（Reserve Bank of Australia・ＲＢＡ）は政策判断の基準として、インフレ同様、雇用情勢も重視しています。豪州の失業率とＲＢＡの政策金利の推移を重ねると、失業率の低下とともに金利は上昇、失業率が上昇すると金利は低下、といった具合に、非常に負の相関性が強いことがわかります。

そのため、豪ドルのポジションをとる場合は、豪州のインフレ率と雇用統計に注目することをお勧めします。

振れ幅が大きいニュージーランドドル（ＮＺドル・ＮＺＤ）

では、同じオセアニア通貨であるニュージーランドドル（ＮＺドル）には、どのような特徴があるのでしょうか。

ＮＺドルの正式名称はニュージーランドドル（New Zealand Dollar）ですが、愛称はキウイ（Kiwi）というのをご存じですか？　これは、ニュージーランドの国鳥で、ニュージーランドにしか生息しておらず、絶滅危惧種に認定されている羽のない鳥、キウイのことです。これがNZドルの愛称にもなっているのです。

ニュージーランドは豪州と同じオセアニア通貨であること、経済も連動していることから、通貨も豪ドルとは連動性が高いのが特徴です。

ただ、資源国といっても、豪州のような鉱物燃料などの天然資源よりは、酪農品や食肉が主な輸出品目で、これだけで輸出全体の約45％を占めています。輸出先の1位は、以前はお隣の国、オーストラリアでしたが、いまは中国が28％、オーストラリアが14・5％と、中国がダントツです。

対中輸出が急速に伸びた背景として、中国の急速な経済成長とともに起こった、「食の西洋化」があります。食の西洋化の顕著な例としては、コーヒーやワインなどの消費が急激に増加してきたことが挙げられます。コーヒーチェーンのスターバックスは1999年1月に北京で中国第1号店をオープン。その後急速に店舗数を伸ばし、2022年9月27日、中国本土で6000店舗目をオープンしたと発表しました。同社の成長戦略が見事奏功し、短期間で店舗を急拡大させたのには目を見張るばかりです。同時に、2001年に中国が世界貿易機関（WTO）に加盟し、国際基準に則って貿易を発展させ、グローバル化が一気に進んだことも背景にあるといえるでしょう。同社は、2025年にはなんと9000店舗を目指すとしています（注12）。

また、国際ブドウ・ワイン機構（International Organisation of Vine and Wine・OIV）の調べによると、2021年の中国のワイン消費量は、1050万ヘクトリットルと、米国、フランス、イタリア、ドイツ、英国、スペインに次いで、堂々の7位となっています。1人当たりの消費量にするとまだ10位にも入りませんし、コロナの影響もあってここ数年は全体的に消費量も減少傾向にあるものの、中国は世界でも有数のワイン市場になりつつあります（注13）。

中国でラテの消費量が増えれば牛乳の消費も増え、ワインの消費量が増えればチーズの消費量も増える……こうした傾向がニュージーランドの輸出を急速に伸ばしてきました。

ただ、ニュージーランドの経済規模は小さく、名目ＧＤＰは２４６７億米ドル（２０２１年実績）と、日本の４・６兆ドルの約５％、人口は５１０万人と東京都の約3分の１しかありません。規模の小さな国であり、通貨の流動性も低いということは頭の片隅に置いておいたほうがいいでしょう。そのため身の丈に合わないバブルの後には、深刻なショックが訪れる傾向があります。

ニュージーランドは住環境の良さから不動産ブームに沸き、ニュージーランド不動産協会（ＲＥＩＮＺ）が公表している全国不動産価格指数によれば、２００３年末の不動産価格は前年比約25％まで上昇しました。２００８年のリーマンショック直前は政策金利が8・２５％と先進国では最も高かったため、海外からの投資マネーが集まり、ＮＺドルは上昇しました。しかし、２００８年9月のリーマンショック後、リスクオフによりＮＺドルは急落。やはり流動性が低い通貨であることから、下げ幅も大きく、その後約半年間で、対円では約42％も下落し、１ＮＺドル＝44円台の安値を付けました。当時住宅バブルの崩壊により深刻な景気後退に陥りましたが、ＮＺ準備銀行が積極的な利下げを断行。その後、景気は徐々に回復していきます。２０１３年時点のＮＺの政策金利は2・５％と、過去に比べればかなり低かったものの、アベノミクスで日本が大規模緩和に踏み切るなか、ＮＺドルは対円で上昇。２０１５年には94円台の高値を付けました。

２０２０年のコロナショックでは、ＮＺ準備銀行が政策金利であるオフィシャル・キャッシュレートを０・２５％まで利下げし、ＮＺドルもリスクオフで一時大きく下落する局面もみられましたが、２０２１年９月には、急加速するインフレに対応するため利上げに転じ、ＮＺ円は２０２２年12月には２０１５年６月以来となる、88円台を付けました。

為替相場は、相対的な通貨価値を示したものですから、さまざまな要因で動きますし、いくらが適正水準（Fair Value）かというのを決めることはできません。ただ、短期で一方的に買われ、上昇しすぎたものには、ほぼ必ずといっていいほど揺り戻しがきます。とくにニュージーランドは、エネルギー資源に乏しいため、石油や鉱物性燃料は輸入に頼っています。したがって、ＮＺドルが、豪ドルなどに対しても上昇し続けた後、何かのきっかけで急落した場合には、ＮＺ経済の大きな足かせになる恐れがある点には注意したいところです。

なお、ニュージーランド準備銀行（Reserve Bank of New Zealand・ＲＢＮＺ）は、１９９０年に主要国に先駆けてインフレターゲットを採用し、２０２３年３月現在も前年比の消費者物価指数が１～３％のあいだに収まるよう金融政策を運営しています。

米ドルと連動しやすいカナダドル（加ドル・ＣＡＤ）

カナダは高い油分を含む砂岩（オイルサンド）を有しており、世界でもトップクラスの産油国です。１日当たりの原油産出量で比較すると、１位アメリカ（約１６００万バレル）、２位サウジアラビア（約１１０

0万バレル）、3位ロシア（約1000万バレル）、4位カナダ（約510万バレル）、5位イラク（約410万バレル）（2020年時点）と第4位の産出量を誇ります（注14）。

　原油のほか、天然ガス・液化天然ガス、電力などのエネルギー関連全体で輸出全体の約3割を占めているため、カナダドル相場は原油価格などの動きに大きく影響されます（**図表8－4**）。原油先物価格（West Texas Intermediate・WTI）と、カナダドルを重ねてみると、非常に相関性が高いことがわかります。

　また、カナダは天然資源の輸出のみではなく、北米の自動車生産地（自動車の組み立てや部品の生産）としての強みがあります。コストの優位性や法人税率の低さなどから、自動車会社の多くが拠点を持っています。新型コロナの影響で、自動車生産が米国にシフトしたことで生産台数は減少しましたが、EV生産に向けた体制整備が急速に進んでいることが期待されています。20

図表8-4 ＞ 加ドル相場は原油価格と相関性が高い
── 原油価格とカナダドル（対米ドル）相場

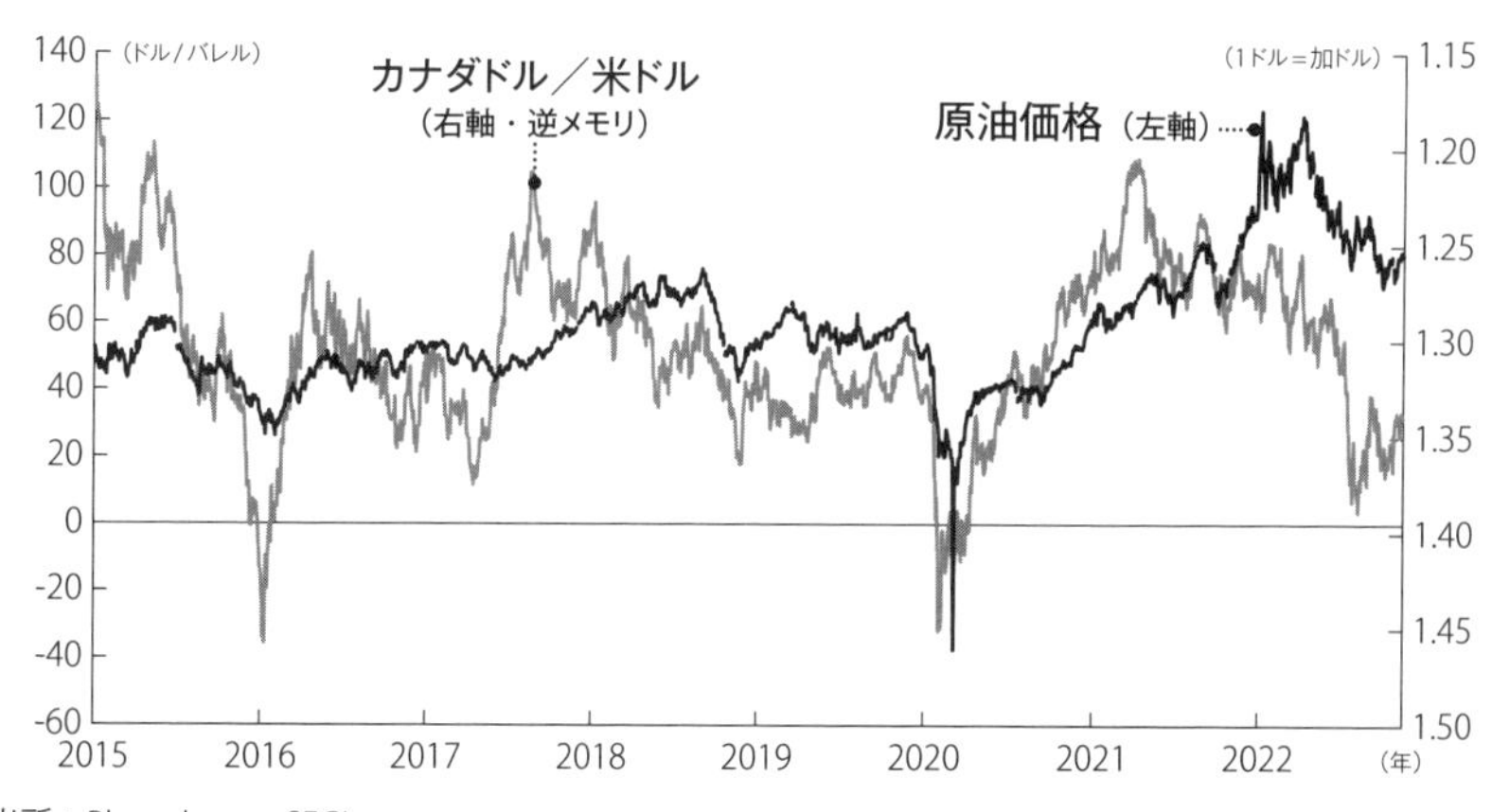

出所：Bloomberg、SFGI

22年5月には、オランダの自動車メーカー、ステランティスがカナダ政府の協力のもと、ＥＶ生産工場への大型投資を発表したことなども話題となりました。

ただ、カナダの輸出のほとんどが米国向けで、輸出全体に占める対米輸出が約75％を占めていることから、カナダドルは米国経済の動向にも影響されやすいという特徴があります。

したがって、2020年から2022年にかけて、原油価格が1バレル＝16ドル付近から120ドル付近まで大幅に上昇したときには、2021年の半ばまではカナダドルもこれに連動し、対米ドルで上昇していましたが、米国でインフレが加速し、利上げ期待が高まるなかで米ドル高が進行すると、これに押し下げられる形で、まだ原油高が続いていたにもかかわらず米ドルで下落したのです（前ページ図表8－4参照）。

経済成長のポテンシャルは高いが政治に波乱要因（ＢＲＬ）

ブラジルも鉄鉱石や原油など、豊富な天然資源に恵まれています。その他、主な輸出品目としては、大豆やコーヒー豆などが挙げられ、こうした一次産品の輸出が全体の約8割を占めています。加えてバイオエタノールの開発、生産にも力を入れており、米国に次いで世界2位の生産量となっています。

したがってブラジルレアルも、資源国通貨の仲間と認識されており、原油相場をはじめ商品相場の動向に左右される面があります。

何といっても南米最大規模の経済を誇ること、世界的にトップクラスの大企業も多く、たとえばリオデジャネイロに本社を置く石油会社のペトロブラスは、南米最大の石油会社です。またサンパウロの航空機メーカー、エンブラエルは現在、ヨーロッパのエアバス、アメリカ合衆国のボーイングに次いで、世界第3位のシェアを誇る大企業であり、資源だけでなくこうした製造業の大企業があることも、大きな魅力のひとつです。

ブラジルの主な輸出先は中国（全体の32・3％）、米国（全体の11・1％）などです。加えて、輸出のみならず内需が強いのも、ブラジル経済の強みです。2022年の国連のデータによると、日本の平均年齢が48・7歳であるのに対し、ブラジルの平均年齢は33・2歳で、2億2000万人の人口のうち若年層が多いことが、長期的にブラジルの内需を支えていくとみられています（注15）。

ブラジルの魅力ばかりを並べましたが、ブラジル経済がこれまで順風満帆だったわけではありません。1980年代には深刻な金融危機を経験しています。

1970年代、8％台の強い成長を謳歌していたブラジルも、1980年代に入り、世界的な金利上昇をきっかけに、金融危機に陥っていきました。欧米や日本から過剰なまでに流入していた資本の流れが途絶え、国内の投資が鈍化、対外債務が増加し、インフレが加速しました。

そして1990年代前半には、物価上昇率が2500％という途方もないハイパーインフレに陥ったのです。

政府は当時の通貨クルゼイロを大幅に切り下げ、新通貨レアルが誕生。1994年に米ドルと連動させるペッグ制度を導入し、ようやくハイパーインフレを抑えることができたのです。

しかし1999年には、第二の危機ともいうべきブラジル通貨危機が起こりました。1998年のロシア危機をきっかけに、ロシアと同様に経常赤字と財政赤字が拡大していたブラジルから、海外投資家の資金流出が加速したのです。

1999年1月、ブラジル三大州のひとつ、ミナス・ジェライス州のフランコ知事が、州の対連邦債務の90日間停止を宣言したことをきっかけに、ブラジルからの資金流出はさらに加速し、ブラジルレアルは暴落しました。

いよいよドルとの固定相場（ドルペッグ制）を支え切れなくなったブラジル政府は、変動相場制への移行を発表し、その後、IMFの関与とともに財政と経済の立て直しを図ります。この間、わずか2カ月でしたが、ドルとのペッグが外れていくなかで、ブラジルレアルは約70%も急落しました。レアルは変動相場制移行後も下落を続け、2002年には1米ドル＝4・01レアルを付けました。1999年の変動相場制移行直前の水準が、1ドル＝1・2067レアルでしたから、実に230%も対ドルで下落したことになります。ブラジルはこの二度にわたる経済危機を経て、経済改革や貿易の自由化、財政改善を行ない、その後の長期にわたる経済成長を成し遂げたのです。

しかしここ数年、ブラジルにとって再び試練が訪れています。まずは、中国の景気減速による悪影響や、米国のシェール革命による資源価格の下落などにより、経済環境は厳しさを増しています。インフレと景気悪化が同時に起こるスタグフレーションによって、ブラジルは2015年、2016年と、深刻な景気後退に陥りました。

さらに、ブラジルでは政局の混迷も続きました。同国の大手石油会社ペトロブラスをめぐる汚職事件は、2014年に捜査が開始されましたが、2016年には弾劾裁判が行なわれ、当時のジルマ・ルセフ大統領が有罪となり罷免されるという厳しい結果をもたらすことになりました。この問題は、ブラジルの国政石油会社ペトロブラスの幹部らが、建設会社と金額を水増しした請負契約を結び、見返りに賄賂を受け取り、その一部が政治家に配分されていたという問題で、数十人に及ぶ同国の政治家がこの事件の捜査対象とされるなど、思わぬ広がりをみせました。

その後、ミシェル・テメル副大統領が大統領に就任し、ルセフ大統領の残りの任期を引き継ぎました。同氏は年金制度と労働法を全面的に見直し、公共支出を抑制する意向を示しました。テメル大統領の緊縮的な財政策は、ブラジルの財政改善には寄与したものの、国民には支持されず、支持率が低迷するなか２０１８年に退任。その後の大統領選で次期大統領に就任したのが、ジャイル・ボルソナロ大統領です。

右派のボルソナロ前大統領は、「ブラジルのトランプ」と呼ばれるほど、その個性的なキャラクターと激しい発言で有名ですが、新型コロナへの対応のまずさが国民の不信をまねき、これが痛手となりました。新型コロナでは米国に次ぐ69万人もの死者を出したにもかかわらず、経済活動優先を続けました。マスクを着用しないように国民に呼びかけ、ワクチンの接種を拒否し、結果自身も罹患しましたが、「新型コロナはタダの風邪だ」と発言したことは世界に衝撃を与えました。国民の不信は高まり、２０２１年は支持率が22%まで低迷。２０２２年の大統領選では、２００３〜２０１０年にも大統領を務めた左派のルイス・イナシオ・ルラ・ダシルバ大統領が返り咲きました。

ブラジルは、１人当たりＧＤＰ（国民の豊かさ）で見ると、約１万６０００米ドル、国民の平均所得も約７０００米ドル／年と、米国の約６万９０００米ドル（平均所得は約４万９０００米ドル）、日本の４万２０００米ドル（平均所得は２万７０００米ドル）（いずれも世界銀行調べ、２０２１年）と比べても、決して「豊かな国」とはいえません。政局混乱が生じやすいのは、財政バラマキ型の大統領が人気を得やすい面があること、また汚職などが報道されやすいことなどが挙げられそうです。この結果、ブラジルは経常収支、財政収支共に赤字という「双子の赤字」が続いており、通貨もネガティブなニュースをきっかけに大きく下落するなど、極めて脆弱です。

また、ブラジルは、その金利の高さから海外からの投資マネーが集まりますが、その分、リスクオン・リスクオフといった市場心理に左右されやすいことが、相場を不安定にする要因となっています。

そのため、資源国であり、工業が発達し、内需も強いというように、三拍子そろって将来の経済成長に対する期待は持てる国であり、リスクオンのときには真っ先に上昇しやすい通貨ではあるものの、たとえばリーマンショックや欧州債務問題といった、国外の情勢悪化に伴うリスクオフによって、大幅に下落することもあります。

また、ドルに固定（ペッグ）していた時期に比べると、かなり規制は撤廃されましたが、それでもブラジルレアルは依然として、オフショア（ブラジル国外）で自由に取引できる通貨ではありません。ブラジルレアルの外貨預金はＮＤＦという手法を用いて近年可能になりましたが、まだ部分解禁の域は出ておらず、ブラジルレアルに投資したい場合には、外貨預金以外だとブラジルレアル建ての債券や、ブラジルの株価指数が組み込まれた投資信託などで投資するしか選択肢がないというのが実情です。

今後の成長性を考えれば、たしかに投資先としての魅力はあるものの、投資の選択肢が狭く、イザというときに流動性が十分に得られないというデメリットがあります。また、普通の預金や外国為替証拠金取引に比べて、投資信託や債券を通じてブラジルレアルに投資する場合は、機動的に売却するのがむずかしいといった問題点もあります。

ところで、ブラジルは２０１０年10月に、通貨高を抑制させる目的で、ブラジルレアル建ての債券投資に伴う為替取引に課せられている金融取引税（ＩＯＦ）を2回も引き上げ、６％にしました。これがまさに「カントリーリスク」「新興国リスク」であり、新興国の高金利通貨に投資する際は、認識しておかなければなりません。

先進国では、海外の投資家からの信用を損なうような規制の強化を突如、発表することはありませんが、新興国の場合は、それぞれの国のお家事情によって、政府が突然規制を強化したり、新たな税制を取り入れたりすることがあるのです。こうした寝耳に水の発表は、時に大幅な通貨安を引き起こす恐れがあるので、注意が必要です。

ユーロと逆の動きをしやすいノルウェークローネ（NOK）

ノルウェーは1日当たりの産油量が約200万バレル（2021年実績）と、世界第11位の産油国であり、輸出全体の約42％が原油・天然ガスなどの燃料です（注16）。したがって、ノルウェークローネ（NOK）も基本的には、原油価格と連動します。

ただ、大手エネルギー関連事業会社のBPによれば、ノルウェーの石油の埋蔵量は、2020年末時点で79億バレルまで減少しており、R／Pレシオ、つまり可採年数は約11年と限られるため、天然ガス、原油の輸出に依存する経済構造からの脱却が長期的な課題となっています（注16）。

2021年1月のロイターの報道によれば、新たな資源開発として、ノルウェー政府は海底の調査に3年をかけ、銅、亜鉛、コバルト、金、銀を含む深海の鉱床の存在を確認したとのこと。早ければ2023年にも、自国の海底に眠る銅や亜鉛などの金属の採掘を企業に許可する可能性があるそうです。これらの金属資源は、グリーン・テクノロジー分野で旺盛な需要がみられるため、そうした面でも期待されるところです。

なお、ノルウェーの天然資源の主な輸出先は欧州に偏っており、全体の8割を占めます。最大の輸出先であるイギリス（全体の18％）を除いたユーロ圏向けだけでも全体の57％であることから、ユーロ圏経済の動向に左右される傾向がみられます。

したがって、長期的にはＮＯＫとユーロの相関性は高いのですが、ノルウェーはユーロ圏に参加しておらず、天然資源輸出による富の蓄積によって財政も健全であることから、２０１０年以降深刻化した欧州債務危機のときには、ユーロからの資金逃避先として、ＮＯＫがユーロに対して一方的に買われる局面もありました。

通貨ユーロとユーロ圏経済には密接な関係がある一方、ノルウェーが通貨ユーロを採用していないことや、財政の健全性がまったく異なることから、短期的にＮＯＫは、ユーロとまったく逆の動きをすることがある点には注意が必要です。

そのため、原油価格はリスクオンのときに上昇する傾向がある一方、リスクオフでは売られますが、欧州債務危機によって、リスク回避のマネーがノルウェーに向かっていたときには、原油価格の下落にもかかわらずＮＯＫが買われるなど、ＮＯＫと原油価格とのあいだに、相関性はみられませんでした。

このように産油国だからといって、原油と必ずしも同じ動きとはならない点にも注意が必要です。

歴史を振り返ると、ノルウェーは１９７２年に国民投票でＥＣ（ヨーロッパ共同体）への加盟を否決しており、１９９４年にも同じく国民投票でＥＵの加盟が否決されています。それ以降、ＥＵ加盟に対する具体的な議論は行なわれておらず、今回、欧州債務危機も経験したことで、EU加盟の可能性は当面なくなったといっていいでしょう。

ノルウェーは海に囲まれ漁業も活発で、豊富な自然と天然資源に恵まれており、一人当たりGDPも世界で第4位と、トップクラスの豊かな国です。

したがって、EU加盟により、さまざまな基準で縛られることに対して、国民の懸念が強いことが、EU非加盟の背景となっています。とくにEU加盟による農業や漁業への影響に対する懸念が強く、いまのところEU加盟賛成は約3割、反対が7割となっています。

なお、ノルウェー政府は、石油・ガス事業からの収入を将来の国民の年金資金にするために、政府年金基金として積み立て、運用する政策をとっており、これをソブリンウエルスファンド（政府系ファンド・SWF）と呼びます。

ノルウェーのSWFは1990年に運用を開

図表8-5 〉 資源国は国民の豊かさは高い
—— 資源国の1人あたりGDP

国名	名目GDP（10億USD）	人口（100万人）	1人当たりGDP（USD）
日本	4,007.87	125.6	39,301
ブラジル	1,845.19	215.4	7,564
カナダ	2,152.52	38.4	52,015
オーストラリア	1,694.78	26.1	63,464
ノルウェー	591.42	5.5	89,042
ニュージーランド	245.75	4.9	48,317

2022年10月時点
出所：各国統計局

始し、運用資産は1・3兆米ドルにも及んでいます。このSWFの投資動向に対する思惑が、NOK相場に影響を与えることもあります。

とくに、2015年10月以降は、原油価格の急落によってノルウェーやサウジアラビアなど、産油国の国家財政が悪化したことで、こうしたSWFによるファンドの取り崩しやポジション調整が話題となりました。一部大幅に株安・円高が進行したのはこのためだともいわれています。

さて、これまで資源国通貨を中心に見てきましたが、全体的に共通した特徴としては、資源価格や商品相場の動向に連れて変動するケースが多いという点でした。

また、もうひとつの共通点としては、豊かな国であるということです。前ページ**図表8－5**は、名目GDPを人口で割った「1人当たりGDP」です。これを見ると、資源国のGDPは、日本に比べて圧倒的に小さいのに対して、国民の豊かさを示す1人当たりGDPは、日本とさほど変わらないことがわかります。

LECTURE 8-3

その他の注目通貨

時折り注目されるスイスフランの特徴は？

欧州の安全資産（CHF）

投資家のリスク回避姿勢が強まると、最近は低金利の米ドルや円が大きく買われるので、スイスフランが話題に上ることが少なくなりましたが、もともとリスク回避先としてはスイスフランがメインでした。

スイスは永世中立国であること、また相対的に低金利政策が長く続いてきたことから、欧州ではキャリー取引の調達通貨となっていることもあり、とくに地政学リスクが高まったときなどは、上昇する傾向があります。

また、スイスでは国内99％以上の企業がフルタイム従業員250名以下の中小企業ですが、その一方で食品総合大手のネスレに加え、ノバルティス、ロシュといった大手医薬品メーカー、その他、世界最大の時計メーカーであるスウォッチグループなど、大手の輸出企業も存在するため、スイスフランの上昇は経済に大きなマイナスの影響を及ぼします（注17）。とくに欧州への輸出が全体の約5割を占めるため、対ユーロのスイスフラン相場には、通貨当局も神経を尖らせています。したがって、突然介入が行なわれることがあります。

2010年のギリシャ・ショックに端を発した欧州債務問題によって、リスク回避先のスイスへ欧州からの資金が向かい、一方的なユーロ安スイスフラン高が進行しました。1ユーロ＝1・40スイスフラン付近だったユーロ・スイスフランが、翌2011年の8月には1ユーロ＝1・0085スイスフランを付ける展開となったのです。

こうした事態を受けて、スイス国立銀行（SNB）は、ユーロ・スイスフランの下限レートを1ユーロ＝1・20スイスフランとして、その水準を維持するために無制限に介入することを発表し、同時に大量のユーロ買い介入を実施しました。

SNBは声明で、「最近のスイスフランの大幅な過大評価はスイス経済にとって脅威となっており、デフレのリスクを高めている」「SNBはスイスフランの大幅かつ持続的な下落を望み、ユーロ・スイスフランで1・20を下回る水準は容認しない」「SNBは最大限の決意を持ってこの最低水準を守るため、無制限に外貨を購入する用意がある」と、発表したのです。

ところが、2015年1月15日、SNBは突如、この1・20のユーロ・スイスフランの下限を撤廃すると発表しました。市場で欧州中銀（ECB）の量的緩和観測が高まるなか、ユーロに強い下落圧力がかかり、とうとう介入でユーロ・スイスフランを支え続けることを断念したと思われます。SNBはこれに先立ち、2014年12月にマイナス金利政策を導入する方針を発表。2015年1月には「無制限介入の中止」とともに、政策金利を当初予定のマイナス0・25％からマイナス0・75％

へと引き下げることを発表しました。これに伴い、一時1ユーロ＝0・85スイスフランまで下落したユーロ・スイスフランは回復し、その後は長期にわたり、ユーロ・スイスフランは1ユーロ＝1スイスフランを挟んで比較的安定したのです。

ところが、2022年6月、久々にスイス中銀が市場を驚かせる場面がありました。突如政策金利をマイナス0・75％からマイナス0・25％へと引き上げたのです。利上げは、2007年9月以来約15年ぶりのことだったうえ、市場参加者のほとんどが利上げを予想していなかったことから、再び大きなサプライズとなりました。

すでにFRBが利上げに踏み切っていたことに加え、ECBも同年7月から利上げを開始する方針であったことから、スイスフラン安に伴うさらなるインフレの加速を防ぐのが狙いだったと思われます。一部投機筋のあいだで「次は日銀か？」との憶測が広がったことなどにより、対ドルで一時円高が進むなど、市場が混乱する場面もみられました。その後、同年9月にも追加利上げが決定され、政策金利はマイナス0・25％からプラス0・5％となり、約8年近くに及ぶマイナス金利政策に、終止符が打たれたのです。

これまで見てきたとおり、スイスフランは低金利であることや、安全資産としての位置づけから、市場の不透明感が高まっているときには上昇しやすいなど、ドルや円と似たような動きになることもあります。一方で、通貨の取引シェアは、米ドル（44％）、ユーロ（15％）、円（8％）に比較して、2・6％（8位）と、相対的に低いため、ボラティリティが急騰するケースもしばしばみられる点には注意が必要です。

・P２４３　注11：https://www.imf.org/en/News/Articles/2016/09/29/AM16-NA093016IMF-Adds-Chinese-Renminbi-to-Special-Drawing-Rights-Basket

・P２５６　注12：ロイター『Starbucks Plans about 9,000 China outlets by 2025』

・P２５７　注13：http://www.oiv.int/what-we-do/data-discovery-report?oiv

・P２５９　注14：BP『Statistical Review of World Energy 2022/71st edition』

・P２６１　注15：https://ourworldindata.org/grapher/median-age

・P２６５　注16：BP『Statistical Review of World Energy 2021/70th edition』

・P２７０　注17：スイス外務省　https://www.eda.admin.ch/aboutswitzerland/en/home/wirtschaft/uebersicht.html

CHAPTER 9

為替相場に必要なテクニカル分析

LECTURE 9-1

テクニカルチャートの使い方

「なぜ」ではなく「どのように」を分析し予測する

為替相場におけるチャート分析の意味

チャート分析は、詳しく書き始めるとそれだけで1冊の本ができるくらい奥が深いものです。ですから、ここでは為替相場を見るときに役立つもの、「これだけは押さえておくと便利！」というものだけをピックアップして、簡単に説明したいと思います。

チャートは、さまざまな利用方法があると思いますが、「これは上昇する」と予測したときに、どこまで上がるのかというトレンドの目標値を割り出したり、相場の転換点を判断したりするのに、役立ちます。

また、実際にディールする場合、売買のタイミングを計る、あるいはオーダーを置く際などには具体的な目標値が必要ですから、やはりチャートが頼りになります。このように、チャートは、実際の売買を行なう際に知っておくべき重要なツールです。

チャート分析の重要なポイントは、「なぜ」価格が変動しているのかではなく、「どのように」価格が変動しているのかを分析し、将来の価格や方向性を予測することです。いまあなたが見ている為替レートというのは、その時点で存在するすべての材料、市場参加者が知り得るすべての情報を織り込んだうえで形成されているプライスで、そのプライスの連続がトレンドを形成していきます。

結局、相場を動かしているのは人間ですから、こうした情報を織り込んだうえで、市場参加者の心理がどのように変化し、どのような行動をとるのか、それによってどのような値動きのパターンが形成されているかを知り、分析することで、将来の値動きを予測するのが、チャート分析なのです。

「歴史は繰り返す」とよく言われますが、相場においても過去に起こった値動きのパターンは、人間の心理や行動に一定の傾向があるため、将来も繰り返される可能性が高いのです。

チャートの基本はローソク足

チャート分析とは何かを理解したところで、具体的なチャートの使い方を考えてみましょう。

まずはローソク足からです。ローソク足は、英語で「キャンドルスティック」とも呼ばれるように、まさにローソクの形をしています。

表記の仕方ですが、まず一定時間内の始値、高値、安値、終値の4つの値を記録します。始値より終値が高ければ、上昇を示す「陽線（ようせん）」といって、始値と終値のあいだが白抜きになります。逆の場合は、下落を示す「陰線（いんせん）」となり、始値と終値のあいだが黒塗りになります。この

1本のローソクが1日の動きを表しているときは「日足（ひあし）チャート」、1週間の動きを示していれば「週足（しゅうあし）」、1カ月であれば「月足（つきあし）」と呼びます。

ローソク足の活用方法

さまざまな活用方法がありますが、基本的にはローソク足を使うことによって、上昇や下落の基調、トレンド転換のパターンを掴むことができます。1本のローソク足でもある程度のサインは読み取れますし、何本か組み合わせればさらに予測の確度が高まります。

たとえば、ローソク足には始値、終値と、高値、安値が異なる場合にはヒゲという形が生じます（**図表9－1**）。

「上ヒゲ」はその期間の高値から押し戻されていることを示しています。上ヒゲが長いとい

図表9-1 ＞ ローソク足で値動きの状況がわかる
―― ローソク足の描き方

陽線　始値より終値が高い

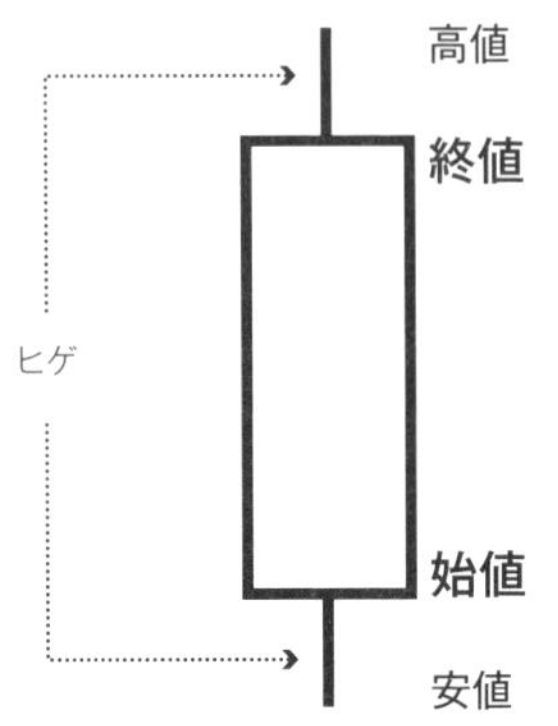

陰線　始値より終値が安い

うことは、高値から急激に推し戻されたことを意味するため、高値圏での売り圧力が強かったことを示しています。したがって、高値圏でこれが出てきたら、相場が反落する兆しとなります。「下ヒゲ」はその逆で、安値圏でこれが出現した場合には、反発の兆しとも読み取れます。

またいくつかのローソク足を連続で見た場合のパターンでも値動きのトレンドを判断することができます。陽線が連続していれば上昇基調を示し、陰線が連続していれば下降基調の傾向を示しているといった具合です（**図表9－2**）。

図表9-2 ＞ドル円週足
―― 陽線の連続が、上昇トレンドを示唆

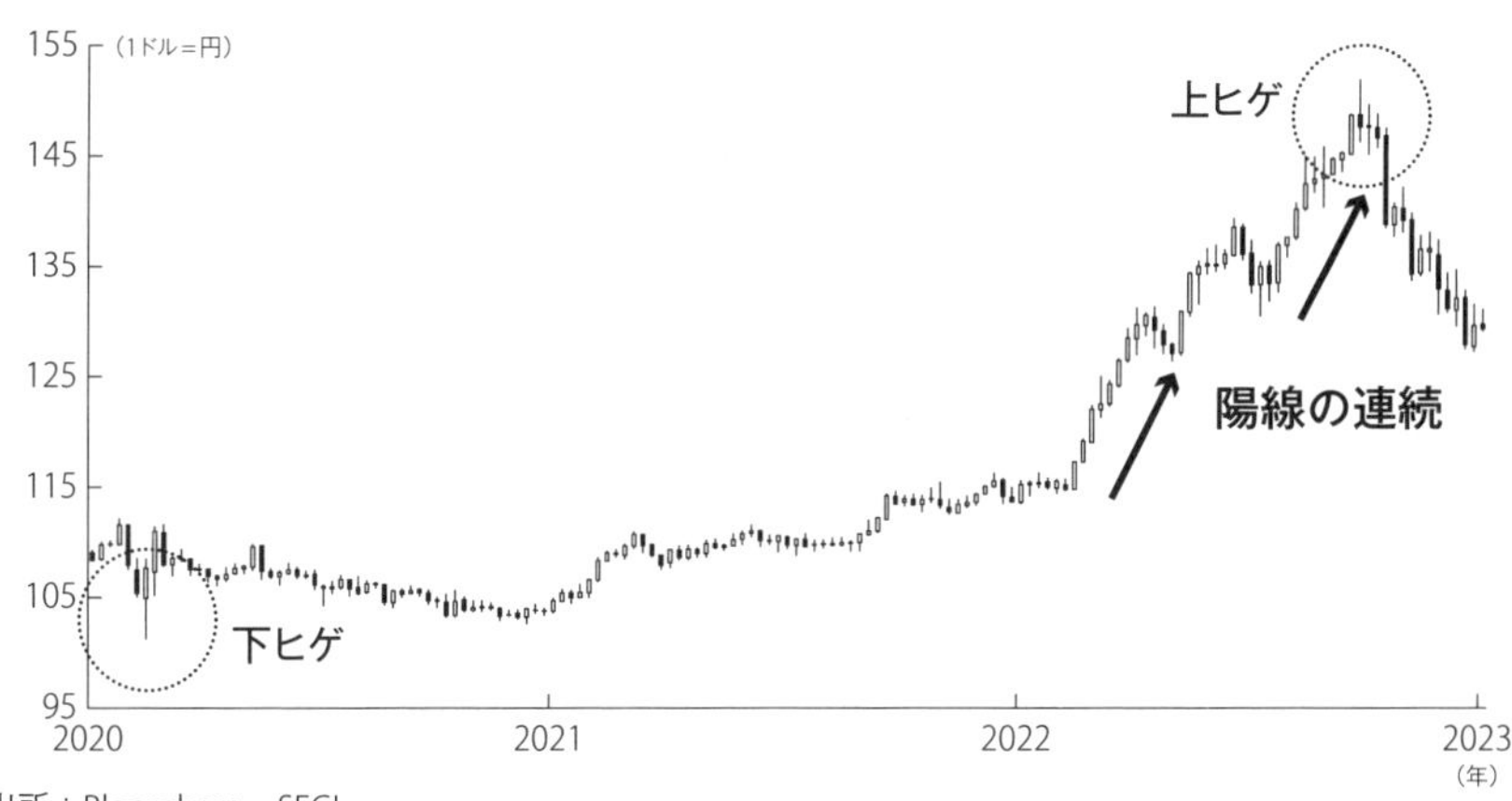

出所：Bloomberg、SFGI

LECTURE 9-2

為替相場で一般的な分析方法

多くの参加者が使っているものは信頼性が高い

簡単でわかりやすいトレンドライン

さて、ローソク足がわかったところで、チャート分析の手法について主なものをご紹介したいと思います。主に、①トレンド分析、②波動分析、③フォーメーション分析、の3つの分析手法がありますが、まずはトレンド分析からご説明していきます。

一般的に、トレンドとはマーケットの動く方向を意味します。

しかし、現実には直線的に動くわけではなく、山と谷を繰り返す連続的な波が、トレンドを形成していきます。

トレンドには上昇、下降、横ばいの3つの方向がありますが、これに加えて、長期・中期・短期といった3つの時間軸に分類されます。

ここで実際にトレンドラインを引いてみたいと思います。**図表9－3**のように上昇トレンドの際、高値を付けては下げ、また反発して……を繰り返すわけですが、高値を付けたあとに反落したときの安値をつないだものを「サポートライン」または「支持線」と呼びます。反対に、下降トレンドの際、一旦下げたあとに反発して付けた高値をつないだものを「レジスタンスライン」あるいは「抵抗線」と呼びます。

　こうしたサポートやレジスタンスは、多くの市場参加者が見ているため、その人たちが「このサポートは有効だ」と思えば、多くの買い注文がサポートライン付近に集まり、相場は下がりにくくなります。

　また、サポートラインでは底堅くなると思うからこそ、ストップロスの売りオーダーはそのサポートラインを割れたところに置くことが多いのです。ですから、サポートやレジスタンスを超えたときは、相場が一気にその方向に動くことが多く、そのポイントがトレンドの転換点になります。つまりサポートを割り込めば下落

図表9-3 〉 サポートやレジスタンスで相場のトレンドを掴む
—— サポートラインやレジスタンスラインの描き方

●サポートライン

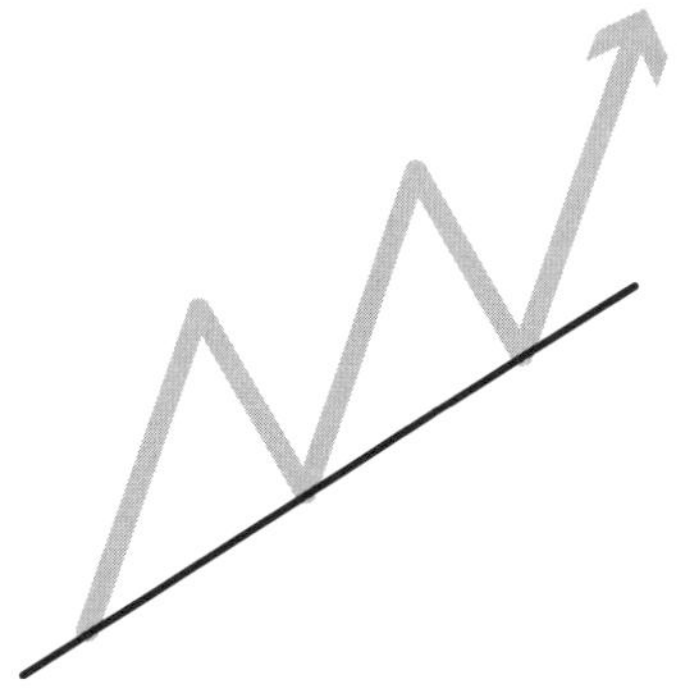

●レジスタンスライン

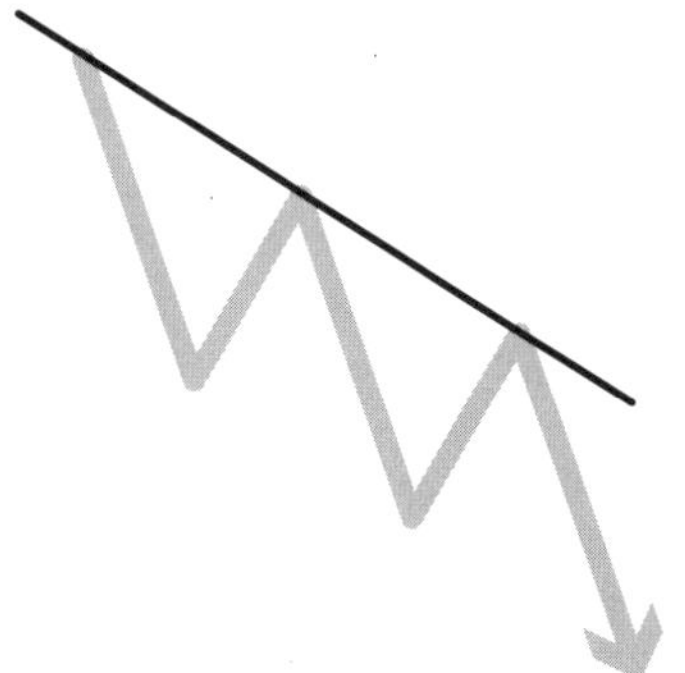

トレンドへの転換、レジスタンスを上抜ければ上昇トレンドへの転換というように、これまでの方向と逆の動きになる傾向がみられるのです。

また、前述のように、チャートは多くの人がこのチャートは「有効だ」と思っていることが重要で、自分だけ納得するようなサポートラインやレジスタンスラインを引いてみても、他の市場参加者がその線を気にしていなければ効力を発揮しません。なぜならそこにはオーダー（注文）が集まってこないからです。

実際のチャートで検証してみましょう。これはNZドル／米ドルの週足チャートですが、サポートラインを割り込んでから下落トレンドに転換しています。その後、反発局面はありましたが、今度はレジスタンスのほうが強くなり、抵抗線を上抜けることなく、相場が反落していることがわかります（**図表9－4**）。

図表9-4 ＞ サポートを割り込んでからトレンドが下落に転換
―― NZドル／米ドル（週足）サポートとレジスタンス

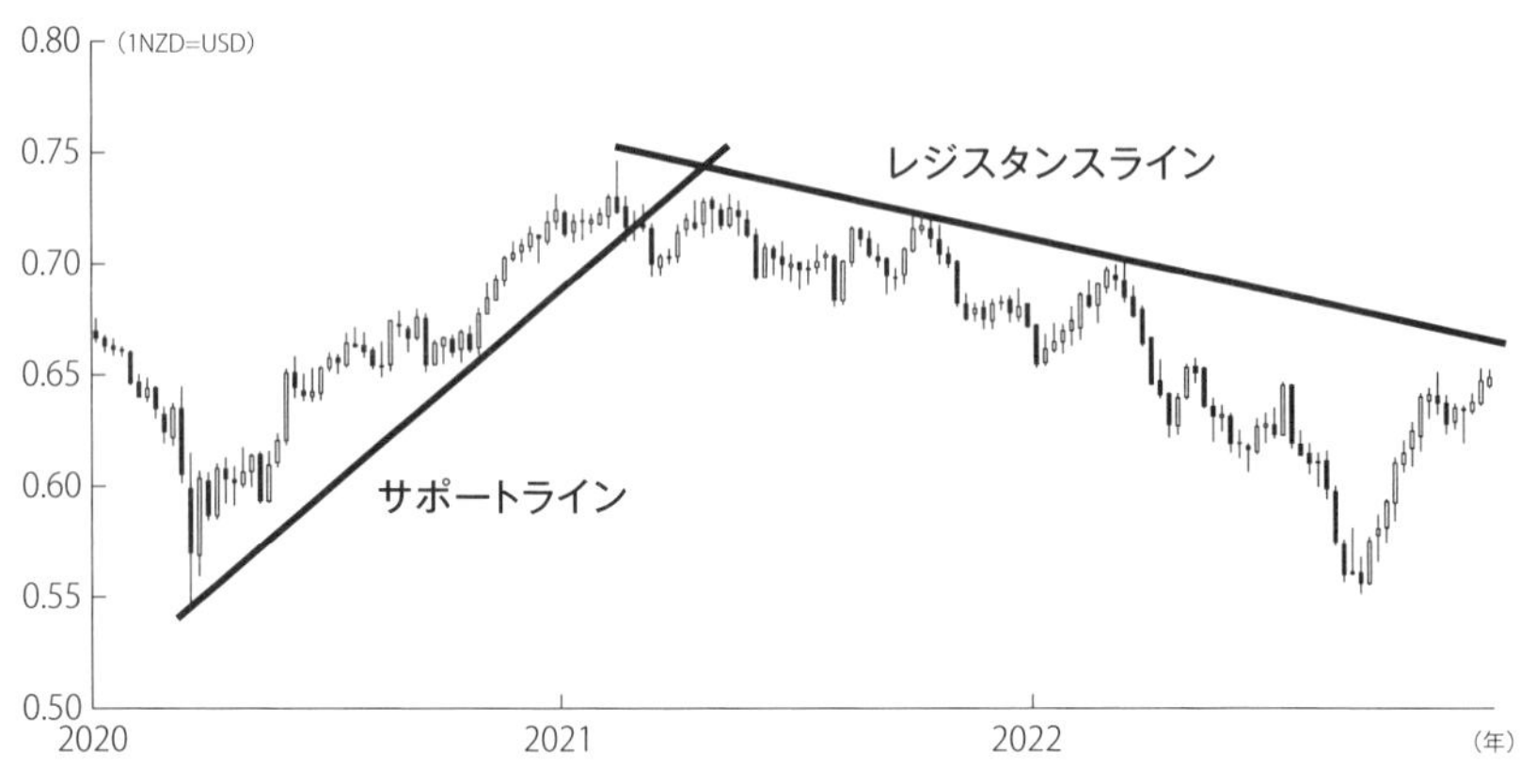

出所：Bloomberg、SFGI

移動平均線はトレンド分析の基本

トレンド分析でもうひとつ外せないものに、移動平均線（Moving Average・MA）が挙げられます。

移動平均線とは日・週・月などの動きを平均化することによって相場の傾向を捉え、トレンドの方向性を見る分析法です。要は、ジグザグな相場の動きを均すことによって、相場の方向性を明確にします。

移動平均線は以下のように作成されます。ここでは最も一般的に利用されている単純移動平均線で説明してみましょう。

たとえば5日移動平均線は**図表9－5**のようにして描かれます。

具体的にはまず、直近5日間の終値を合計し、

図表9-5 〉 単純移動平均線の計算式
―― 5日移動平均線の場合

3/9（当日）終値＝D
3/8（前日）終値＝D1
3/7（２日前）終値＝D2
3/6（３日前）終値＝D3
3/5（４日前）終値＝D4

$$\frac{D + D1 + D2 + D3 + D4}{5}$$

5で割ります。そのレートを移動平均線の起点とすると、翌日は、翌日から直近5日間の終値を合計して5で割るということを続けます。これらのレートをすべてつないで描いたグラフが、移動平均線となります。

移動平均線の活用方法

移動平均線は、それ自体サポートライン（下値支持線）やレジスタンスライン（上値抵抗線）として機能しますが（**図表9－6**）、それと同時に複数の移動平均線を併用して、売買のシグナルを確認することが可能です。単純移動平均線は、前述した計算式からもわかるように、過去のレートの変動を追随する分析法です。そのため、相場の動きに遅れをとりますが、大きなトレンドの変化を教えてくれるのです。

また、2本の移動平均線の関係からトレンド

図表9-6 ＞ 移動平均線そのものがサポートやレジスタンスになったケース
──ドル円（日足）と21日、90日移動平均線

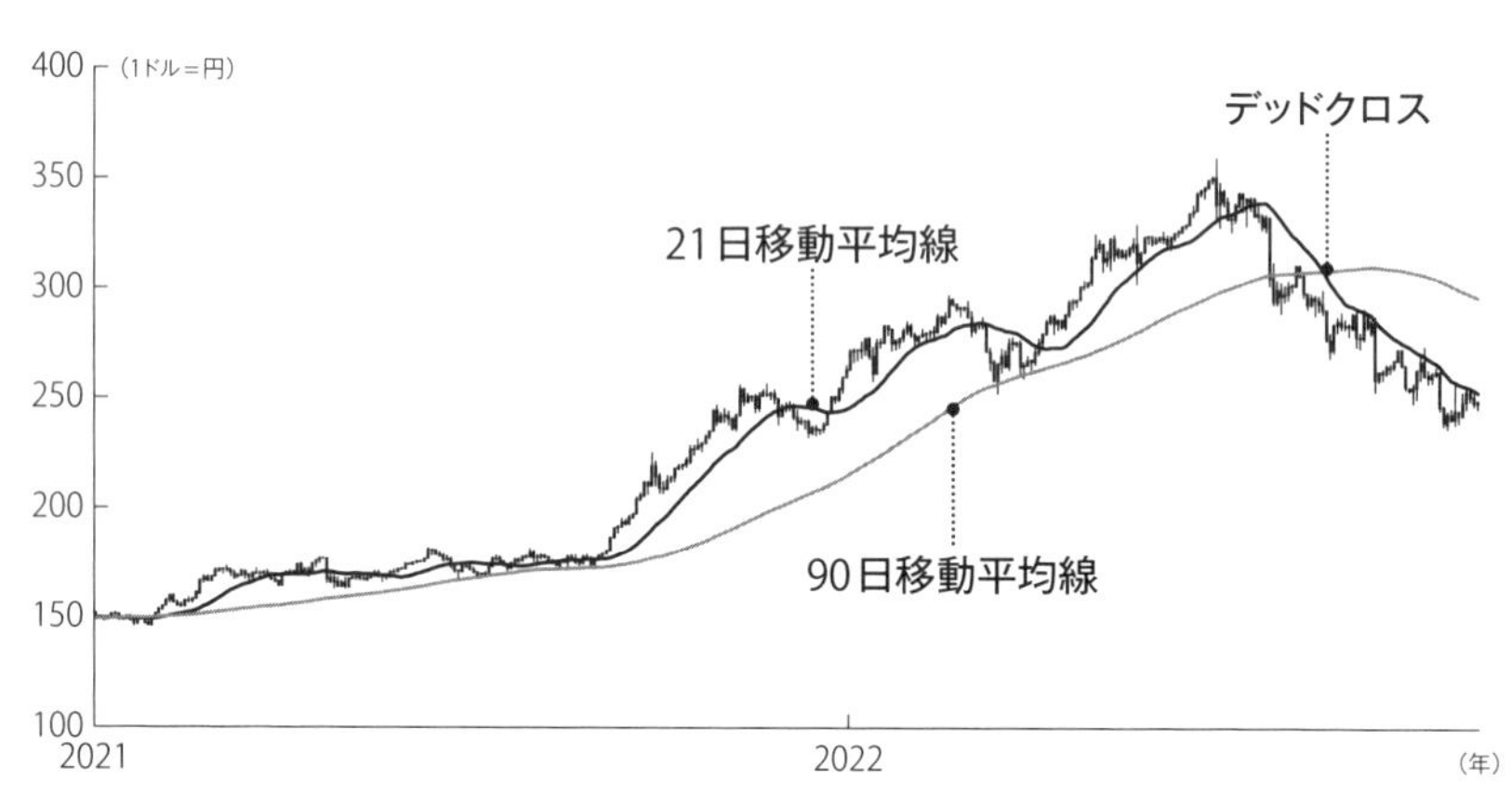

出所：Bloomberg、SFGI

を読みとる方法もあります。

ゴールデンクロス：短期移動平均線が中長期移動平均線を下から上に抜けたら、「買い」シグナル

デッドクロス：短期移動平均線が中長期移動平均線を上から下に抜けると「売り」シグナル

前述の図表９－６のドル円のケースだと、90日移動平均線が、２０２１年9月以降強いサポートとして機能していることがわかります。５日線や21日線といった具合に、短い期間のほうが直近の相場に沿った動きになりますが、ブレが大きいのでサポートやレジスタンスとして使う際には、比較的長期の移動平均線を使ったほうが良いと思います。

また、同じチャートで、２０２２年12月、21日移動平均線が90日移動平均線を下抜ける「デッドクロス」した後、今度は21日移動平均線がレジスタンスラインとなり、ドルの下落トレンドがより明確になっていることがわかります。

とはいえ、デッドクロスした後も、しばらくそれまでの上昇トレンドが続くケースもあれば、反対に、デッドクロスする前から下落トレンドが始まっているようなケースもあり、なかなか判断はむずかしいところです。ただ、少なくとも大きな相場の転換点が近づいている可能性は、意識しておくとよいかもしれません。

ちなみに為替相場の場合によく使われる移動平均線は日足で、21日、55日、90日、２００日などが一般的で、週足だと、４週、13週、21週、26週、52週、90週などが使われます。

オシレーター分析

「オシレーター分析」は保ち合いの局面、短期的にレートに大幅な動きがないときに有効とされます。オシレーターにはさまざまなものがありますが、基本的には「値動きから相場の強弱を表す指標」です。ここでは代表的な分析法として、ＲＳＩ（Relative Strength Index）を解説します。ＲＳＩは過去の一定期間において、上昇と下落のどちらの勢いが強いのか、つまりRelative Strength＝異なるものの対比を計算し、その通貨が買われすぎたのか、売られすぎたのかを読む分析法です。

算出方法は、直近のある期間（ｎ期間）の各時点における終値ベースの上昇・下落幅の累計を合計し、そのうち上昇幅の累計が全体の何％を占めているのかを見るものです。このｎ期間に

図表9-7 〉 一定期間内での方向性の強さを見る
—— RSIの計算方法

n：期間
A：n日間の値上がり幅の累計
B：n日間の値下がり幅の累計

$$\mathrm{RSI}(\%) = \frac{A}{A+B} \times 100$$

は、9日から14日の期間が最も多く使われます。計算式は**図表9－7**のとおりです。

一般的な読み方としては、このRSIが70％を超えると「買われすぎ」すなわち、一定期間内において上昇の勢いが強すぎるサイン、30％を下回ると「売られすぎ」すなわち一定期間内において下落の勢いが強すぎるサインとみなします。**図表9－8**の2022年9月のケースではポンドは対ドルで明らかに売られすぎなので、そろそろポジション調整で反発する可能性が高まっていると警戒する必要があります。

ただし、先に述べたように、RSIは一定期間内の勢いの強さをみているわけですから、それがそのままトレンドの強さを示していることもあるので注意が必要です。

オシレーターを使うというのは、逆張り的な発想となりますから、「絶対にそうなる」と決めつけるのは厳禁です。あくまで警戒するというスタンスで活用することが大切です。

図表9-8 ＞ 「売られすぎ、買われすぎ」はトレンドの強さも示しているので注意が必要
── ポンド／ドルとRSI

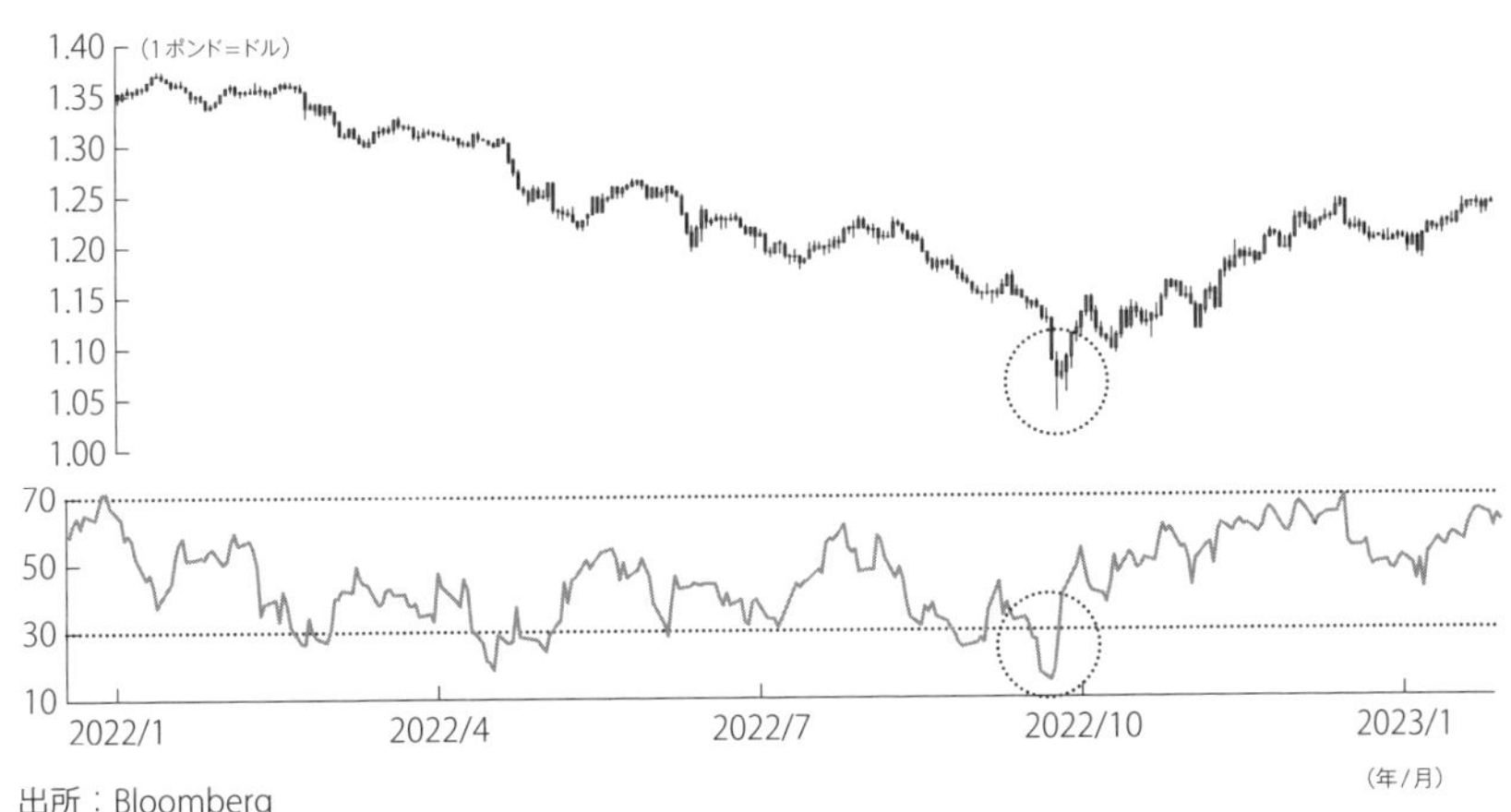

出所：Bloomberg

LECTURE 9-3

波動分析の基本
一定のリズム（周期）を捉えて分析する方法

一目均衡表とは何か

波動分析とは、相場の上下動を波動として捉え、その波動のパターンを分類することによって相場を予測する手法のことです。

分析方法には、時間を最も重視する「時間論」、価格の上下動のパターンによってトレンドを判断する「波動論」、そして波動をベースに、値幅のパターンを重視する「値幅観測論」などがあります。これら波動分析の主なものとして、「エリオット波動」「一目均衡表」「ギャンチャート」などがありますが、ここでは為替ディーラーにとって最も馴染み深い、「一目均衡表」について採り上げたいと思います。

一目均衡表は先ほどの分類では「時間論」に当てはまります。一目均衡表の考案者、一目山人（細田悟一氏のペンネーム）は「時間は相場に影響を及ぼし、相場は時間に支配される」と指摘。時間が主体であって、価格は客体にすぎないとし、相場を時間における値幅と捉え、時間を最も重視します。

一目均衡表は、「相場は売り手と買い手の均衡が破れたほうへ大きく動き、「相場の帰趨（最終的に落ち着くところ）は一目瞭然である」との意味合いから「一目均衡表」と名づけられました。市場参加者はとかく価格や値幅に注目しがちですが、一目均衡表は時間の経過がさらに大事だということを教えてくれます。つまり、相場を読むうえで実際に、①いつ、②どこまで上がるか下がるか明確な根拠を与えてくれるのが「一目均衡表」です。

一目均衡表の作成方法は以下のとおりですが、正直なところ、つくり方よりも読み方のほうが大事です。

基準線：（当日を含む過去26日間の最高値＋最安値）÷2　当日の相場上に記入

転換線：（当日を含む過去9日間の最高値＋最安値）÷2　当日の相場上に記入

先行スパン1：（転換値＋基準値）÷2　当日を含む26日先に記入

先行スパン2：（過去52日間の最高値＋最安値）÷2　当日を含む26日先に記入

抵抗帯（雲）：先行スパン1と2ではさまれた帯状を称し、「雲」または「帯」と呼ぶ。この雲（帯）自体も、支持線や抵抗線になる意味をもつ存在

遅行線：当日の終値を、当日を含む26日前の位置に記入。現在の価格と並行する線

一目均衡表の読み方と活用方法

一目均衡表の見方は以下のとおりです。

基準線：まず、基準線が相場の基準で、これ自体の上昇、下降が相場の基本的なトレンドを示しています。また、現在のレートが基準線より上に位置している場合は強気相場で、下に位置している場合は弱気相場と判断します。

転換線：転換線が基準線を上回ると、相場が好転したと考えるのが一般的ですが、基準線が上向きに転じなければ好転したとはいえず、基準線の上昇が伴わない場合は短命に終わる可能性が高いといわれています。なお、この基準線と転換線自体がトレンドのサポートやレジスタンスの役割をすることがあります。

雲：先行スパン1と2のあいだに挟まれた帯

図表9-9 ＞ 雲が強いレジスタンスとなっている
── ユーロドル　日足一目均衡表

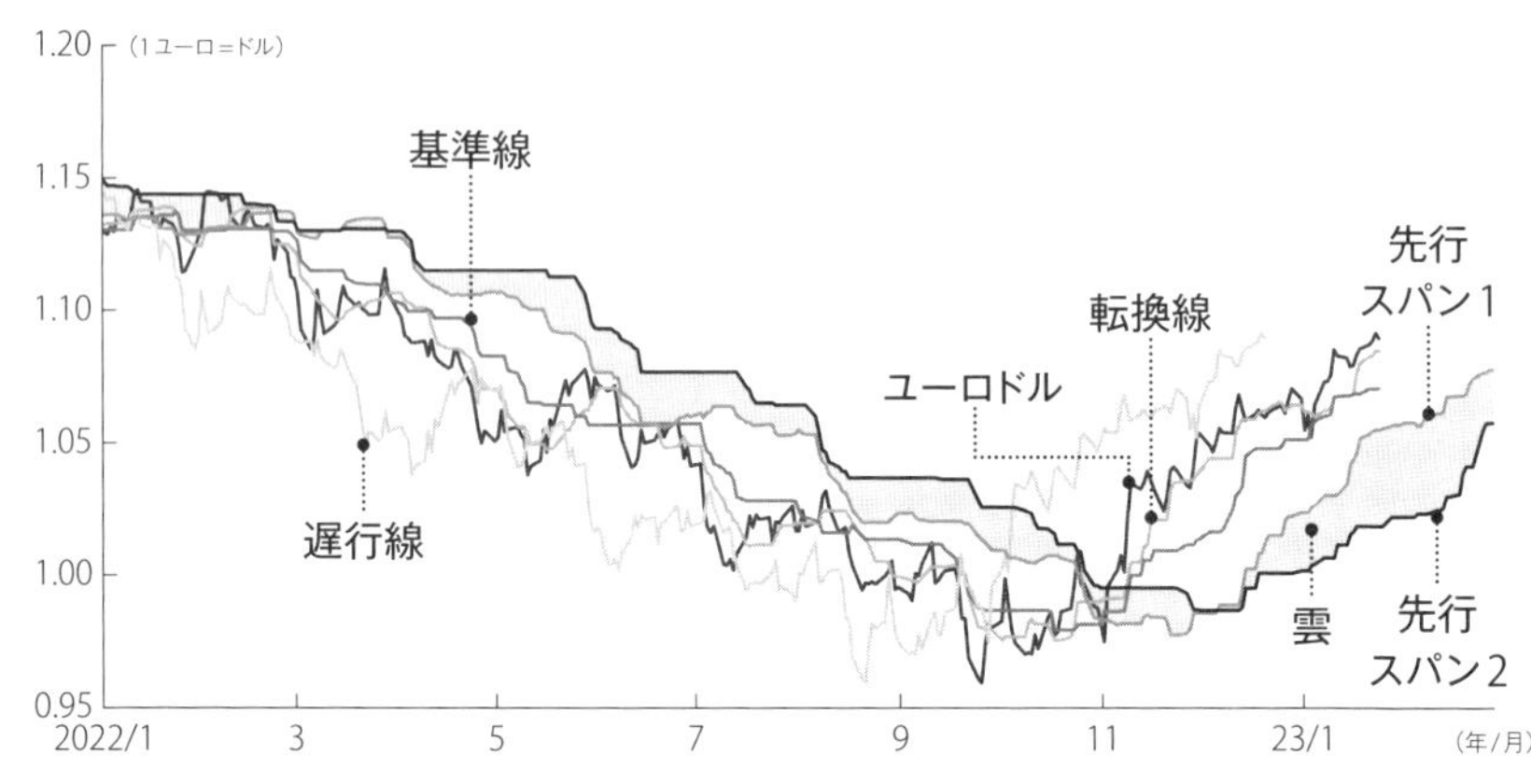

出所：Bloomberg

状の部分のことですが、雲がたなびいているように見えるので、一般的には「雲」と呼ばれます。現在の相場が雲より上に位置していれば強気相場、下であれば弱気相場である、と判断します。雲が薄ければそれだけ過去の相場のしこりが少なくなっているので、雲を抜けやすくなりますが、雲が厚ければ過去の相場のしこりが多いので、サポートやレジスタンスとしての機能が強まりやすくなります。「雲」は下げ相場のときは大きな上値の抵抗となり、上げ相場のときにはサポートとなります。雲にねじれが生じたとき、つまり、先行スパン1と2の水準が入れ替わるときは、相場が転換点を迎えやすいといわれています。

図表9－9はユーロドルの日足一目均衡表ですが、雲が強いレジスタンスとなって、下降トレンドを描いており、その後、雲を上抜けると、相場が上昇トレンドに転じていることがおわかりいただけると思います。

LECTURE 9-4

フォーメーション分析の基本

値動きのパターンを定義付けして捉える方法

フィボナッチ比率のしくみ

これまでのトレンドが継続するのか、それとも転換するのかを知るために、過去の価格の動きをパターン化して今後を予測するチャート分析を「フォーメーション分析」と呼びます。その代表的なものに「フィボナッチ比率」が挙げられます。

ここでは、そのフィボナッチでもよく用いられるフィボナッチ・リトレイスメント（Fibonacci Retracement）をご紹介します。リトレイスメントとは、相場のトレンドが終了した後に、そのトレンドが反転した場合の抵抗水準や支持水準を予測するもので、戻り目標を探る際に使う尺度となります。

これまでの上昇や下降トレンドが逆方向へ動いたときの「戻りの度合い」は、おおむね特定の割合になることが多いといわれています。このアプローチを、13世紀のイタリアの数学者フィボナッチが発案したフィボナッチ数列に求めることができるのです（**図表9－10**）。

名刺の縦と横の比率、ピラミッドの底辺と高さの比率など、人間が最も美しいと思う比率というのは、黄金分割を含むフィボナッチ比率により展開しており、それと同じことを、マーケットの値動きにもあてはめることができます。

つまり、過去の重要な高値や安値にフィボナッチ比率を適用することで、相場の反転を考える際の目安となるのです。具体的には、「安値～高値の38・2％戻しでサポートされそう」というように用いられます。

その他のフォーメーション分析

その他主なフォーメーション分析では、次の2つが代表的なものです（次ページ**図表9－11**）。

◉ヘッドアンドショルダーズ

図表9-10 ＞ フィボナッチ比率は戻り度合いを探る尺度に
—— フィボナッチ・リトレイスメント

フィボナッチ数列　「前の2つの数を加えると、次の数になる」という数列

0、1、1、2、3、5、8、13、21、34、55、89、144、233

この数列で3以降の数字は、前の数字に対する増加率が1.618に無限に近づいて行き、連続する3つの数字の比率は、0.618：1：1.618となる。これが黄金分割である。

黄金分割　1：1.618

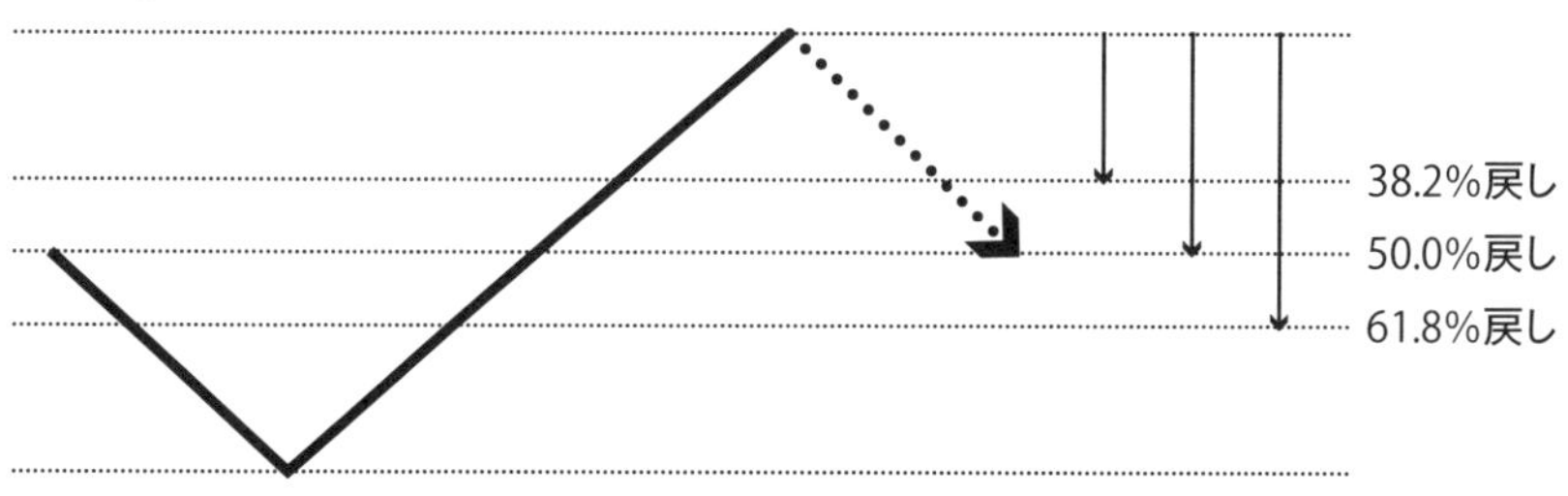

出所：SFGI

真中の大きな山に対して両側に小さな山を形成。真中の山を人間の頭とすると、両側の山が肩に似ているのでこのような名前が付きました。判断の仕方としては、ネックラインを相場が下回ると、①「ヘッドアンドショルダーズが完成した」といい、さらに相場が下落するサインとされています。また、その際は、ヘッドからネックラインまでの距離と同じだけ下落することが多いので、大まかな下落メドを計算することも可能です。ヘッドアンドショルダーズを逆にしたものが上昇トレンドの場合に有効ですが、これを②「リバースヘッドアンドショルダーズ」と呼びます。

◉ダブルフォーメーション

いわゆる二番天井（③ダブルトップ）や二番底（④ダブルボトム）です。ヘッドアンドショルダーズに比べて発生頻度が高く、汎用的なボトムやトップ形成のフォーメーションといえます。

図表9-11 ＞ 天底と認識されやすい4つの基本型
—— 参加者の多くが意識している「形」に注意

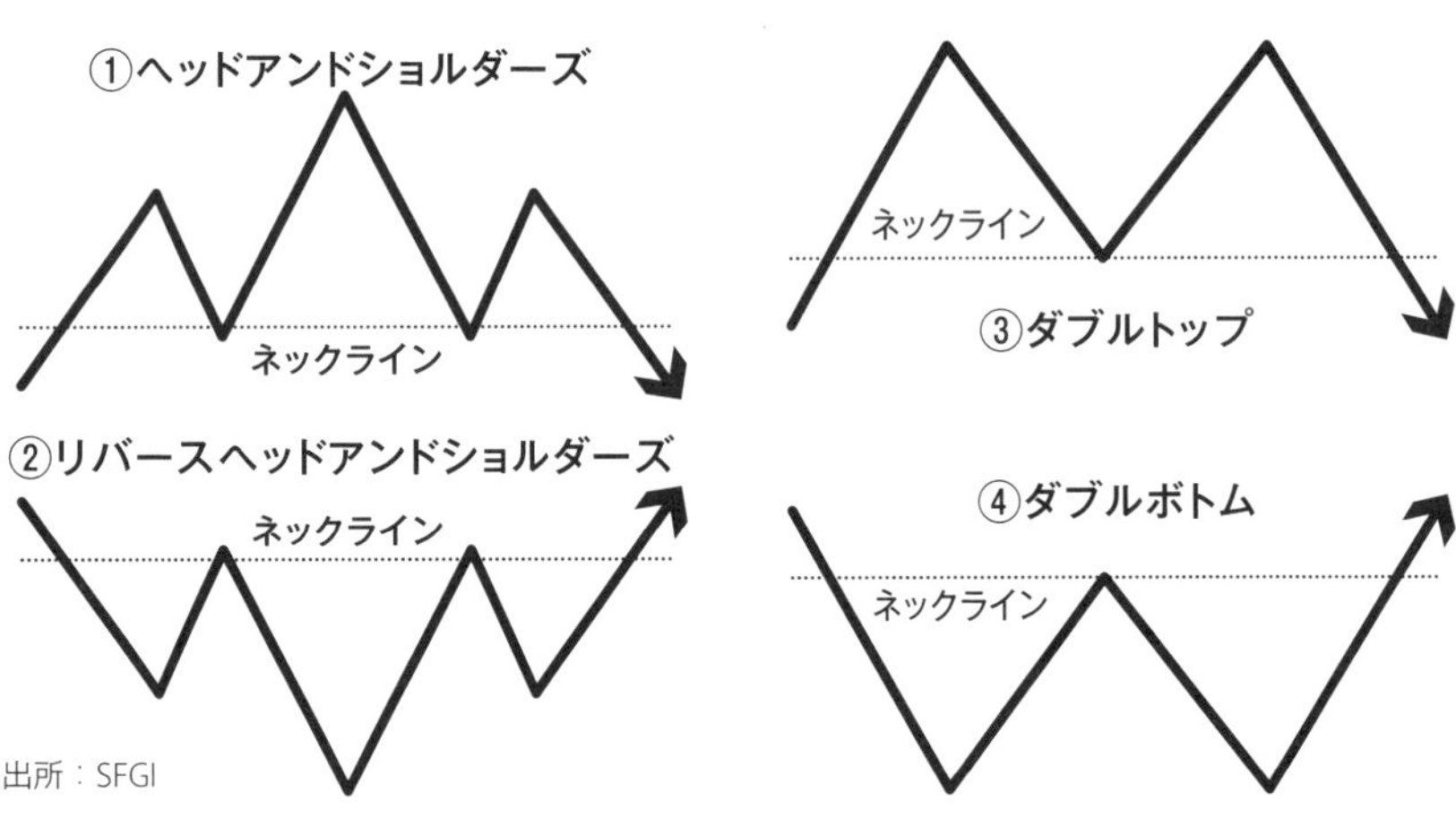

出所：SFGI

CHAPTER 10

為替相場予測ツールの最新トレンド

LECTURE 10-1

「相場予測」と「相場観」は似て非なるもの

実際に投資をしてみて初めて「観」が磨かれていく

「予測どおりに動くか」を楽しもう

さて、ここまで「為替相場」についてさまざまな側面から見てきましたが、相場の変動要因があまりにも多種多様であることを、ご理解いただけたかと思います。一体、何を軸に相場の見通しを立てればいいのか、悩んでしまうこともあるかもしれません。

でも、そこであまりにも悩み過ぎて、為替相場を嫌いになったりしないでいただけたらと思います。

「相場に絶対はない」というマーケットの格言があるのですが、今後、相場が上がるのか、下がるのか、横ばいなのか、のうち、あなたがどれを言ったとしても、「絶対に間違っている」などと、他の人が断言することはできません。いかに確度の高い材料があったとしても、それを超える突発的な何かが起こるかもしれませんし、多くの市場参加者が気づいていないような変化がじわじわと起きていることもあるからです。

ですから、さまざまな要因を見て、多くの市場参加者が円高の予測をしているときに、あなたが自分自身のロジックで「いいや、円安だ！」と思ったら、そう思っても決して「間違い」ではありませんし、実際に円安に行く可能性もあります。人によって予測の仕方も違えば、その根拠として何を重視しているのかも、千差万別なのです。したがって、「予測」はあくまでも「予測」と割り切って、相場があなたの予測どおりに動くかどうかを、むしろ楽しんでいただきたいと思うのです。

相場観は、「観」という字が付いていることからも察することができますが、相場の雰囲気をとらえていることであり、現在の相場環境が「見えている」ことだと思います。本書の冒頭から申し上げてきたとおり、世界中で起きているあらゆる出来事や材料がすべて織り込まれたうえで、現在の為替レートがあるわけですが、市場参加者がいま、何を重視しているのか、何が要因で動いているのかなど、その背景や相場を取り巻く環境を掴んでいることが、相場観を持つことなのです。

なぜいま、ドル円がこの水準なのか。その背景となる事実がしっかりと見えていれば、それに変化が生じたときに相場は動き始めるわけで、それが将来の「予測」につながっていくのです。

ただ、残念ながら、そう簡単に「相場観」を持てるようになるわけではありません。外貨預金であれ、外国為替証拠金取引であれ、何らかの形でリスクをとり、外貨に投資して初めて、「相場観」は磨かれていきます。相場に何度か参加して経験を重ねていくうちに、「あのときマーケットはこう動いたな」とか、「あの一件では、市場の反応はこうだったな」というように、自分自身の「相場観」が、徐々に研ぎ澄まされていくのです。もちろんただやみくもに経験を積むのではなく、足元の相場環境を認識しておく必要があります。ここではそうした認識に役立つツールを、いくつか紹介したいと思います。

不確実性の高い時代における参考指標とは

私たちは、新型コロナやウクライナ危機、気候変動問題など、リスク要因には事欠かない、正に不透明な時代に生きています。こうしたなか、相場を取り巻く環境がどうなっているのか。それを把握するにあたって参考になる、いくつかの指標をここでご紹介しておきたいと思います。

まずアンテナを張っておくべきは、「市場心理」です。CHAPTER 4でご説明したとおり、いまの相場が「リスクオン」か「リスクオフ」かを見極めることは、相場を予測するにあたって非常に大事です。とくに為替の場合、投資家が積極的にリスクをとる「リスクオン」の状況下では高金利の新興国通貨が買われやすく、相対的に金利が低く先進国のなかでも流動性の高いドルや円、ユーロなどは売られやすいというパターンが生まれました。また、こうした市場心理はコロコロ変わりやすいので、この変化を掴み取れるように、自分自身の尺度を持っていると良いでしょう。

いまが「リスクオン」なのか、「リスクオフ」なのかは、世界の株価を見れば一目瞭然ですが、その「度合い」や「強弱感」を計るものとして、VIX指数（恐怖指数・Volatility Index）が挙げられます。シカゴ・オプション取引所（CBOE）がS&P500株価指数の値動きを基に算出しているボラティリティ（予想変動率）の指数です。米国の株価が上がれば、市場心理が落ち着いてくるのでVIX指数は低下しますし、逆に米国の株価が下落すれば、市場心理の悪化を反映してVIX指数は上昇します**（図表10－1）**。

こうしたことから、ＶＩＸ指数は市場心理を反映するものとして、別名「恐怖指数」とも呼ばれるのです。

　また、一般的に参考とされている水準としては、このＶＩＸ指数が20を割れると市場心理は比較的落ち着いていると考えられます。反対に、20を超えると悲観的になっていることを示し、さらに30を超えると「総悲観」で、市場は完全に不安定な状態であると認識されます。２００８年リーマンショックのとき、ＶＩＸ指数は90付近まで上昇したのですから、当時、いかに厳しいリスクオフ状態だったかが、おわかりいただけると思います。また、２０１０年のギリシャ・ショックや２０１１年の欧州債務危機、２０１５年の中国株の急落、２０１６年のＥＵ離脱を巡る英国民投票など、これまで金融市場は数々のショックに見舞われてきましたが、ＶＩＸ指数のグラフをみれば、その都度、同指数は30を超えています。また、２０２０年３月のコ

図表 10-1 ＞ VIX 指数はリスクオン・オフを反映する
—— 金融市場のショックとVIX指数

出所：Bloomberg

ロナショックでは、同指数がリーマンショック以来久々に80を超えました。

あくまで参考までにお伝えすると、ＶＩＸ指数は歴史的に見ても10前後が最低水準の目安です。同水準が長く続く、あるいは割り込むような局面の後には、株安を伴うＶＩＸ指数の急騰がみられる傾向があります。具体的に「いつ頃」という時期までは予測できないのがむずかしいところですが、ＶＩＸ指数が10付近まで低下したら、シートベルトを締めて、アンテナを高く張っておくと良いかもしれません。

さらに、ＶＩＸ指数のように、株価変動の結果として示されるものだけでなく、一歩進んで足元の金融環境がどうなっているかを見ることも大事です。


人々が極端に不安に駆られたとき、どういった行動をとるか想像してみてください。人々がパンデミックによって極端なリスクオフとなった、２０２０年３月の「コロナショック」を例にとって説明していきたいと思います。世界で感染が拡大し始めた2月頃から初期の段階では、世界の投資マネーは株式や原油などのリスク資産から、米国債など安全資産へと逃避しました（質への逃避）。したがって米国株は急落、米長期金利は低下しました。米10年債利回りは3月9日に、一時史上最低の０・３１％を付けたのです。

さらに景気悪化懸念から原油価格が20ドル台まで急落し、エネルギー関連企業の経営悪化への不安が生じると、シェール関連企業などが発行する低格付け社債が急落。これにより、低格付け社債の利回りから国債利回りを引いた「信用スプレッド」が急拡大します（**図表10－2**）。

そして、3月中旬以降は、市場が混乱に陥るなか、「信用不安（債務者の弁済能力が疑われる状態のこと）」

が極端に高まったことを背景に、あらゆる資産を投げ売りして現金化するという、「キャッシュ化」の動きが本格化しました。

このとき、本来は安全資産であるはずの米国債にまで売りが及び、資金がドルに殺到したことで、ドルの流動性が枯渇し、ドルが急騰するという流れになったのです。このパニック的なドル買いについては、CHAPTER 7で述べたとおりですが、国債の下落に伴う利回りの上昇と、原油価格の大幅下落に伴う期待インフレ率の低下により、米実質金利（＝名目金利－期待インフレ率）が急上昇したことも、ドル高に拍車をかけました。このとき、ドルインデックス（ドルの名目実効為替レート）が急騰したのは言うまでもありません。

さらにはドルの急騰が新興国通貨の急落を招きました。このとき、モルガン・スタンレー・キャピタル・インターナショナル社の算出するMSCI新興国通貨指数は急低下しました。

図表10-2 ＞ 信用スプレッドの拡大は信用不安の先行指標
—— 米信用スプレッドとドルの名目実効為替レート

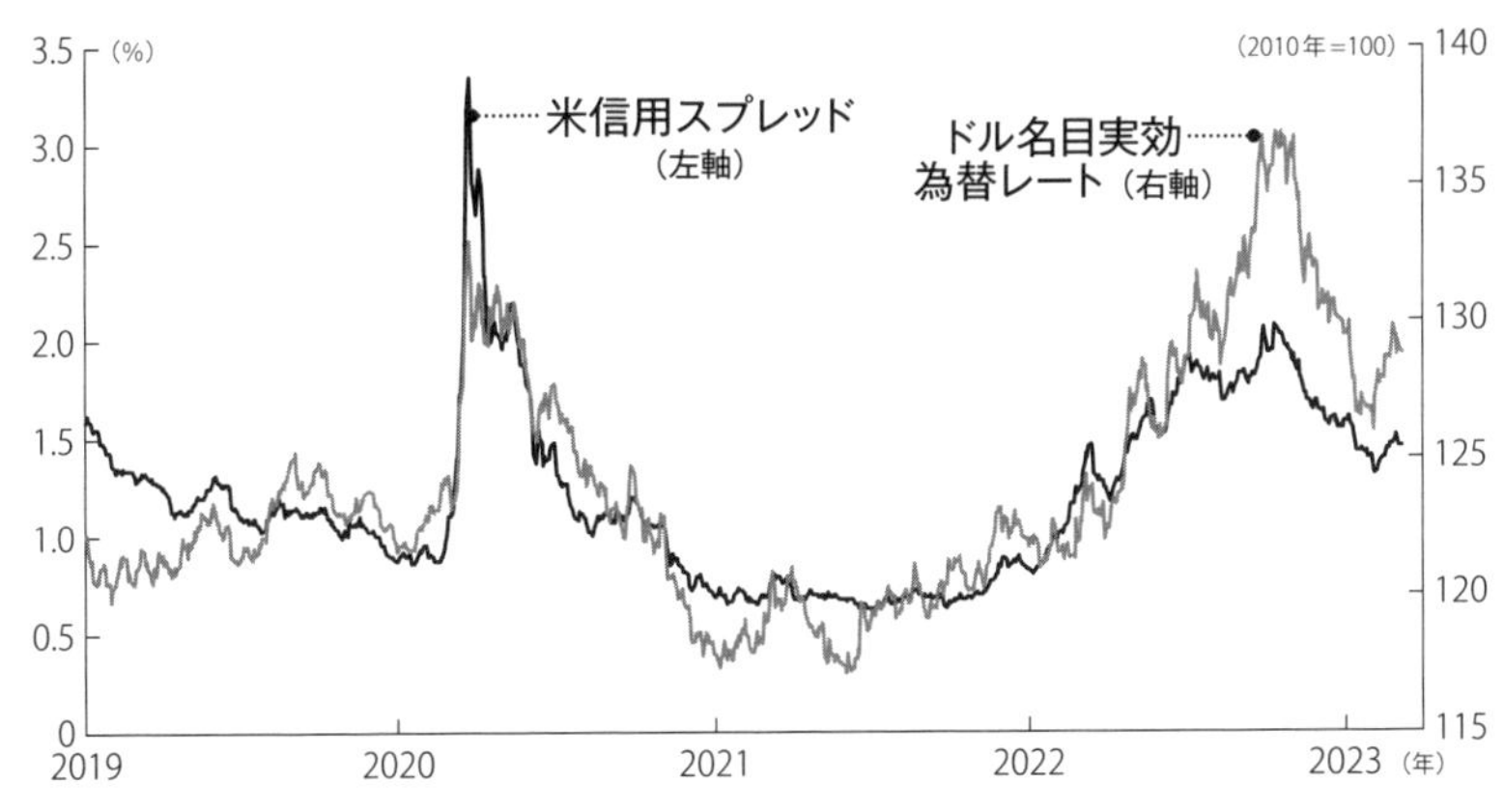

出所：Bloomberg、BIS、SFGI

なお、ＶＩＸ指数はシカゴ・オプション取引所（ＣＢＯＥ）のホームページ（http://www.cboe.com/micro/vix/pricecharts.aspx）などでチェックすることができます。

ドル調達の需要を知ることができる、ベーシススワップ・スプレッド（Basis Swap Spread）

これまで見てきただけでも、「ＶＩＸ指数」「原油価格」「信用スプレッド」「ドルインデックス」「新興国通貨インデックス」など、いくつかの「参考指標」がありました。

次に、「キャッシュ化」の流れによるドルの急騰について、そのドルの需要を示すものとして、「ベーシススワップ・スプレッド」をご紹介したいと思います。

先ほど、２０２０年のコロナショックでは、「キャッシュ化」の流れで、ドルの需要が急拡大したと説明しました。こうした「ドル調達」がむずかしい際にしばしば日本で注目される指標として、「ベーシススワップ・スプレッド」があります。

ベーシススワップについて語るには、まず通貨スワップについて説明しなければなりません。通貨スワップとは、異なる通貨の元本と利息を交換するデリバティブ取引のことです。

スワップには、為替スワップ、金利スワップ、通貨スワップなど、いろいろなものがありますが、そもそもスワップ（Swap）とは、２つのものを交換することを意味します。より具体的に表現するなら、「将来のキャッシュフローを交換する」つまり、二者間で、同じ価値を持つ将来のキャッシュフロー（お金の流れ）を交換するのがスワップです。

①**為替スワップ**：異なる通貨を異なる期間で交換する。元本の交換＋金利は2通貨間の金利差を為替レートに織り込む形で交換

②**金利スワップ**：同じ通貨で、異なる金利を交換する。元本の交換はなし

③**通貨スワップ**：異なる通貨で異なる金利を交換する。元本の交換＋金利の交換

元本と金利の交換が行なわれるという意味では、為替スワップと通貨スワップは似ていますが、為替スワップの場合は、元本をスポットレート（現状のマーケットレート）から、金利差を加味した期末の先物レート（フォワードレート）で交換します。一方で、通貨スワップの場合は、異なる通貨を、為替レートは期初も期末も同じレートで交換し、期中と期末にそれぞれの金利を交換するのが特徴です。通貨スワップは、主に円

図表10-3 ＞ ベーシススワップ・スプレッドはドル調達のむずかしさ、ドル需要の逼迫の度合いを示す指標
――ドル円のベーシススワップ・スプレッド（3カ月）

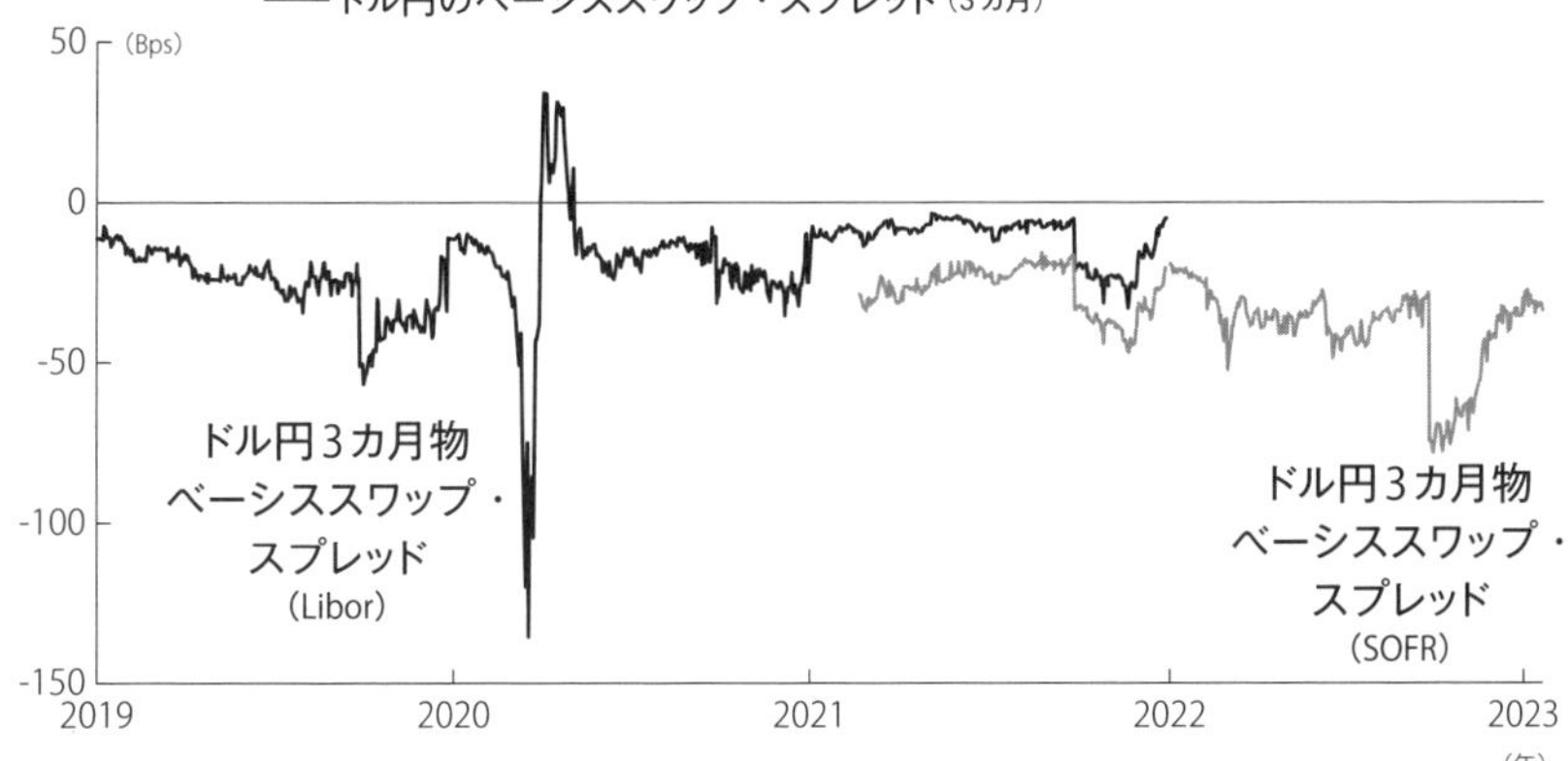

注：2022/2/22以降は、Libor→SOFR
出所：Bloomberg、SFGI

を潤沢に保有している日本の金融機関が、これを元手に、米ドルを調達する場合に利用されます。円を貸して、円の金利収入を得つつ、ドルの金利を払ってドル資金を調達するのです。この際のドルの調達コストは、日米の短期金利差とドルの需給によって変わる「上乗せ金利」、つまり「ベーシススワップ・スプレッド」によって決まるのです。ドルの需要が強いほど、このベーシススワップ・スプレッドのマイナス幅が拡大します。

コロナショックの際には、このベーシススワップ・スプレッドの3カ月物は、3月初旬にマイナス幅が0・3％でしたが、3月19日には1・3％まで急拡大しました。つまりは、1・3％もの上乗せ金利を払わないと、ドルを調達して3カ月間手元に置いておくことができなくなったことを意味します（前ページ図表10－3）。

このように、ベーシススワップ・スプレッドのマイナス幅が拡大しているのをみれば、金融市場において米ドルの需要が高まり、ドルの調達コストが上昇していることがわかるのです。

経済の先行きの不確実性を示す、「経済政策不確実性指数」

ほかにも、不確実性を示す指標として、米シカゴ大学や米スタンフォード大学の教授らが開発した、経済政策不確実性指数（Economic Policy Uncertainty・EPU）などがあります。EPUの構成要素としては、

①「経済政策の不透明感」に関する新聞記事の記載量

②財政に係る法律等で、景気への不透明感が増すもの

③エコノミストによる経済予測と実績の乖離

などが挙げられ、グローバル指数に加え、国別にチェックすることも可能です。主に、政治にかかわるような出来事をきっかけに、経済政策の不確実性が高まるときに上昇する傾向がみられます（**図表10－4**）。

これまでも、2001年米同時多発テロ、2008年リーマンショック、2016年ブレグジットやトランプ・ショック、2020年コロナショック、2022年ウクライナ危機、などでそれぞれ急騰する傾向がみられました。

新型コロナのグローバルの感染者数が減速した2022年には、EPUのグローバル指数は低下してきましたが、その反対に同年、中国とドイツの指数が急上昇していたのは興味深い現象でした。中国は「ゼロコロナ政策」の継続に

図表10-4 〉 「○○危機」のときに急騰している
―― 経済政策不確実性指数（EPU）

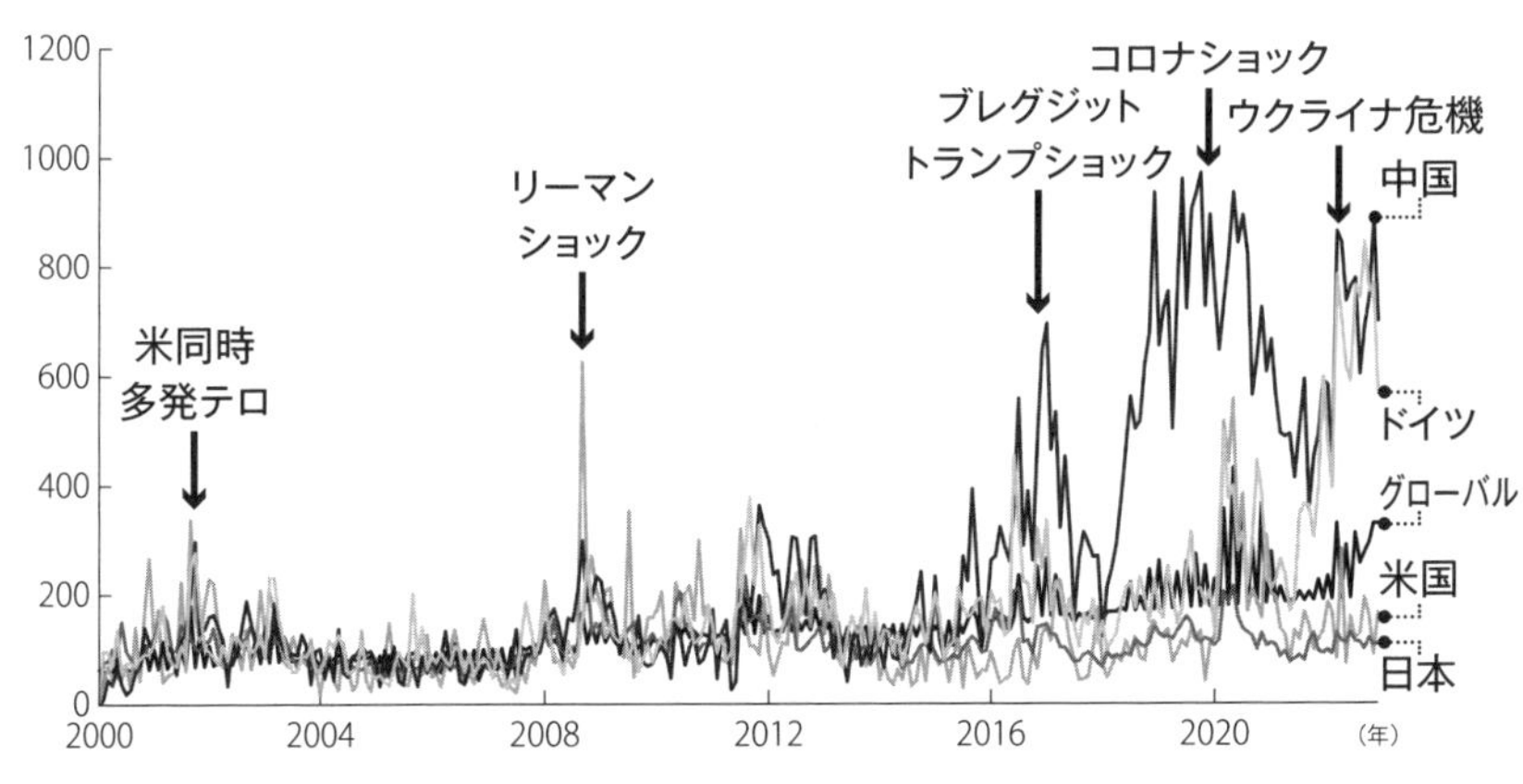

出所：EPU、SFGI

よって国内経済の減速と不透明感が広がっていましたし、ドイツは、ウクライナ危機をきっかけに、エネルギー安全保障の問題が露呈したのが背景とみられます。２０１６年に開発された比較的新しい指標ですが、今後はこうした指数にも注意を払っておきたいものです。

LECTURE **10-2**

金利から為替の相場環境を知る

金利は理詰めで動くもの

政策金利はロジックで予想できる

本書でも述べてきたとおり、投資マネーは、一般的には金利の低い通貨から高い通貨に流れる傾向があります。とくにリスクオンの状態であれば、投資家はリスクをとって高利回りの商品に投資しようとするので、高金利通貨が買われやすくなります。

したがって、金利差を比較するため、各国の政策金利をチェックしておく必要があります。加えて、マーケットは予想で動きますから、市場参加者が今後の政策金利をどのように予想しているかを考えることも、参考になるでしょう。

その参考指標としてよく用いられるのが、金利先物市場で取引されている、政策金利の先物価格から算出されるイールドカーブです。

たとえば米国の政策金利は、FF金利（Federal Fund Rate）という翌日物の短期金利ですが、これの先物である「FF金利先物」が、シカゴの先物取引所（CBOT）に上場されており、将来の政策金利の変化に対するリスクヘッジや、投機の対象として取引されています。

先物市場では、取引期限（限月）ごとに取引されていますが、その価格（プライス）には先物市場参加者の今後の政策金利見通しが織り込まれています。そのプライス同士をつないでいくと、このようなイールドカーブ（利回り曲線）を描くことができます（**図表10－5**）。

たとえば2022年はFRBによる急ピッチの利上げが続きましたが、12月末時点のカーブを見ると、利上げによる景気減速懸念からか、翌2023年中にもFRBが「利下げ」に転じ、しかも2回も利下げすることが織り込まれています。

また、最近では市場参加者の利上げ織り込み度が何割になっているかというポイントが注目を集めるようになりました。たとえば、市場参

図表 10-5 〉 FF金利先物から市場参加者の政策金利予想が読み取れる
—— FF金利先物からみた米政策金利予想

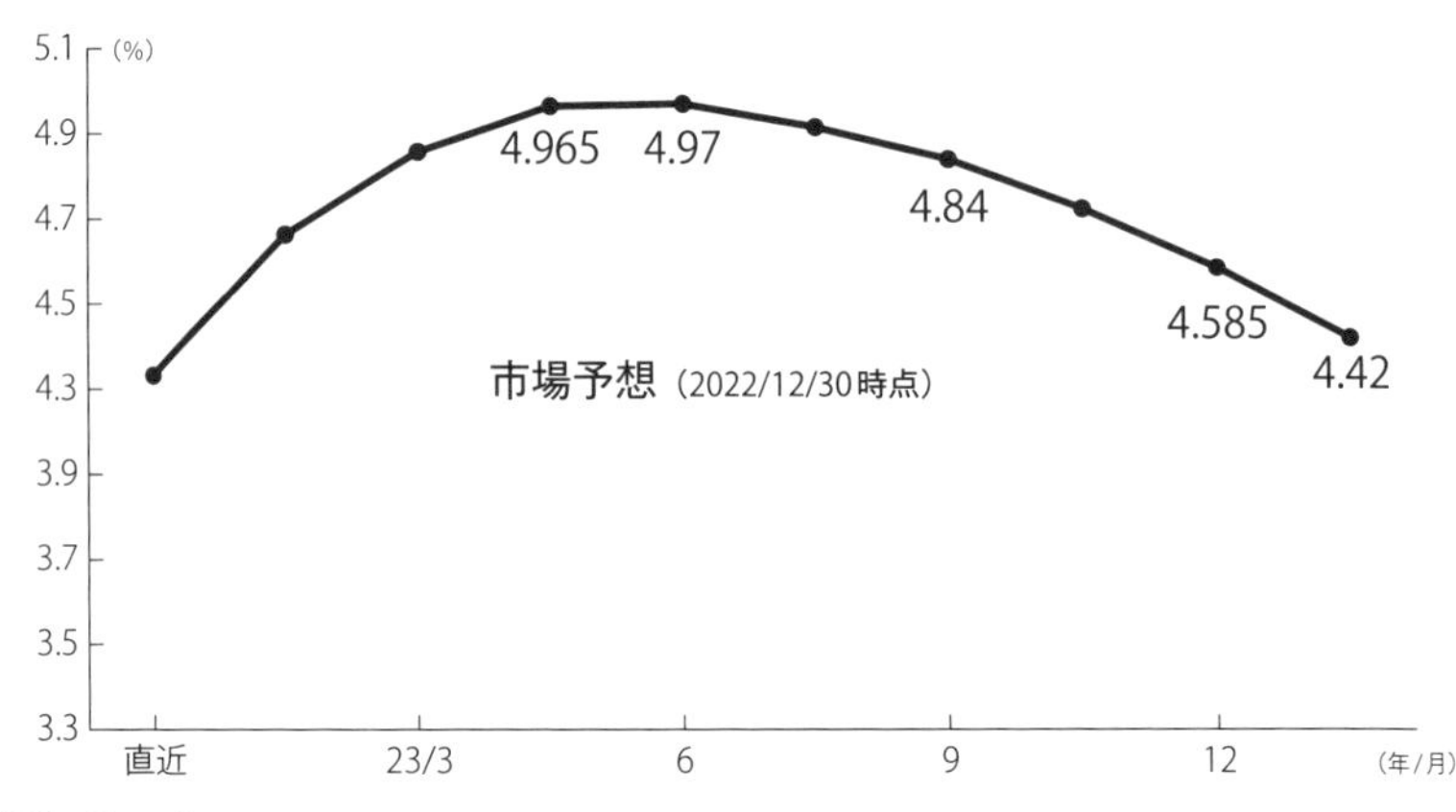

出所：Bloomberg

加者が次回のＦＯＭＣで利上げがあると見ているかどうか、年内は何回利上げがあると予想しているのか、その「織り込み度合い」の変化を見て、実際の政策金利の発表後に金利や為替がどのように反応するのかを予測するのです。

ちなみに、利上げの織り込み度が何割になっているかは、実は次のような計算に基づいています。話をわかりやすくするために、現状の政策金利を3％としましょう。次回3月20日のＦＯＭＣで政策金利が３％から３・２５％に引き上げられると市場で予想されているとします。そのとき、３月限（さんがつぎり）のＦＦ金利先物の価格表示が３・２５％（実際のプライスの表示は１００－３・２５で96・７５）であれば、利上げが１００％織り込まれていると考えられますが、たとえば価格が３・１２５％（96・８７５）であれば、０・２５％の半分、つまり０・１２５％しか利上げが織り込まれていないということで、「利上げの織り込み度は50％程度」と解釈されます。

ただ、より厳密にいえば、先物の取引価格は１カ月を30日とし、政策金利の予想水準を日数加重平均した値を反映しているので、こうした単純計算からは若干ズレが生じます。

もっとも、個人投資家がこのように織り込み度を計算する必要はほとんどないと思いますので、こうしたニュースが出たときに、このようなロジックで算出しているのだな、と理解していただければ十分です。ちなみに、ＦＦ金利先物から計算した利上げの織り込み度は、ＣＭＥのホームページ「CME Group Fed Watch」（https://www.cmegroup.com/education/demos-and-tutorials/fed-funds-futures-probability-tree-calculator.html）で見ることができます。

ＦＦ金利先物と同じく、金利の先行きを読むうえで参考にされる指標として、ＯＩＳ（Overnight Index Swap）のイールドカーブもあります。

ＯＩＳとは、ある一定期間の翌日物金利を、固定金利と交換する金利スワップ取引のことで、そこで形成されている固定金利は、その期間における平均的な翌日物金利の市場予測を反映しています。したがって、この金利のイールドカーブを見れば、市場の利下げ、利上げの織り込み度がわかります。

図表10－6は、カナダのＯＩＳ市場におけるイールドカーブです。

「日米実質金利差」の重要性

２０２２年のドル円相場は、日米実質金利差（10年）との連動性が極めて高く、１ドル＝１５１円台の高値を付けた背景は、ほとんどこれで説明がついてしまいます（**図表10－7**）。もちろん、為替相場は金利差だけで動くわけではな

図表10-6 ＞ OIS金利は平均的な翌日物金利の市場予想を反映
── カナダのOIS金利（22/11/30時点）

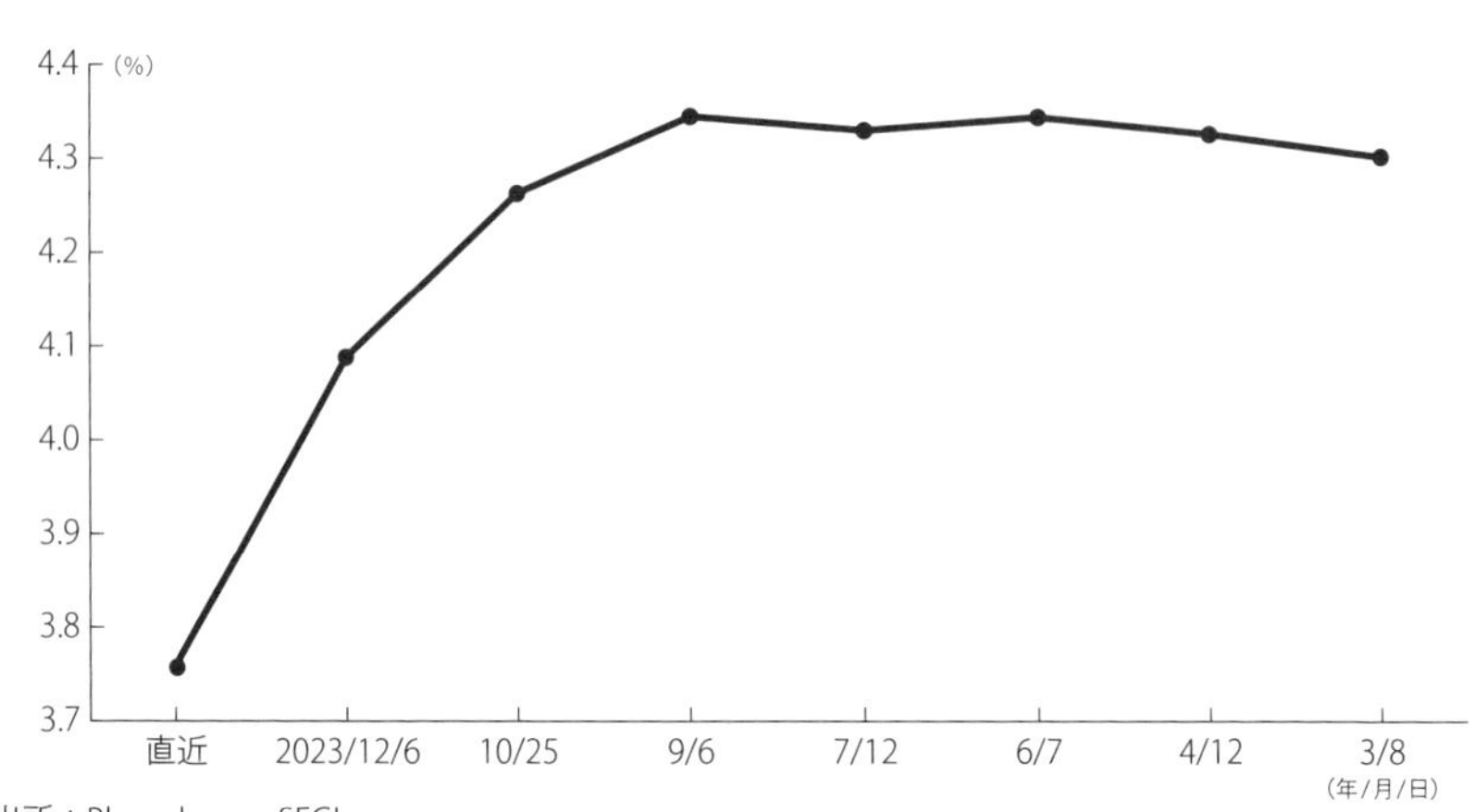

出所：Bloomberg、SFGI

いですし、この年も、たとえば日本の経常黒字額の急激な縮小など、円安要因はほかにもあったと思いますが、やはり日米実質金利差の影響が最も大きかったと思います。

そもそも「実質金利差」とは何でしょうか。名目金利、つまり市場金利である10年物国債の利回りから、インフレ率（この場合は10年の期待インフレ率）を引いたものが実質金利です。

実質金利がなぜ重要かといえば、これの上昇や低下が、経済に直接的な影響を及ぼすからです。通常であれば、名目金利のほうがインフレ率よりも高いので、実質金利はプラスですが、景気が悪くなれば、金融緩和によって名目金利をインフレ率よりも下げて、実質金利をマイナスにします。実質金利がマイナスということは、人々が銀行にお金を預けて得られる利息の増加ペースよりも、モノの値段が上がるペースのほうが速いので、人々は銀行預金よりも、買い物や投資を選好するようになります。

図表10-7 〉 2022年のドル円相場は日米実質金利差でほとんど説明できる
── 日米実質金利差とドル円

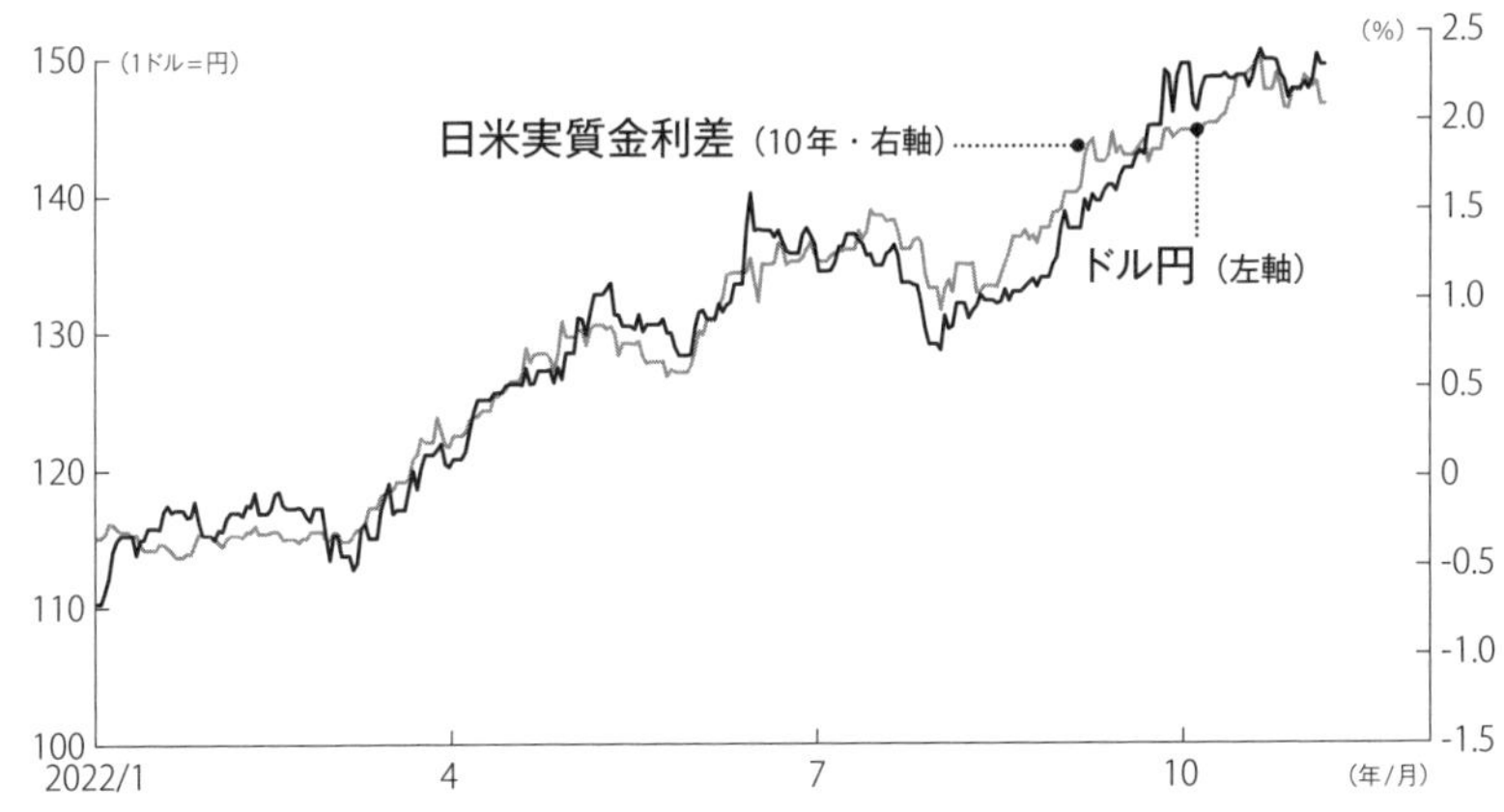

出所：Bloomberg、SFGI

2022年、米国は極端なインフレに見舞われましたが、前年の春頃からインフレの兆しは見えつつあったのに、2022年の年初の段階で、米国の実質金利はマイナス1%と、まだ大幅なマイナスでした。つまり金融環境は緩和的だったのです。その後、3月から利上げを開始しましたが、対応が遅れたことで急速にインフレが加速。結果的に4回連続で0・75%というハイペースな利上げを実施せざるを得ませんでした。日本の実質金利は、日銀の緩和維持によってほとんど動きませんでしたから、日米実質金利差が拡大すれば、ドル円が上昇するのも頷けます。

注意しなければならないのは、いくら日米実質金利差とドル円の相関性が高くても、しばしば大きく乖離することがある点です。あまり相関性にこだわり過ぎると、別の要因が起きていることを見逃してしまう可能性がありますから、注意したいところです。

一方で、便利な点としては、大まかではあるものの、この相関性の高さから、おおよそのドル円相場の予想値を算出することができる点です。少々マニアックな話になりますが、目標値を計算するには「回帰分析」を使います。「回帰分析」とは、2つの異なる数値の「要因」と「結果」の関係を調べて、それぞれの関係を明らかにする統計の手法です。

たとえばこの例でいうと、日米実質金利差とドル円の回帰分析をしたら、日米実質金利差が0・1%ポイント拡大すると、ドル円が1・2円上昇するという結果が得られたとしましょう（**図表10－8**）。この場合、日米の実質金利差がどこまで拡大するかという見通しを持っていれば、これに基づきドル円の目標値も計算することが可能です。ただしこれも、どの期間の相関を使うかで、結果が大きく異なってくる点には注意したいところです。

長期金利はどのように決まる？

短期金利は市場における資金の量で決まります。したがって、中央銀行が日々のオペレーション（公開市場操作）で資金を供給すれば、短期金利に低下圧力が生じ、逆に資金を吸収すれば、短期金利に上昇圧力が生じるので、資金量をコントロールすることによって、金利を「操作」できます。

しかし、長期金利の場合、資金の供給量だけで決まるわけではないので、イールドカーブ・コントロールで10年物国債をピン止めしていた日銀は別として、基本的には中央銀行が直接コントロールすることはできません。長期金利は、①期待インフレ率：将来インフレがこうなるだろうという市場の予想、②潜在成長率：潜在成

図表10-8 ＞ 金利差からおおよその目標値を試算できる
―― 日米実質金利差とドル円の回帰分析（2022/01/01~2022/11/10）

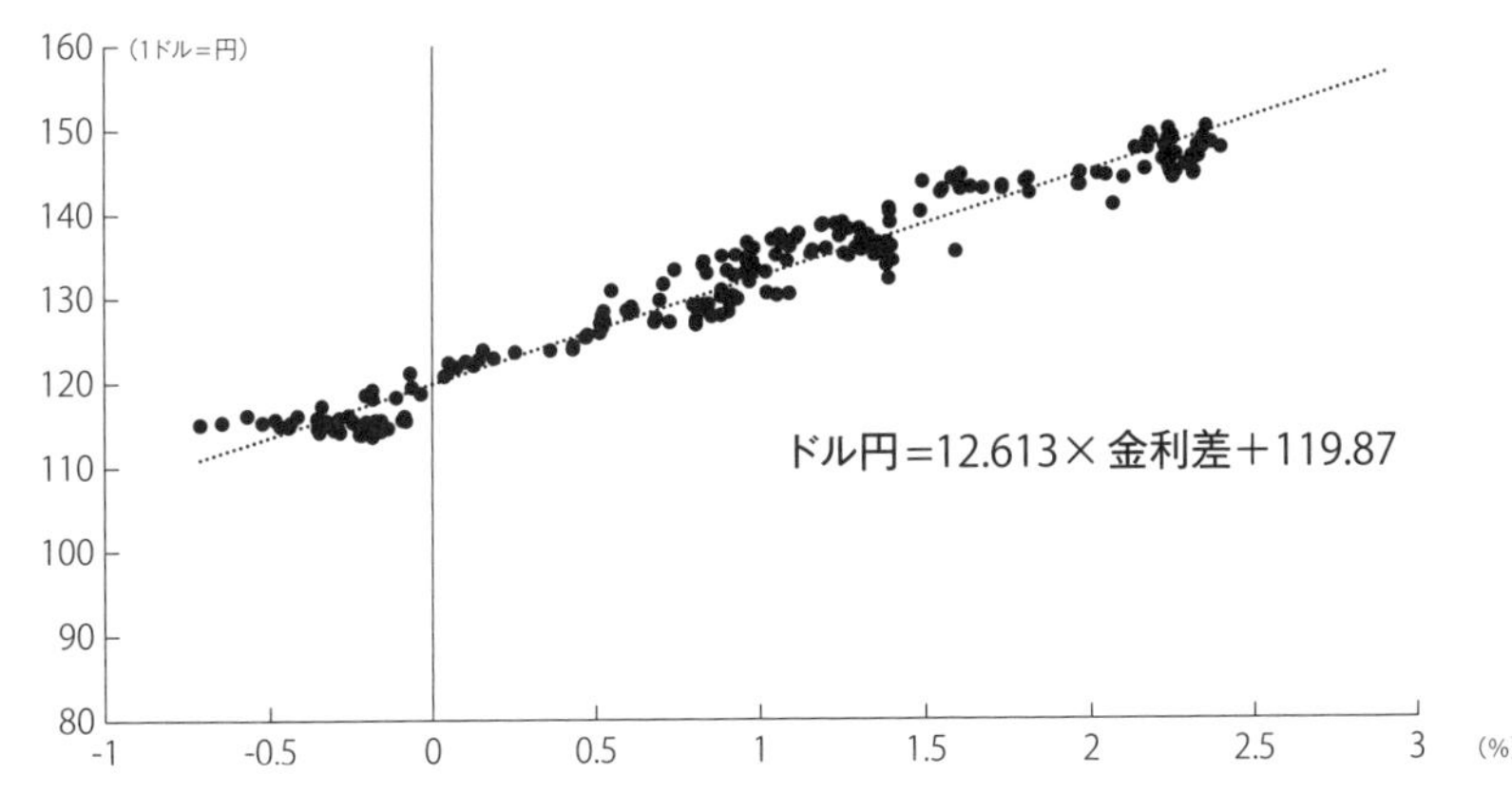

出所：Bloomberg、SFGI

長率（その国の資金や労働力をフル活用したときの成長率・経済成長の実力）、③リスクプレミアム：将来の不確実性に対する上乗せ金利、などによって決まります。

したがって、長期にわたる物価に対する見方や、経済に対する市場の予想が長期金利に反映されており、こうした長期的な見通しの変化が、為替相場の大きなトレンドに変化を与えているのです。

ところで、国債価格が下落すると利回りは上昇し、反対に価格が上昇すると利回りは低下しますが、なぜこうした関係になるのかを、ここで簡単に説明しておきます。

債券は、額面（満期まで持っていたら返ってくる元本）とクーポン（元本に対する利率）から成り立っています。この利回りは、この国債に投資した結果得られる利益が、投資資金に対して何％かを年率で示したものです。たとえば、仮に10年債の額面が１００円、クーポンが年２％とすると、この債券に投資した場合、満期まで持ちきれば、１００円が返ってくると同時に、毎年２％（2円）の利息が付いてきます。

しかし、この債券価格が95円まで下がったときに買う投資家にとっては、満期まで持てば額面の１００円が返ってくるわけですから、差額の5円分は10年で割ると毎年０・５円の利益となり、それに加えて毎年2円の利息が付いてきます。したがって、投資した元本95円に対して毎年２・５円の利益ですから、最終利回り（単利）は約２・１％になります。

満期に償還される額面が決まっていることに加え、価格変動によって価格が下がれば、そこで買った人にとっては運用益が上乗せされるので、元本に対する利回りは上昇することになるのです。

量的緩和下における「ソロスチャート」の意味

これまで金利差のお話をしてきましたが、これ以上、縮小し難いところまで日米の金利差が縮小すると、金利差の変化だけで相場を語るのがむずかしくなります。

そこで米国の量的緩和以降、比較的よく用いられるようになったのが、日米のマネタリーベース比率、いわゆる「ソロスチャート」です。

ソロスチャートは、著名な投資家、ジョージ・ソロス氏が、通貨の供給量と為替相場に、ある程度の相関性があるとして注目しているとされるチャートです。日本のマネタリーベース（日銀の資金供給量）÷米国のマネタリーベース（FRBの資金供給量）で算出しますが、為替換算をせずにそのまま「倍率」で傾向を見ます。

図表 10-9 〉 ソロスチャートは相場の方向性の参考になる
―― ソロスチャートとドル円

出所：FRB、日銀、Bloomberg、SFGI

前ページ図表10－9はそのソロスチャートですが、日銀が積極的に資金供給をすると、ソロスチャートは上向きになり、FRBが日銀より積極的に資金供給すれば、ソロスチャートは下向きになります。

2008年のリーマンショック以降、FRBの量的緩和策によって、ソロスチャートは大幅に低下しましたが、これに追随するようにドル安円高が進んでいることがわかります。

一方、2002年から2003年のところは、日銀の量的緩和によってソロスチャートが上昇したにもかかわらず、ドル円は下落しています。この期間は、米国で大幅な利下げが行なわれており、日本の量的緩和よりも米国の利下げのほうが、ドル円相場に大きなインパクトを与えていたことを示しています。

また、直近では、日銀の大規模な量的緩和が継続するなかで、FRBは2022年6月に量的引き締め（QT）を開始し、同年9月からは2倍のペースに加速させており、ソロスチャートは上向きに転じました。しかし、ソロスチャートの上昇スピードに対して、ドル円の上昇はやや早すぎました。このようにソロスチャートはドル円との相関性があるとはいえ、しばしば大きく乖離する傾向にあります。ピタリと予想を当てにいくようなツールとしてではなく、あくまで相場の方向性の参考にする程度に見ておくことをお勧めします。

投機筋の動きを見るのに役立つ「IMMポジション」

IMMポジションは、2008年のリーマンショック前に比べると、マーケットでかなり注目度は高くなった印象があります。これは、米シカゴにあるマーカンタイル取引所（Chicago Mercantile Exchange・ＣＭＥ）の通貨先物市場ＩＭＭ（International Monetary Market）で取引されている、投機筋の持ち高を示したもので、投機筋の動向を把握する際の参考になるデータです。

米国には商品先物取引を監督する商品先物取引委員会（Commodity Futures Trading Commission・ＣＦＴＣ）という政府機関があり、米国に拠点を持つ先物取引業者は、ＣＦＴＣへの登録が義務付けられています。

このＣＦＴＣが公表しているのが、先物取引のオープンポジション、つまり反対売買や手仕舞いをせず、そのまま残っている建て玉です。ＩＭＭにおける通貨先物取引のオープンポジションは、ＣＦＴＣのホームページのなかの「Commitments of Traders」というページ（http://www.cftc.gov/MarketReports/CommitmentsofTraders/index.htm）から、誰でもチェックすることが可能です。

ポジションは実需（Commercial）と投機（Non Commercial）に分けて表示されており、よく話題になるのはこの投機ポジションです。円、ユーロ、ポンド、スイスフラン、カナダドル、豪ドル、メキシコペソ、ニュージーランドドルの対ドル・レートが取引されており、単位は契約の数、つまり「Contract（枚）」で表示されます。

このＩＭＭのポジションの、ロング（買い越し）とショート（売り越し）のネットポジションの推移と為替相場の相関性が高いことから、何らかの変化が見られたときに注目されます。とくにこのポジションが大きく積み上がったときは、そろそろ手仕舞いが起こりやすくなっており、ポジション調整が起きたときには、かなり大きな動きになる可能性があるとみていいでしょう。

ちなみに少し遡りますが、２００８年のリーマンショック前の２００７年６月、ＩＭＭの円ポジションは、対ドルで18万枚のネットの売り越しと、過去にも例をみないほどの大きな売り越しとなりました。円金利との金利差を狙った取引である「円キャリー取引」が活発化していたことが背景にはありそうです。しかしそれも長くは続かず、２００８年のリーマンショックによる円独歩高ですべてひっくり返されることになったのです。このように、時にはトレンドの転換を見極める材料になったり、またポジションが大きく傾けば、そのあとポジション調整が起きる前触れとみたりすることもできるなど、さまざまな情報を読み取ることができるので、ＩＭＭのポジションは非常に便利なツールです（**図表10－10**）。

ＩＭＭのポジションについて気をつけたいのは、相場との相関性が高いからといって過信は禁物だということです。これが市場のすべてを反映しているわけではなく、あくまでも投機筋の傾向を見るうえでの参考に過ぎません。

図表 10-10 ＞ IMMポジションは投機筋の動向を示す
── IMMの円ポジション（ネット）とドル円

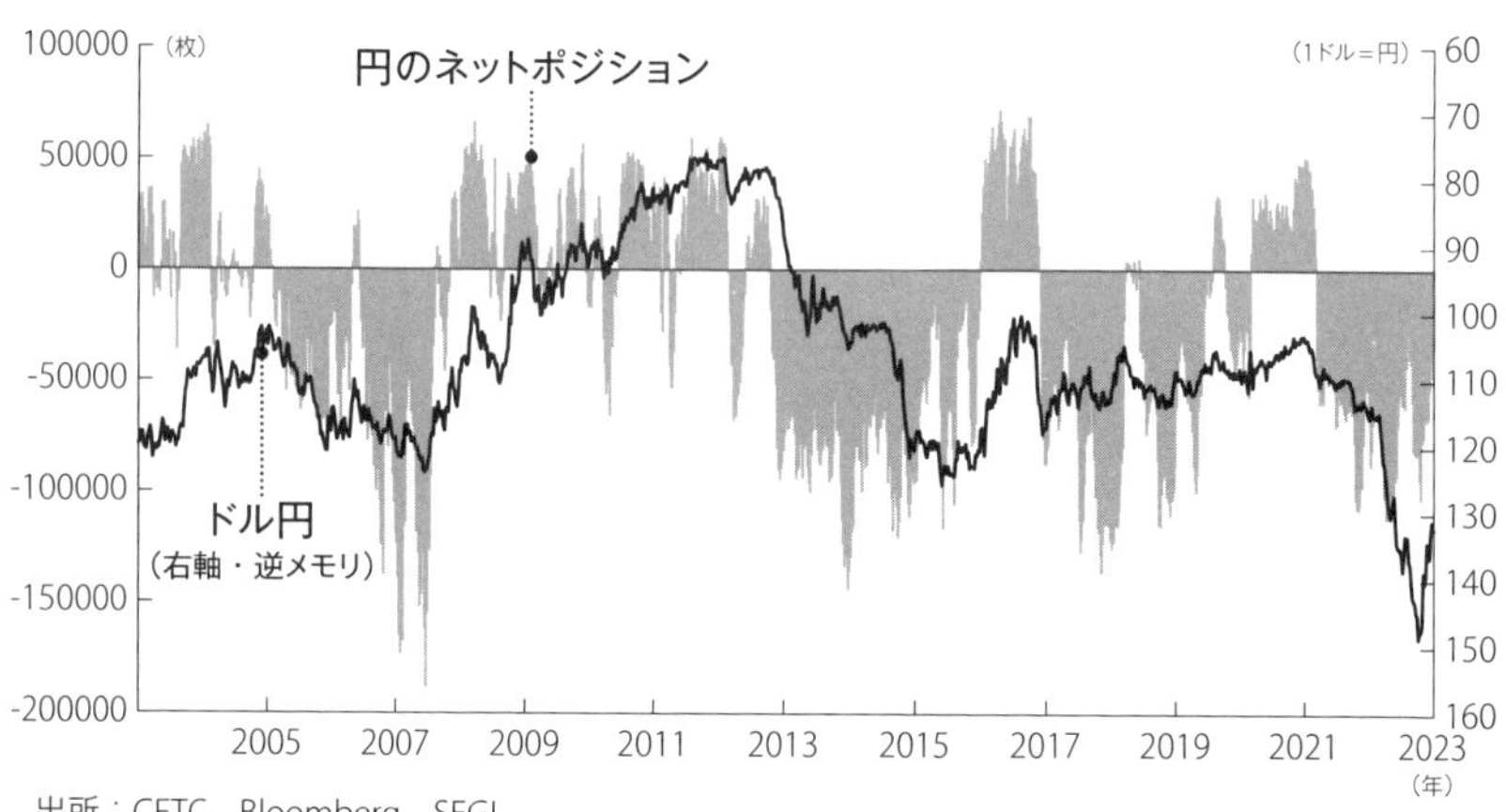

出所：CFTC、Bloomberg、SFGI

また、ポジションは前週金曜日に公表されますが、その週の火曜日締めで計算されるので、公表時点のものではなくタイムラグがある点にも注意したいところです。

ここでご紹介したのはごく一部で、足元の相場環境を把握するうえで参考になる指標は他にも数多く存在します。そのなかで情報を得やすいもの、使いやすいものを選択し、ある程度定期的にチェックしてみてください。そのデータの変化が何らかのシグナルを発していることにふと気付かされることがきっとあると思います。

尾河眞樹（おがわ　まき）
ソニーフィナンシャルグループ㈱執行役員 兼 金融市場調査部長 チーフアナリスト。ファースト・シカゴ銀行、JPモルガン・チェース銀行などの為替ディーラーを経て、ソニー財務部にて為替リスクヘッジと市場調査に従事。その後シティバンク銀行（現SMBC信託銀行）で個人金融部門の投資調査企画部長として、金融市場の調査・分析を担当。2016年8月より現職。テレビ東京「Newsモーニングサテライト」、日経CNBCなどにレギュラー出演し、金融市場の解説を行なっている。主な著書に、『ビジネスパーソンなら知っておきたい仮想通貨の本当のところ』（朝日新聞出版）、『富裕層に学ぶ外貨建て投資』（日経ビジネス人文庫）などがある。ソニー・ライフケア株式会社取締役。ウェルスナビ株式会社社外取締役。

〈最新版〉本当にわかる 為替相場

2012年6月1日　初版発行
2023年4月20日　最新3版発行
2024年2月1日　第2刷発行

著　者　尾河眞樹 ©M. Ogawa 2023
発行者　杉本淳一

発行所　株式会社日本実業出版社　東京都新宿区市谷本村町3－29 〒162-0845
編集部　☎03-3268-5651
営業部　☎03-3268-5161　振　替　00170－1－25349
https://www.njg.co.jp/

印刷／壮光舎　製本／若林製本

ISBN 978-4-534-06004-4　Printed in JAPAN